VOYAGE D'ITALIE.

TOME TROISIE'ME.

VOYAGE D'ITALIE.

Par Maximilien Misson.

Edition augmentée de Remarques nouvelles & interessantes.

TOME TROISIE'ME.

A AMSTERDAM,
& se vend
A PARIS;

Chez { CLOUSIER,
DAVID, *l'aîné*,
DURAND,
DAMONNEVILLE, *Quay des Augustins*. } *Ruë St Jacques*,

M. DCC. LIII.

NOUVEAU VOYAGE D'ITALIE

A. M. D. VV.

LETTRE XXIX.

ONSIEUR;

Si je n'avois pas eu besoin d'un peu de tems pour m'instruire avec certitude, des choses dont vous me témoignez par vôtre derniere Lettre, que vous, & nos communs amis souhaiteriez de sçavoir, je n'aurois pas tant tardé à vous satisfaire. Le P. A. Jesuite Anglois, jeune homme fort civil & fort agréable, a eu la bonté de me raconter fort amplement tout ce qui

Tome III.   A

se passa dans leur Collége, lorsque M. le Comte de Castelmain, Ambassadeur d'Angleterre, les honora de sa présence la premiere fois. Ce Pere a été même assez obligeant pour me permettre de copier tout ce que j'ai voulu, des harangues & des Eloges, qui furent ou prononcés ou affichés ce jour-là au College Romain. De sorte qu'il me sera fort aisé de contenter vôtre curiosité sur cela. Vous pouvez bien penser, vous qui connoissez mieux que moi la maniere noble dont M. le Comte de Castelmain fait ordinairement les choses, qu'il a parû ici dans un équipage superbe; & en verité le sujet de son Ambassade étoit une affaire si importante, si peu ordinaire, & d'un si grand éclat, qu'elle meritoit bien toute la magnificence de ce Seigneur. Je ne vous dépeindrai ni la richesse de son principal Carosse, ni les spirituels & misterieux emblêmes dont ce Carosse étoit orné, parce que tout cela étoit gravé, & donné au Public. [a] Après que ce grand Ministre eut eu sa premiere audience [b] du Pape, il alla faire visite aux RR. PP. de la Societé de J. dans le Royal Palais dont je vous ai déja parlé, sous le nom du College Romain. On avoit préparé la grande sale pour le re-

[a] *Excellentissimus Dominus Roggerius Palmerius, Comes de Castelmain, Britannici Regis ad Santissimum Patrem Innocentium.* [XI.] *Orator, non infra Legationis suæ Dignitatem est arbitratus ab adorato Pontificis solio, ad Venerabundum Religiosi hujus Athenæi limen descendere.*

[b] Le 5. de Mars 1686.

cevoir : on y avoit tendu des tapisseries de soye très-riches ; & même on en avoit orné le plafond. A ces tapisseries étoient attachés en divers endroits des cartouches, dans lesquels on voyoit des éloges du Roi en prose & en vers, des devises, & plusieurs choses de même nature. Le mur de face, au fond de la sale, étoit occupé tout entier par un seul tableau. La figure du milieu de ce tableau, laquelle représentoit l'Angleterre, étoit une Femme, belle, de beaucoup d'embonpoint, superbement vétuë, assise sur un de ses Léopards, tenant un Sceptre de la main droite, & un timon de la gauche, couronnée d'une couronne muralle [a], & ayant au-dessus un daix de brocard d'or. Aux deux côtés étoient l'Ecosse & l'Irlande. La premiere dans une posture d'admiration tenant un Sceptre, & couronnée d'une couronne Royale. L'Irlande ayant aussi son Sceptre & sa Harpe, (pour marquer sa joye.) Mais n'étant couronnée que d'une couronne Ducale. Je dis au Pere que je m'étonnois qu'on refusât le Titre de Royaume à l'Irlande, puisqu'il y avoit été accordé par le Pape. Il me répondit qu'il étoit vrai ; mais que comme le Pape n'avoit fait que confirmer (presque mal-

---

[a] La Couronne murale se donnoit chez les Romains, à ceux qui avoient monté les premiers à la bréche d'une Ville assiegée ; ou qui en avoient les premiers escaladé les murs. Mais on voit dans les Médailles que les Femmes qui représentoient des Villes, des Provinces, des Royaumes, étoient communément aussi couronnées de cette maniere.

gré lui) ce que Henri VIII. avoit fait de son chef plusieurs années auparavant, il y avoit beaucoup de gens, & sur tout dans leur Societé, qui ne pouvoient consentir à donner le nom de Royaume à l'Irlande [a]; & que dans tous les éloges qu'ils avoient fait du Roi Jacques, en cette occasion, ils avoient affecté de le nommer toujours simplement, Roi d'Angleterre, ou de la Grande Bretagne, & jamais Roi d'Irlande. Il y avoit plusieurs exemples à alléguer, & plusieurs raisonnemens à faire contre cette réponse ; mais ce n'en étoit pas le tems.

Au-dessous de la Femme qui représentoit l'Angleterre, étoient ces deux vers.

Restituit veterem Tibi Religionis honorem, Anglia, magnanimi Regis aperta fides.

Sous la figure de l'Ecosse, *Scotia suspicit.*
Sous celle de l'Irlande, *Gaudet Hibernia.*

En haut de chaque côté, & au-dessus de ces deux dernieres représentations, étoient

___

[a] Henri VIII. érigea l'Irlande en Royaume ; & ce titre fut continué par Edvvard & par Marie, sans que les Papes eussent beaucoup murmuré contre cette entreprise sur leur prétendu Droit. Mais Paul IV. se fit de cela une grande affaire [l'an 1. de son Pontificat, & le 2. du Regne de Marie en 1555.] Il tâcha d'obliger Marie à quitter le Titre de Reine d'Irlande : & n'ayant pû réussir dans son dessein, il prit le parti d'ériger lui-même cette Seigneurie en Roïaume, afin que cette création lui fût attribuée par la posterité, & non à Henri VIII.

les portraits du Roi & de la Reine : dans des bordures autant dignes qu'il étoit possible, de ces Têtes sacrées ; & plus haut, au milieu, les Armes écartelées à la maniere ordinaire, de leurs quatre Royaumes, accompagnées de cette inscription.

Potentissimo & Reliogissimo
Magnæ Britanniæ
REGI
JACOBO II.
Generosâ
Catholicæ Fidei confessione
Regnum auspicanti.
ET
INNOCENTIO XI. P. M.
Per Legatum
Nobilissimum & Sapientissimum
D. Roggerium Palmerium
COMITEM de CASTELMAIN
Obsequium deferenti,
Collegium Romanum
Regia virtutum insignia
dedicat.

Monsieur l'Ambassadeur suivi d'un nombreux Cortege, entra dans ce salon, au bruit des cloches, des fifres, & des trompettes. Après qu'il eut consideré assez à loisir toutes les beautés du lieu, & qu'il eut lû, au grand contentement de son cœur, tous les Eloges de son Illustre Maître, qui étoient appendus en plusieurs endroits : Le Recteur du College lui fit une harangue Latine ; que je joindrai ici, parce qu'elle

A iij

n'est pas longue, & que vous serez sans
doute bien aise de la voir.

(In tanto strepitu Mundi plaudentis gratulantisque Tuo Urbem advenui, hoc est, immortalibus JACOBI II. Magnæ Britanniæ Regis in Catholicam Ecclesiam meritis, Gregorianum hoc Palladis Athenæum, nec debuit tacere, nec potuit. Quamobrem, ego Litterariæ hujus Universitatis nomine, primò gratulor INNOCENTII XI. felicitati, quòd Ipso regnante, Pontificio accesserit Diademati Augusta hæc Triumphalis Corona; unde illud cum Apostolo usurpare jure merito valeat, Gaudium meum, & Corona mea. Hunc lætissimum ferre Mortalibus Diem, longissimi ævi spatio distulerunt Superi, tum ut diuturnis Terrarum votis ingentia hæc Cœli dona responderent, tùm unà simul invenirent regnantem in Anglia Jacobum II. Romæ Innocentium XI. Gratulor quoque Christiano Orbi, necnon Catholicis Regibus, quod tanto Dominatore Britannorum Sceptra gerente, tam grande advenerit, & Ipsorum Coronis adversus Christiani nominis hostes munimentum, & Orthodoxæ Fidei ornamentum. Imminent quippe ab invictissimi Regis Classibus, tum Lybicis prædonibus, tum Asiæ & Palestinæ Littoribus, flammarum procellæ, magis metuendæ quam Maris. At Tibi, Oceani Regina magna Britannia, quæ à nostro olim Orbe divisa, nunc gemini facis commercia Mundi; quid non liceat ominari faustitatis sub tanto Principe. Erige spes, erige vota; nec timeas si maxima, sed nisi maxima. Non libet in die hac faustissimâ

commemorare quàm lugubres passa fueris unius amplius sæculi spatio, toto Orbe Terrarum admirante atque ingemiscente, catastrophas. Sed si hæc una erat via, quâ Jacobus II. Britanniæ solium ascenderet, prope est ut exclamem, tanti fuisse. Profectò invidebit Tibi Posteritas, non modò præsentium temporum felicitatem, sed & præteritorum Calamitates tam grandi mercede redemptas: eaque, quibus non frueris bona, etsi post ingens à Te pretium persolutum Tibi reddita fuerint, non à Te coempta arbitrabitur, sed quadam Superum providentiâ dono data. Tibi demum gratulor, præstantissime Orator, quod tam faustum diem, & videris in Anglia, & detuleris in Urbem. Nam de Sapientiâ Tuâ, quâ per eruditissimos libros Hæresim profligasti, nihil attinet dicere: nihil de Fortitudine, quâ Carceres ipsos pro Catholica Religione tuenda, non tam pertulisti, quàm decorasti: nil de Prudentia, Nobilitate, cæterisque dotibus tuis. Hoc unum universa Tua decora comprehendit, quod ad maximum totius Regni negotium, hoc est, ut splendidissimâ fungereris apud Innocentium P. M. legatione, Jacobus II. Magnæ Britanniæ Rex maximus, Te unum elegit, quia unus dignus eras eligi, alter eligere.

Ensuite il passa dans le Grand Auditoire; & reçût en y allant diverses nouvelles félicitations. Entre autres celles de cinq jeunes Princes Romains, qui étudioient dans ce College, & qui parlerent chacun au nom de la Classe dans laquelle ils étoient.

Voici leurs cinq petits complimens.

Dom Julien Cefarini, fils du Prince de Sonnino.
Quifquis avet coram tantum cognofcere Regem,
Te videat : magnum Principis inftar habes.

D. Jerôme, fils du Duc Matteï.
Luce novâ, ut totum irradiat Rex Anglicus Orbem ;
Sic Urbem comples laudibus ipfe tuis.

D. Michel Imperiale, Fils du Prince de Franqueville.
Difcimus Humanas Artes : Humanior effe
Jam modò, te vifo difcit ab ore Puer.

D. Innocent, fils du Prince Pamphile.
Tu Romæ Obfequium, Tibi Roma rependit amores :
Exiguum quamvis, Nos tibi utrumque damus.

D. Emile, fils du Prince Altieri.
Divifa eft Pallas : fequitur Rex enfe minacem :
Armatam Calamo fed colis Ipfe Deam.

Cette derniere ligne ne fignifie pas, comme vous le pouvez bien penfer, & comme vous l'avez vû par la harangue, que le Héros loüé ne foit homme d'Épée auffi-bien qu'homme de plume. Lui dire le contraire, n'auroit pas été un discours fort obligeant : mais il visitoit un College quand on lui parloit ainsi ; & après tout, il ne faut pas examiner de fort près, ce que disent des Ecoliers.

Aussi-tôt que son Excellence fut entrée dans l'Auditoire, [a] le Regent de la premiere Classe, ou pour parler plus honorablement, le Professeur en Rhetorique, parut vénérablement équippé sur une espece de Théâtre qui avoit été dressé exprès, & prononça [b] un Poême de six cens vers héroïques qui, si je ne me trompe fort, firent quelquefois bailler M. l'Ambassadeur, quelque amour qu'il ait pour les belles Lettres, & quelque ton que pût prendre le Harangueur. J'ai lû ce Poême avec assez d'attention : Les vers en sont beaux & le langage en est Poëtique ; mais cela est fort diffus. Voici en en peu de mots tout ce que ces six cens vers contiennent. Le Genie sacré qui préside sur l'Angleterre, touché d'une tendre & pieuse jalousie de voir la prosperité de tant d'Etats en Europe : l'Empereur, par exemple, détruisant le Turc, & Louis le Grand, l'Hérésie.

Assultu Ligeris non amplius unda profano.
Impiat Oceanum : fractis micat eruta Claustris
Religio, & nullâ regnat Calvinus in Arâ.

Pendant que la malheureuse Angleterre

[a] Carolus de Aquino.
[b] Le titre du Poëme est, *Fortuna in Angliam redux.*

est exposé aux fureurs de ce dernier Monstre :

———— Quo sidere lævo
Tot claros inter vacat Anglia sola triumphos ?
Anglia, si memini, non sueta vacare triumphis.

Il se propose de travailler à lui procurer le bonheur qui lui manque. Ayant appris par la Renommée, que la Fortune avoit passé les Mers qui font les remparts de l'Isle qu'il protege, & qu'elle s'en étoit allée parmi les Troupes Impériales qui étoient occupées au Siége de Bude, où les choses traînoient en longueur. Il la sollicite de venir en Angleterre pour un Hyver seulement, afin de rétablir la Religion dans cette Terre abandonnée.

———— Arctoïs concede Trophæis
Unam hyemem : pacato Aquilone ad cœpta redibis
Fortia, ne dubita. ****
**** *melioribus Austris*
Danubii tunc Castra petes, Budâque receptâ
Hebrus, & extremâ pallescet Bosphorus undâ.
Nunc Te Religio sociam pietasque revisat
Anglica ; in Antiquos famæ revirescere fastos
Auspice Te, discat Tellus Tamesina, &c.

Il l'assure qu'elle aura bien-tôt fait, & il lui promet qu'il lui restera assez de tems, après avoir secondé le Roi dans son entreprise, pour retourner en Hongrie, se trouver encore à la prise de Bude, & travailler ensuite à la conquête de la Terre Sainte, si elle le juge à propos. La Fortune écoute, & consent. Le Génie la fait monter dans son Char avec lui, & ils prennent ensemble la route d'Angleterre. Il semble qu'il ne devroit penser qu'à sa grande & pressante affaire ; néanmoins il permet que la Déesse s'arrête en divers Etats d'Allemagne, qu'elle bénisse le Mariage de l'Electeur de Baviere ; qu'elle travaille à dissiper les ténébres du Calvinisme qui obscurcissent encore le Palatinat, & qu'elle répande ainsi diverses faveurs dans les Païs qu'elle traverse en faisant son voyage. Enfin, elle arrive en Angleterre, où elle trouve tout dans un affreux désordre : cet endroit est un des plus beaux du Poëme.

------ *Quæ Regni facies ! quibus Insula fatis*
Jactatur ! ducit furias in bella sequaces
Perfidia, Arctoïs Fortunam avertere Regnis
Tartareo jurata Jovi. Jam nubilus Æther
Nigrescit, caliganti nox advena Solem
Torva satellitio fugat : exitiabile mugit
Aura minax, & sola diem per fulmina noscas.
Quæ fremitu horribili terras, per vulnera Cœli,
Degeneri ambitione petunt. Saturata metallis
Ignitis chalybum truculento viscere nimbum
Orcades ejaculant, & plusquam imitatur
   Avernum.
Ceu levis ira foret cæca sævire favillâ
Vulcanum ferro durant : succussa profundo
Anglia nutabat pelago ; symplegada credas
Oceano fluitare ; sinus fremit inde Britannus,

A vj

Hinc Batavum littus, medius decrescit aqua-
rum
Æstus, & abruptæ sperant commercia ripæ.
Horrendum! si quid posset Fortuna timere.
Terribilem Regni vultum stupet Illa, negat-
que
Se veterem Tamesim, Rutupinaque noscere
Regna.
Ductorem Genium tenero, ceu prodita, quæs-
tu
Anxia sollicitat: quod nos inamabile tantum
Littus habet? Nigri sedes hæc pallida Ditis?
Noster ubi Tamesis? felix ubi cultus amici
Littoris? Emersit nova, suspicor, Anglia Pon-
to ;
Nam veterem nec nosco redux, nec noscor ab
Illâ.

Mais aussi-tôt qu'elle paroît, les choses prennent une plus heureuse face. Elle trouve beaucoup de gens en deüil, à cause de la mort du Roi Charles (II.) & la consolation qu'elle donne, en faisant voir le tort que l'on a de s'affliger, est son premier ouvrage.

—————— *Cursu quo tristis iniquo*
Exundas ignave dolor? dediscite fletus
Lumina, vel celeres in gaudia vertite cursus.
Grande Rudimentum Regno mors ista futuræ
Sortis erit. * * * * * *
* * * * * * * *
Regia Progenies Carolo non ulla superstes:
Solus, Hyperborei hæreret cui Machina Mun-
di

Frater erat; Solio dudum quem mascula Virtus,
Quem Pietas, nullisque Fides temerata procellis
Educat.   *   *   *   *   *   *
*   *   *   *   *   *   *   *
Occidui Columen Regni, Patriæque labantis
Fulcimentum ingens.

Ensuite elle saluë le digne Successeur du Prince, qu'une heureuse destinée vient de conduire au Ciel; & entre les vœux qu'elle fait pour le Roi qui succede, elle n'oublie pas de lui souhaiter & même de lui promettre des héritiers.

——————— ——— *Te Regia Proles*
Exhilaret. ———————

Si nectit Lucina moras; multum illa laborat
Scilicet invicto similem properare Parenti;
Desperat nam ferre parem. Sed lætior auro
Scripta dies aderit.

Après cela elle se met à construire de ses propres mains un Thrône pour le Roi: elle n'y oublie, ni l'yvoire, ni l'or, ni les rubis, & elle s'applique sur-tout à le poser sur un fondement inébranlable. Le Roi s'y étant assis & foulant aux pieds l'Hérésie & la Rébellion, la Fortune lui met en main un Glaive tout rouge du sang des Infideles, qu'elle a apporté de Hongrie. Reçois, lui dit-elle, ô grand Prince, ce gage que je te présente de mon amour; ET SI QUELQUES MUTINS GRONDENT ENCORE

DANS TES ESTATS, SERS-T'EN POUR LES EXTERMINER.

———————————————— *Cruentum*
Sanguine Bistonio gladium denudat, ab Istro
Aera per magnum quem duxit, & accipe,
    dixit,
Egregium monumentum & nostri pignus amo-
    ris
Fortunæ Gladium, Princeps: HOC VINDI-
    CE, SI QUID
IMPACTUS ADHUC TAMESI TOR-
    RENTE REBELLI
AUDEAT, ABSOLVES VICTOR.

Ayant ainsi honoré & établi le Glorieux Monarque, elle le supplie qu'il veüille lui faire présent de sa propre épée, ce qui lui est gayement accordé; & munie de cette arme victorieuse, elle retourne en Hongrie, & va prendre Bude.

Dans la persuasion où je suis, que je ne puis vous entretenir de rien qui vous touche plus sensiblement, que des choses qui sont à la gloire du Roi & qui regardent votre Patrie, je crois que je ferai bien d'ajoûter ici quelques-unes des félicitations qui furent prononcées dans le beau Salon dont je vous ai parlé.

Invictissimo ac Potentissimo
    JACOBO II.
Magnæ Britanniæ Regi,
    Fidei Defensori.
Collegium Romanum Societatis Jesu F.

[a] *Expectationi quam de te maximam feceras, cumulatissimè respondisti, Invictissime Rex, Testem habes Europam, secundâ Populorum admurmuratione plausuque commotam; nec tam tibi Regnum gratulantem, quàm sibi Regnantem TE. Tot inter testimonia, ad tuum Regnum, ad Victorias tuas exilientis Orbis Gregorianam hanc Romani Collegii Palladem recensere non dedignaberis; si hoc Lycæum, quò florentissima ex Europæ Regnis Ingenia confluunt, in arcto adumbrare Orbis imaginem cogitaveris. Tua hîc etiam Regna cognosces, quæ scilicet referunt ornatissimi ex Anglia, Scotia, & Hibernia Juvenes, quibus hoc maximè Sapientia Theatrum aperuit Gregorii Decimi tertii Anglicanæ felicitatis studiosissima liberalitas. Sed obstrictior titulus ad qualemcumque obsequentis animi significationem accessit, Regale patrocinium, quo Societatis Jesu Patres honorificè habes, benignè complecteris. Puduit enim verò calamo parcere, eum Regem laudaturos, cui labores Familiæ nostræ omnes & sanguinem impendere in votis habemus. Tu verò, dum Cœlo auspice, quo Regni primordia consecrasti, Britanniæ tuæ amores, Europæ plausus uberrimè promereris; tenue hoc Virtutum tuarum testimonium, ab addictissimo tibi Collegio profectum, Regio quo soles animo respice, & Regni tui felicitati diutissimè consule.*

[a] Je ne me souviens pas si ce compliment fut prononcé, ou s'il a seulement servi comme de dédicace au Roi, lorsque les RR. PP. lui ont envoyé tout ce qu'ils ont fait ce jour là en l'honneur de Sa Majesté.

Jacobus II. Magnæ Britanniæ Rex, Quum nondum novem annos excederet, pro Patre contra Hostes pugnat.

Quæ tibi vernanti virtus autumnat in ævo,
  Agricolam visa est obtinuisse Deum,
Quum nondum tenero tingaris flore juventæ,
  Maturas misero fortia facta Patri.
Qui steriles in te quærit, non invenit annos;
  ipso quo sereris, das quoque poma die.
Heroes fiunt alii, tu nasceris; illi
  A teneris discunt bella, sed ipse geris.

In idem.

Vix te nona redux, Rex, te afflaverat æstas,
  Incertam tenero vix pede tangis humum,
Cùm pueri imbelles exercent lusibus annos,
  Et breve ver ævi prætereuntis agunt.
Jam teneros armis premis ipse rigentibus artus,
  Jam geris intrepidâ fortia bella manu.
Quæ te duræ virum discrimina frangere possent,
  Martia cui puero prælia lusus erant.

In idem.

Annibal Annibali jam cedit Punicus Anglo;
  Infans ille vovet bella; sed iste gerit.

Jacobus II. M. B. Rex invitatur ad syriacam expeditionem.

Aspice hyperborei Princeps invicte Trionis,

Anglicâ quem famuli Thetys adorat aquis.
Seu tua Regnorum rapiunt sibi pectora Curæ,
    Justaque subjectis dividis Imperia ;
Seu formidatam moliris in æquore Classem,
    Hostis & ipse hostem se negat esse tuum ;
Seu Latio Obsequium præstas Regale Parenti,
    Major & exhibito diceris obsequio.
Aspice quas dudum palmas tibi nutrit Idume
    Terra, tuos olim quæ bene novit Avos.
Hæc augere tuos gestit, Rex magne, Triumphos,
    Anglicaque impatiens carbasa, teque vocat.
Hanc pete, civiles postquam pacaveris iras,
    Regnorum & placido sint tibi jura trium.
Credibile est, quod avis non concessere datura
    Fata tibi, cunctos qui geris unus avos.

Ad Jacobum II. M. B. Regem, cujus divinis pene virtutibus, parem victimam Anglia decernit.

Perfidiæ anguigenam si ferro conficis hydram,
    Alcides Latiâ diceris esse Lirâ.
Victor in audaces si prælia dirigis hostes,
    Horendum Martis nomen & instar habes.
Si Musis aperis melioris flumina venæ,
    Ipse tibi laurum cedere Phœbus amat.
Romuleæ sceptrum atque humeros si subjicis Urbi,
    Curvatâ in laudem fronte videris Atlas.
Æqua Caledonio si donas jura profundo,
    Undarum simulas ore manuque Deum.
Aurea si fidei, te Principe, sæcula currunt,
    Saturni laudem, sed melioris habes.
Denique si patrium compescis legibus Orbem,

Jam Tamesina suum te vocat Aula Jovem:
Ergò placabit te cunctis Anglia monstris;
Nam tot nominibus non satis una fera est.

Ad Fortunam Regis.

Prospera desperes hunc Sors corrumpere Regem,
Fortiter adversam pertulit ille prius.

De Obsequio à Jacobo II. Mag. Brit. Rege Romano Pont. exhibito.

Fortis in adversis, bellòque & pace timendus,
Perdideras alto vulnere Perfidiam.
Jam summos apices laudis, Rex magne, tenebas.
Altius & virtus crescere non poterat.
Tu tamen ut crescas iterum, te subjicis Urbi:
Nunc crescunt quum se maxima subjiciunt.
Scire cupis quantùm sis altior? aspice, Terras
Jam potes & patrias jungere Syderibus.

Jacobus Dux Eboracensis, incensâ navi quâ super contra Hollandos pugnabat, audaci saltu in aliam profilit, & victoriam profequitur.

Æneæ haud impar fatis Dux Anglicus: ille
Si Patriæ: hic laceræ sospes ab igne ratis!
Anglica te Superi servant ad Regna; parabat
Italiam Phrygio si Cytherea Duci.
Dissimile hoc unum. Navis tu Victor in igne,
Ille fugit Patriæ victus ab igne suæ.
Debita sed merces; Phrygium nam Regna
manebant

Non sua Ductorem ; te tua Regna manent.

Jacobus II. Magnæ Brit Rex, Eboracensis olim Dux, Conjugis morientis voce animatur ad Fidem.

Epigramma.

Regalem alloquitur Conjux moritura Maritum :
 Ad Cœli Cœlo pròxima monstrat iter.
Pallentes alios quia reddit, pallida Mors est;
 Credula res, aliis credere quod det, amor,
Cæca fides quamvis bene se commisit amori,
 Non fuit hic cæcus, sed fuit Argus amor.
Nam malus ipse foret Ductor, si cæcus uterque ;
 Aut non cæcus Amor, aut oculata Fides.
Cæca Fides, & cæcus Amor : Quia venit ab Astris,
 Hic bene, vel cæcus, sydera monstrat Amor.

Aliud.

Occideras moriente dolens cum Conjuge Conjux,
 Servabatque animas flebilis urna duas.
Ut Regum Phœnix de funere surgere posses,
 Jussit Amor lethum Conjugis esse Tuum.
Sed trahis inde tamen melioris feminæ vitæ,
 Ipsaque Te Cælo vivere fata docent.
Jacobi primos ultra ne quærite mores,
 Extinctâ periit Conjuge qualis erat.
Ut reliquas præit inter aves avis orta sepulchro
 Rex inter Reges, dicite talis erit.

Dum Sanctissimus * D. N. Innocentius XI. P. M. publica ac solemni pompâ, Regalem Jacobi II. excipit Legationem, mutuus Angliæ & Romæ plausus.

Dissociatam oceano Britanniam Romano procul à Cælo Non satis abscidit Natura: Romano procul à Patre, Extra Cælum Fides aliena removerat: dissitas iterum Terras ad commercium Religionis admovet, Hæres Pietatis avitæ, Perfidiæ vindex & Impietatis, Jacobus II. Vix credas Paternum tamdiu fœdus à Majoribus violatum; tanta ultro citroque Amoris Argumenta JACOBO-INNOCENTIUS, JACOBUS INNOCENTIO transmittens instaurat. Roma in plausus ac lætitiam effusa, in laudes, in Amorem alieni Regis desudat. Quid ultra suo fecerit Anglia? Æmula inde Regis Pietas, ad Romani Pontificis obsequium Belli, & Pacis Artes, Privatas & Regales curas intendit. Cur minus faceret Patri suo? In tanta animorum conspiratione, Amorem utrinque tam fœderatum qui spectet, aut utramque Angliam dixerit, aut utramque Romam. Nec temerario aut voto, aut præsagio felicitatis ad peregrinum utraque complexum nuper concurrens, cum expectato Pacis osculo nomen etiam communicavit. Si Populorum plausus & obsequia metiris in Regem collata; Angliam utrobique habes. Si Religionem spectas, quæ utrobique Regnatrix coronatur, utraque Roma est.

JACOBUS II. M. B. Rex studia Litte-

* Dominus noster.

tarum fovet, & sub Ejus auspiciis, SOCIE-
TAS Jesu Scholas aperit in Anglia.

Congere nomina Regi tuo, quotquot potes
Anglia: Numquam dices qualem Eum suæ virtutes effecerunt. Continere nequit ambitu verborum, cujus gloria major est Orbe Terrarum.
Magnæ virtutes, ut impercepta prodigia, appellatione carent. Plusquam Jupiter inter Aulicos; plusquam Mars inter milites; plusquam
Apollo videbitur inter Musas. Fabulosa nomina rebus gestis non implevit modò, sed etiam
excessit; quia virtutes secrevit, Sibi à vitiis
fabularum. Mendacia Poëtarum in Illo vera
non sunt, solùm quia minora factis ab illo. Vir
omnium virtutum, ideoque, major viro : qui
non unam sed omnes simul Artes artem putet
regnandi, ita provexit disciplinam armorum,
ut augeret simul studia Litterarum. Rarò omnia simul conceduntur, interque magnas virtutes, aliquis locus est vitiis; In illo tamen
junguntur opposita, non excluduntur. Arma
instruit nec Pacem destruit: Litteras fovet, nec
alit ignaviam. Miles, non sine amore Sapientiæ: Sapientiæ studiosus, non sine arte pugnandi. Ut fortiter imperet ac suaviter, classica militum miscet, & carmina Musarum. Terret
Anglia finitimos & delectat; Nam, quam
velut Martis Regiam timent, nec lacessunt, velut Academiam Scientiarum mirantur & expetunt. Quid Britannia non speret sub tanto
Rege? qui contra ignaviam manus, contra
ignorantiam erudire jubet ingenia; sciens non
minora Regnis ab erroribus, quàm ab hostibus
imminere pericula; & hoste mortuo pugnare

vehementius pacem, nisi ut arma bellum, ita pacem studia compescant. Hinc armatos excitat, inde Litteratos. Valida nimirum Pallas esse non potest, nisi sit integra: Nemo fortis est dimidiatus. Adest in subsidiis SOCIETAS JESU, utque fidem suam Regi testetur ac Regno, arma parat quæcumque potest ingenii; magnâ mercede, si Regi placeat, & Subditis prosit. Castra ponit, dum Scholas aperit: opus ingens aggressa sub tanti Regis auspiciis, quod sub Apolline non tentasset. Sanè deceret, Rex præstantissime, ut novus Æneas in novum Virgilium, & fortior Achilles incideres in meliorem Homerum. Sed ita magnum, Rex, es argumentum, ut nemo possit esse Poëta tuus, quia majora veris in Te nemo scit fingere. Habemus autem in Te nobiliores Lauros, Tuas nempe victorias. Habemus perenniorem Castalio fontem, Tuam nempe beneficientiam. Meritò Romanum hoc Lycæum, Nationum omnium voce, quæ huc conveniunt ad Sapientiam, gratias agit, Regnumque Tibi gratulatur, & Gloriam. Incrementa Tua sunt incrementa Sapientiæ.

Le Roi n'ayant rien fait, selon ces Messieurs, de plus digne de lui, que de leur établir un College à Londres, cet Eloge est aussi le plus fort de tous.

Jacobus II. M. B. Rex, quam Fratri morituro Religionem privato communicavit exemplo, Romano Patri publicis profitetur obsequiis.

Dilata diu Gaudia Innocentio & Jacobo

simul regnaturis providè Cælum reservavit. Neminem alium hoc Patre Filium digniorem; neminem hoc Filio Patrem invenerat. Triumphales inter Plausus, cicatrices suorum vulnerum gloriosas, ostentaret Religio: sed illas tam bene recens Amor obduxit, ut nullo superstite Vestigio, nescias fuisse vulneri locum. Ad Britanniæ regimen evocatus Jacobus priusquam assumat Regnum Fratris hæreditarium, Romano Patri, Cæli se scribit hæredem: Deprehendit ille statim in Filio imaginem suam, & novo jure adoptat in eandem sortem etiam Regnum. Obliviscere alienos Britaniæ animos, Roma. In uno Angliæ Rege Regali assidens Pietati Religio, Negatum cum fœnore reddidit obsequium, & cumulavit. Extremum Tibi Carolus moriens, in Regni exordio Jacobus etiam primum Religionis Amorem consecrat. Fidelis enim verò Hæres; Qui ultimam Demortui voluntatem primam sibi facit. Post geminum hoc Fidei datæ pignus Roma, nec procul à Te vivere, futuri Britanniæ Reges poterunt, nec sine Te mori.

Jacobus II. M. B. Rex ad profitendam Romano Pont. obedientiam, inter Regni Proceres eligit Roggerium Palmerium.

*Æternum floret, Regum delecta triumphis
   Palma, nec à sterili fronde superbit apex.
Insita Palmerii se jactat in indole virtus;
   Sed dotes aliis educat illa suas.
Religio & pietas sibi crescit, & utraque
    Regi,
Sic bene cum Palma nomen & omen habet.*

Jacobo II. M. B. Regi Invictissimo,
Collegium Rom. Regalium Symbola Virtutum consecrat.

Excipe Virtutum Princeps monumenta Tuarum :
 Munera quæ Regi non aliena damus.
Has inter rerum formas Tua vivit imago:
 Illa refert speciem Principis, illa Ducis.
Interea Regalem animum spectare videmur.
 Pars nobis præsens optima facta Tua est.
Credidit hoc solum munus Te Principe dignum:
 Si sibi Te Regem, se Tibi Roma daret.

Les Emblêmes & les devises dont parle cette Epigramme, étoient au nombre de trente. Cela étoit peint dans des Cartouches; & chaque chose étoit expliquée en prose & en vers. Il auroit été bien long, & je me serois peut-être rendu importun, si j'avois demandé à transcrire tout. Je me suis donc contenté de prendre seulement les Emblêmes, pour les joindre à ces autres Monumens illustres que je viens de vous donner.

(1.) Un Leopard qui après avoir poursuivi sa proye, la saisit enfin. Avec ces paroles, *Quod sequor assequor.* C'est le Roi parvenu à l'Empire, après avoir travaillé à se l'acquerir.

(2.) Un Lion qui joüe avec un gros balon. *Et tanto in pondere ludit.* Le Roi manie les plus grandes affaires en se joüant.

(3.) Une Harpe. *Summis consentit & imis.* C'est

C'eſt pour ſignifier que le Roi ne fait rien qui ne ſoit au gré des Seigneurs & du Peuple.

(4.) Un Lis blanc, qui s'éleve entre pluſieurs autres de diverſes couleurs. *Sed candida regnant.* C'eſt la Religion du Roi, parmi les autres Religions d'Angleterre.

(5.) Un Navire à l'ancre, & dont on a plié les voiles, afin qu'il ſoit moins expoſé à la tempête. *Ubi noxia perfluant.* C'eſt le Roi recüeilli en ſoi-même, & conſultant ſa propre ſageſſe, dans les affaires difficiles.

(6.) Une Licorne qui plonge ſa corne dans une fontaine, pour en faire ſortir les bêtes venimeuſes. *Mors quoque mortis erit.* Le Roi chaſſe ainſi de ſes Etats toutes les perſonnes mal intentionnées.

Tabificas, Angli, jam non potabitis undas:
Rex cornu anguineum diluet Iſte lutum.

(7.) Un Leopard qui regarde ſes taches. *Ornant, non maculant.* Les erreurs, ou l'ancienne diſſimulation du Roi, avant qu'il eût fait profeſſion publique de la Rel. R. ne ſervent qu'à faire briller davantage la generoſité de ſa foi.

(8.) Un Lion. *Pro ſociis Animus.* C'eſt la force, la fermeté, & l'intrepidité du Roi, pour agir en perſonne, & pour encourager ſon armée, & ſes ſujets fidéles.

(9.) Une Harpe dont les cordes ſont de Boyau. *Per viſcera mulcet.* C'eſt la bonté du Roi; ſa clemence, & la douceur de ſon Gouvernement.

(10.) Un Lis, des feüilles duquel tombent des gouttes d'eau, qui au rapport des Anciens naturalistes, sont la semence de nouveaux Lis. *Lachrymor in Prolem.* C'est-à-dire, que les larmes du Roi fléchiront infailliblement le Ciel; & feront obtenir des Enfans à sa Majesté. [a] [*par l'intercession ou par l'autorité de Nôtre-Dame de Lorette, laquelle commande à Dieu son Fils par son droit de Mere.*]

Pro Natis, Jacobe, gemis, Flos candide Regum;
Hos Natura Tibi si neget, Astra dabunt.

Si Tu n'en peux avoir par le cours ordinaire de la nature; possede ton esprit en paix, ô grand Roi, il en tomberoit du Ciel plûtôt qu'il t'en manquât: Ne te mets pas en peine, la Providence y pourvoira: *Hos Natura Tibi si neget, Astra dabunt.* Cet endroit est beau: c'est le langage de cette ferme & vive foi dont parle l'Evangile, qui peut transporter les Montagnes.

(11.) Un Navire entre plusieurs écueils. *Cauta per cautes.* C'est un second embléme de la prudence, de l'adresse, & de la sagesse du Roi.

(12.) Une Corne de Licorne, dont il s'éxale une secrette vertu qui chasse les Aspics, les Scorpions, les Basilics, &c. *In noxia Sudat.* Cet emblême est à-peu-près le même que le sixiéme.

(13.) Une Forteresse sur un rocher. *Bene fundata est.* C'est la foi du Roi.

[a] *Jure Matris impera.* Litanie de la Vierge.

(14.) Un Arbre que l'on a secoüé, & duquel on voit tomber quelques feüilles. *Sed non ego defluo.* On a pû ôter au Duc d'Yorck la joüissance de quelques Emplois, & quelques honneurs : mais il n'a pas été possible de déraciner, ni d'ébranler son zele pour la Foi Catholique.

(15.) Une Grenade. *Crevit in Coronam.* Le Roi est né, & a été élevé pour être couronné.

(16.) L'Arc-en-Ciel, & l'Arche de Noé. *Ubi Numinis ira quievit.* Un Roi Catholique étant monté sur le Thrône d'Angleterre, c'est un signe que la colere du Ciel est apaisée envers la Nation.

(17.) Le grand Mobile. *Rapiuntur ab Uno.* Le Roi entraîne ses sujets par tout où bon lui semble, par une force à laquelle il n'est pas possible de résister. *Autoritatis vi pertrahit.*

(18.) Le Lion celeste, ou le signe du Lion. *Nunc jubar ante juba.* La vaillance du Roi éclate extraordinairement, depuis qu'il est sur le Thrône.

(19.) Le Soleil. *Circonspicit omnia.* C'est la Prévoyance du Roi, & la vaste étenduë de sa perspicacité, & de sa Connoissance.

(20.) Un Cheval enharnaché pour un Général d'Armée. *Animoque paratior.* C'est l'humeur guerriere du Roi.

(15.) Une Boussole. *Quò semel huc semper.* La Constance du Roi, & sa perseverance dans la Religion pour laquelle il s'est déclaré.

(22.) Un Cadran Solaire. *Totum in se*

digerit annum. Le Roi prend foin de tout, en tout tems, & en toute occafion.

(23.) Des Abeilles dans leur ruche d'où elles chaffent les Guefpes & les frelons. *Ingenuas difcernit opus.* L'Explication de l'Auteur porte, que le Roi fçaura bien diftinguer les bons Catholiques, d'avec ceux qui ne le feront pas.

(24.) Un Buiffon en feu, & des ferpens qui font obligés d'en fortir. *Pellit monftra cubilibus.* Le Roi mettra en fuite les Affemblées fecrettes & empoifonnées de fes Ennemis.

(25.) Des Abeilles fur des fleurs. *Non legit infectos.* Le Roi choifit fagement fes Miniftres. *In præcipua Regni munera, non nifi optimos eligit.*

(26.) Une Hache qui pénétre dans le tronc d'un arbre noüeux ou ftérile. *Scit folvere nodos.* La Hache du Roi, la Hache d'Angleterre frapera les Opiniâtres, & tous ceux qui s'oppoferont au bon plaifir du Roi, & à la force fuprême de fon Gouvernement; *Forti fuo regimini.*

(27.) Le Soleil, luifant fur un Parterre. *Nil fine Te recreat.* Il n'y a de joie & de bonheur, que pour ceux fur lefquels le Roi daigne jetter fes benins regards.

(28.) Un Canon qui tire. *Menfura dat ictum.* Le Roi frapera droit, & à propos.

(29.) Un Bouclier du milieu duquel fort une pointe forte & aiguë. *Ferendo & feriendo.* Il eft également facile au Roi d'attaquer & de fe défendre.

(30.) Une efpece de Gruë; une Machine

à élever des fardeaux. *Labor arte levatur.* Le Roi, par son adresse, viendra facilement à bout des choses qui paroissent les plus difficiles.

Je serois ravi de pouvoir vous faire part des autres Ouvrages d'esprit que les RR. PP. Jesuites ont produit dans cette occasion. Vous y trouveriez sans doute beaucoup de plaisir; & tous les fidéles serviteurs du Roi, ausquels vous les pourriez communiquer. Mais voilà ce que j'ai pû obtenir jusqu'ici. Non que le jeune P. A. mon Ami, fasse aucune difficulté de contenter ma curiosité, mais parce que comme il est obligé de chercher lui-même en differens endroits les choses que je souhaite d'avoir, j'apréhende de le trop importuner.

Je veux bien répondre à ce que vous me demandez par commission, dites-vous, touchant Mr. l'Ambassadeur. Mais que pensez-vous que je puisse vous en dire ? Rien que ce qu'on en a toujours dit, il a fait honneur ici à son Maître, à la Nation, & à lui-même. On l'a regardé comme un Seigneur généreux, civil, libéral, sçavant, magnifique. Si le succès de sa négociation n'a pas été heureux ; ce n'est ni à ses soins, ni à son habilité qu'il faut s'en prendre ; soyez sûr qu'il n'a rien négligé, & qu'il a suivi les meilleurs Conseils. C'est le *Bonhomme* (a) qui n'a jamais voulu rien écouter. Ce vieillard est d'une humeur, & d'un tour d'esprit, que personne ne peut comprendre : Et il faut même qu'il y ait quelque chose de

(a) Innocent XI.

particulier dans fa Religion : Comme s'il méprifoit les fonctions publiques dont il eft obligé de s'acquitter par fon caractere, il allégue toujours quelque fluxion pour s'en excufer. Il eft vrai qu'il a écrit au Roi de F. pour le féliciter fur la Révocation de l'Edit de Nantes ; & qu'il a fait chanter ici le *Te Deum*, pour la converfion de ceux qu'on appelle Hérétiques. Mais tout cela ne fignifie rien autre chofe, qu'un peu de politique & de bienféance. Lorfque la Reine Chriftine me parla des Miffionnaires Dragons qui nous ont prêché comme chacun fçait; & qu'elle blâmoit cette maniere d'établir la Foi, ainfi que je crois vous l'avoir mandé : Elle ajoûta en propres termes, que quoique ce vieux fou de Pape eût l'efprit ordinairement de travers (vous fçavez qu'elle ne l'aimoit point, & qu'elle en parloit fort librement.) Il l'avoit eu affez droit en cette occafion ; & qu'il avoit diverfes fois, & affez hautement defaprouvé la maniere de gagner le cœur, en mettant le poignard à la gorge. Mais pour en revenir au Négociateur Anglois, je puis vous affurer encore une fois, qu'il n'y a eu en lui ni négligence, ni incapacité. Le S. Pere ne s'eft pas foucié de l'affaire. Peut-être ne defire-t'il pas fort ardemment la réconciliation : Et peut-être (foit dit entre nous je vous prie) ne regarde-t'il pas encore *l'ouvrage* comme achevé. Quoiqu'il en foit, je fçai de fcience certaine (& vous en conviendriez, fi je vous nommois mon Auteur) qu'il a été intraitable, quelque tour qu'on ait pris pour l'amener à la raison. Après plusieurs Audiences qui s'étoient passées en discours généraux, le Ministre qui n'étoit pas venu à Rome pour ne parler que de la pluye & du beau tems, voulut mettre sur le tapis le sujet de son Ambassade: après quelques paroles dites, survint une heureuse toux, qui mit Sa Sainteté hors d'état de parler ni d'entendre. A l'Audience suivante, autre fluxion. Et ainsi trois ou quatre fois de suite. Enfin par un Conseil de gens stilés dans cette Cour, & que par conséquent il étoit raisonnable de suivre, il fut résolu qu'après avoir tenté toutes les voyes ordinaires, il falloit avoir recours à un nouveau moyen. Le nouveau moyen fut de faire une espece de menace; & de dire, qu'on s'en retourneroit, puisqu'on ne pouvoit pas esperer de parler d'affaires. Sçavez-vous qu'elle fut la réponse du bon Pere Innocent? Un froid, & une indifférence étonnante. *E bene*, répondit-il, *se vuol andarsene, ditegli adunque che si levi di buon matino al fresco, e che à mezzo giorno si reposi perche inquesti paesi, non bisogna viaggiare al caldo del giorno.* Le succès de la menace ne fut-il pas heureux? Et l'empressement de Sa Sainteté n'est-il pas admirable? Je tiens cela de gens très-croïables, & qui disent l'avoir oüi de leurs propres oreilles. Comment tout cela s'est enfin terminé, je vous avouë que je ne l'ai pû sçavoir; mais j'ai lieu de croire que le Roi n'a pas été fort satisfait. Je ne vous révéle point de mystere; je ne dis que ce que tout le monde sçait

B iiij

& dit à Rome; quoique chacun ne soit pas d'ailleurs si particulierement instruit que je l'ai été.

Je vois qu'on vous a fait fort naivement le portrait de notre C. de sorte que je ne puis rien donner de nouveau à votre demande sur cet article. Dans l'état où sont présentement les choses en Angleterre, vous pouvez bien penser qu'il est toujours au guet. Je ne sçai s'il s'est imaginé qu'étant de la Maison du Duc d'O ***, je pourrois avoir oüidire des choses dont il tireroit usage s'il les sçavoit; mais je me suis apperçû dès mon arrivée, qu'il avoit envie de me faire parler. Dans nos promenades de Castel-Gandolfe, de la Vigne Madame de son Couvent de Dominicains, & par tout où je me suis rencontré avec lui; il n'a jamais manqué de m'honnorer de quelque conversation particuliere, & d'accompagner ses diverses questions de quelques petites douceurs. Pour lui donner le change, il a été à propos de faire semblant de donner aussi dans le panneau; mais je vous assure, que s'il a chargé ses tablettes de ce que je lui ai dit, il s'est pourvû d'assez mauvais Mémoires. A un homme qui connoît & la Cour & le Gouvernement, il falloit des réponses qui ne péchassent pas contre la probabilité. Mais il n'a pas été nécessaire d'avoir tant de circonspection avec un certain Abbé qui est ici à la suite du Marquis de Lavardin [a], & qui m'est venu voir quelquefois, parce que nous avons été camarades d'Ecole. Je suis

[a] Ambassadeur de France.

persuadé, que si vous nous aviez entendus de quelque coin, nos conversations vous auroient diverti. Le trouvant curieux, j'ai contenté sa curiosité; mais ce que j'ai trouvé de meilleur en cela, c'est qu'il ne m'avoit pas si-tôt quitté, qu'il couroit en poste raconter à son Ambassadeur toutes les nouvelles, ou toutes les particularités qu'il avoit apprises. Ne seriez-vous point de ces Casuistes séveres, qui suivant l'opinion du bon Docteur qu'on appelle S. Augustin, croyent qu'il ne faut jamais user d'aucune sorte de dissimulation en paroles, *dût périr pour jamais l'Univers entier*. Je vous connois pour être si sage, que j'ai quasi peur que vous ne le soyez trop, & que je n'aye risqué à perdre quelque chose de la bonne opinion qu'il me semble que vous avez de moi, en vous parlant des peu fidéles instructions que j'ai données à mon Abbé. Mais non; être trop sage à ce point-là, ce seroit tomber dans une folie dont un vrai bon esprit est nécessairement incapable. Je reviens à Mr. le C. car il faut que je vous dise encore que je ne suis plus guéres de ses amis. Je vous ai déja dit, que depuis que l'Etendard de la Foi Catholique est arboré en votre Païs, ce dévot Prélat met ici la main à l'œuvre selon son pouvoir. Entre autres choses, il parle de Religion aux Voyageurs Anglois, & sur-tout aux plus qualifiés; il les presse d'aller voir le Pape, qui, dit-il, est un bon & honnête homme, & non pas une *vilaine bestia cornuta*, comme on le fait accroire en Angleterre aux petits enfans. Sur-tout depuis le succès qu'il a eu en faisant changer de Religion la personne que vous connoissez, (a) son zele est terriblement embrasé; & pour parler plus franchement, il est devenu importun. Il s'est donc mis en tête depuis quelques jours, de vouloir que le jeune Seigneur que j'ai l'honneur de conduire, aille visiter le Pape. Il fait les mêmes instances à Monsieur le Comte d'Essex, à Monsieur le Comte d'Orery, & à quelques autres personnes de qualité qui sont ici. Je laisse pour le présent la question de sçavoir, si un homme d'honneur qui n'est pas de la Religion Romaine, doit s'aller prosterner aux pieds du Pape, comme il le faut faire de nécessité, & lui rendre des hommages qui ne sont point des hommages de civilité ou de respects humains, mais des hommages de Religion fondés sur des passages de l'Ecriture, & rendus non au Pape Prince, mais au Pape Dieu, comme parlent plusieurs Docteurs de cette Communion : je mets cela à part. Mais à ne regarder que la présente conjoncture des choses, seroit-il de la prudence à des gens tels que *nous*, de s'en aller faire des bassesses ridicules, à contre-tems plus que jamais, & dont on pourroit tirer des conséquences ? Nous avons donc déclaré que nous n'avions que faire au Pape ; & voilà ce qui m'a broüillé, moi en mon particulier avec Mr. le C. qui m'accuse d'être la cause du refus qu'a fait Mylord. M. le Comte d'Essex, Mr. le Comte d'Orery & les

(a) Le Comte de Salisk.

autres, ont fait le mème refus, ce qui aſſurément n'a point été agréable à ſon Em. Mais cela n'empêche point que ces Seigneurs ne reçoivent aſſez ſouvent de ſes préſens & tous les témoignages ordinaires de ſa civilité. On le va voir auſſi, comme on faiſoit auparavant, on l'accompagne toutes les fois qu'il ſort avec cortége ; & ſi quelque chagrin a paru de ſa part comme un éclair, il a auſſi diſparu de mème.

Je paſſe aux autres articles de votre Lettre, afin de ſatisfaire, s'il eſt poſſible, à tout ce que vous deſirez de moi. J'avois déja vû le beau Vaſe [a] antique d'agathe dont vous parlez, qui eſt dans la Bibliothéque Barberine ; mais j'y retournai hier pour l'examiner de plus près, & pour vous en donner des nouvelles certaines, M. Bartoli qui l'a deſſiné fort exactement, m'a donné une copie de ſon deſſein que je vous envoye. Aſſurezvous que cela eſt très-fidele : j'ai confronté ſoigneuſement la copie avec l'original, & je n'y ai trouvé rien du tout à redire ; de ſorte que l'examen que vous ferez de cette piece décidera votre controverſe, ſans qu'il faille que j'entre dans le détail qui ſeroit néceſſaire, pour éclaircir vos difficultés. Il y a une choſe importante & très-ſinguliere qu'il faut vous dire, le deſſein n'étant pas capable de l'exprimer. C'eſt que toutes les figures que vous voyez & qui ſont de bas-reliefs, ſont d'un blanc parfait, au lieu que tout

---

[a] On croit que les bas-reliefs de ce Vaſe repréſentent les prétenduës Amours de Jupiter avec Olympie mere d'Alexandre.

le fond & la masse du Vase en général, est d'un noir de jayet. On prétend que ce Vase (qui est d'environ dix pouces de haut & de six de diametre dans sa partie la plus ventruë) s'est rencontré formé par la Nature à-peu-près comme il est, avec une incrustation blanche, que j'appellerai plûtôt une superficie épaisse, (cette partie blanche étant de la même dureté que le reste.) De telle maniere que cette épaisseur travaillée comme vous la voyez en figures de relief, & les espaces de la même matiere qui les divisent, ayant été enlevés, on a découvert par tout un fond noir, qui fait naturellement le champ des ornemens, c'est-à-dire, des figures blanches. Les petits Camayeux sont tous travaillés ainsi; mais qu'une piece aussi grande que l'est celle-ci, se soit rencontrée faite en Vase par la Nature, avec une robe blanche qui n'attendoit que l'enrichissement du ciseau du Sculpteur; cela est si singulier, que si je ne puis le nier, je ne me trouve pas disposé non plus à en être bien persuadé. Quoique mes yeux n'ayent pû découvrir de fraude, ni dans le blanc, ni dans le noir, il ne s'ensuit pas que l'Art n'ait aidé la Nature en quelques endroits. Ce qui est très-certain, c'est qu'on assure le contraire ici.

Je ne m'étonne pas que vous veüilliez joindre l'Epitaphe du Tasse à celles que je vous ai envoyées de plusieurs autres Poëtes fameux. J'ai fait exprès le voyage de Saint Onufre, pour vous satisfaire: j'appelle cela un voyage; car outre l'éloigne-

Tom. 3. Pag. 36.

Tom. 3. Pag. 36.

ment du quartier où je loge, il y a une montée à faire qui est assez difficile.

Torquati Tassi Poetæ, heu, quantum in hoc uno nomine celebritatis ac laudum ! Ossa huc transtulit, hîc condidit Bonif. Card. Bevilaqua, ne qui volitat vivus per ora virum, ejus reliqua parum splendido loco colerentur, quærerentur ? admonuit virtutis amor, admonuit adversus Patriæ alumnum, adversus Parentum amicum pietas. Vixit annos LI. Nat. magno florentiss. sec. bono anno M.D.XLIV. Vivet haud fallimur æternum, in hominum memoria, admiratione, cultu.

Le portrait du Poëte en huile, qui est au-dessus du Tombeau, de l'autre côté de la porte, est celui d'un *Albertus Magnus* qui d'abord m'a surpris, sçachant que le fameux [a] Albert le Grand étoit mort à Cologne. Celui-ci étoit un Soudiacre de Rome qui mourut il y a quatre-vingt ans. §. *Les noms d'Alberto & de Magno, sont assez communs en Italie.*

Petrarque étant, si je ne me trompe, le plus illustre de tous les Poëtes Italiens, je vous donnerai son Epitaphe, toute mince qu'elle est, pendant qu'il m'en souvient, afin que vous la puissiez mettre, si vous ne l'avez pas déja, dans le recüeil que je vois que vous voulez faire. On la voit à Arqua auprès de Padouë, où Petrarque passa les cinq dernieres années de sa vie.

Arqua

[a] Il étoit de La-vinghen en Suabe, & mourut à Cologne l'an 1280.

*Frigida Francisci lapis hic tegit ossa Petrarchæ.
Suscipe, Virgo Parens animam, State
Virgine, parce,
Fessaque jam Terris, Cœli requiescat in Arce.
Moritur anno Domini* 1374. 18. *Julii.*

Je ne crois pas qu'il y ait jamais eu rien de si sterile pour un sujet si riche. §. *Il y a apparence que Misson n'y a pas été non plus qu'au Tombeau de l'Ariofte, ou que sa mémoire l'a trompé. Au reste, le portrait du Tasse est enclavé dans le mur, tout au bas de l'Eglise de S. Onufre. On voit dans la Chapelle qui est à côté, un Tombeau moins simple que celui du Tasse. Il est d'Alex. Guido Gentilhomme de Pavie, qui voulut qu'on le transportât de Frescati où il mourut en* 1712. *à S. Onufre, & qu'on l'enterrât auprès du Tasse. Ce Guido a traduit en vers Italiens les belles Homélies de Clement XI.*

Le Monastere de S. Onufre n'a rien de fort beau, mais c'est une charmante retraite à mon gré. La vûe en est très-belle & les promenades tout-à-fait agréables : ce sont des Hyeronimites. Le petit Cloître est orné de diverses peintures, entre lesquelles on voit l'histoire de S. Onufre, dont la figure est d'un Sauvage affreux. J'avouë que je ne connois point ce personnage, mais j'ai appris par une Inscription qui est là, qu'il étoit fils d'un Roi de Perse, & qu'il a vécu soixante ans dans la solitude des Déserts de l'Egypte, sans être cônnu de personne. (*S. Honufrii Regis Persarum filii, qui annos sexaginta occultus Mundo, solus in vasta Ægypti solitudine latuit,*) *Vita, Mors, Miracula picturis hisce expressa.* (1600.)

Puisque nous nous retrouvons sur l'article des Eglises, & qu'il me reste encore un peu de papier, j'ajoûterai quelques observations que je tirerai de mes tablettes comme elles s'y rencontreront.

Vers les restes du Pont Triumphal, il y a un Hôpital joint à une ancienne Eglise renouvellée, qu'on appelle du S. Esprit en Saxe. Albert Bassan rapporte que le Pape Innocent III. ayant reçû ordre par une voix céleste d'aller pêcher dans le Tibre, il y fit jetter le filet, en tira plus de quatre cens enfans nouveaux nés ; qu'ensuite le même Oracle lui fit entendre qu'il falloit bâtir une maison [a] où les filles de mauvaise vie pussent porter leurs enfans & les y mettre par quelque machine, sans être connues ; que tout cela fut exécuté, & que l'Eglise fut dite du S. Esprit, à cause de la révélation. On a ajoûté en *Saxe,* parce qu'autrefois les Saxons réfugiés à Rome pendant les guerres de Charlemagne, avoient bâti dans le même lieu une Chapelle que l'on appelloit Ste. Marie de Saxe. §. *Les Religieux portent une croix blanche sur leur soutane. Ils servent les malades, & ils ne peuvent tester. Cet Hôpital est un des plus beaux de Rome. Il y a quarante Nourrices qui demeurent dans la Maison ; chaque fille qui y a été élevée a cinquante écus Romains de dot.* Le

[a] L'Hôpital est présentement à l'usage des Pauvres & des malades de tout âge.

Chef de cet Ordre s'appelle Precettore. Il loge dans un fort beau Palais, qui est proche, où l'on voit la Bibliotheca Lancisiana.

Les deux Eglises qui font cimetrie, & que l'on voit en face, en entrant à Rome, par la porte du Peuple, sont appellées Sœurs, à cause qu'elles se ressemblent. Elles sont toutes deux dédiées à la Vierge, & en ont chacune une Image des plus miraculeuses. L'une est consacrée à Nôtre-Dame de la Sainte Montagne, ou du Mont Carmel; & l'autre à Ste. Marie des Miracles. §. *Elle est desservie par des Picpus François.* Je suis assuré qu'il y a dans Rome [a] 60. Eglises pour le moins dédiées à autant de Nôtre-Dames différentes; & si l'on parcouroit tous les Païs Catholiques, on en rencontreroit sans doute plusieurs milliers.

§. Sta. Maria in Cosmedin est une Eglise très ancienne. On voit dans la Sacristie une Sainte Famille en Mosaïque. Quoique riche, l'ouvrage est peu délicat. Une Inscription qu'on y lit apprend qu'il fut fait en 705. & qu'il appartenoit à Jean VII. On trouve à l'entrée de cette Eglise, dans une espece de parvis, quelques Inscriptions anciennes, & un marbre de figure ronde qui a environ trois pieds de diametre; on l'appelle la Bocca di Verita, & l'on prétend que le trou qui est au milieu servoit à rendre les Oracles. D'autres disent qu'on y recevoit les sermens; & d'autres enfin conviennent qu'on ignore à quel usage ce muffle pouvoit servir.

[a] J'en connois plus de cinquante;

Ce qu'il y a encore de singulier, c'est que tel dont la dévotion est ardente pour *Ste. Marie de l'Echelle* [a], par exemple, ne daigneroit pas brûler un bout de bougie pour *Ste. Marie Grotte-Peinte*, ni pour quantité d'autres. Je parlois de cela il y a quelques jours à un Frere Cordelier qui nous apporte quelquefois son bissac. Le bon Religieux me répondit qu'on invoquoit le Pere, le Fils, & le S. Esprit, sous des idées différentes, sans que cela préjudiciât à l'Unité & à la simplicité de Dieu : qu'ainsi les diverses Madones pouvoient être invoquées sous divers Noms, & comme ayant des fonctions différentes, quoi qu'au fond, tous ces milliers de Madones se réduisissent à l'Unique Mere de Dieu. Il me dit cela d'un ton si magistral, & d'un air si content de la justesse & de sa comparaison, que je ne crûs pas devoir entreprendre de contester avec lui. Je lui dis seulement que les trois Personnes de la Trinité guérissoient des mêmes maladies, au lieu que les Nôtre-Dames avoient chacune leurs talens particuliers. Mais il nia la premiere partie de ma réponse, & dit que puisque les Docteurs Chrétiens de toutes les Religions, demandoient constamment des choses différentes, à chacune des trois Personnes de la Trinité, il falloit bien qu'ils ne fussent pas de mon sentiment. Il alloit même bien-tôt s'échauffer, & entreprendre de me prouver

[a] Santa Maria de la Scalla. Santa Maria Grotta pinta. Ce sont des Madones & des Eglises de Rome.

que j'avois une Religion à part; si pour l'appaiser, je n'avois promptement mis quelque chose dans son bissac. Entre nous, il est certain qu'à beaucoup d'égards, la Rome Papiste, & la Rome Payenne, sont d'un caractére extrémement semblable. Les grosses & menuës Divinités de l'ancienne Rome, n'ont fait que changer de nom dans la nouvelle. La multitude des Saints & des Reliques, dont les différentes fonctions ou vertus, leur attirent aussi différens adorateurs, ont justement pris la place de tout ce Polytheïsme du tems passé. Les faux miracles, & les vrayes puerilités de l'une & de l'autre, viennent d'une même source de dépravation d'esprit: & il est assez évident que la perche fructifiante de S. Christophe, a tiré son suc de la même terre qui en a fourni à la Lance Verdoyante de Romulus.

Dans l'Eglise de S. Jean Calibita,(*a*) il y a une Nôtre-Dame de la Lampe qui, à ce que l'on dit, est une des meilleures Images de Rome: & ce que je vous en vais dire en est une preuve assez convaincante. Il y a cent & tant d'années que le Tibre s'étant extraordinairement débordé, les eaux en monterent jusqu'au dessus d'une lampe qui pendoit devant l'image de la Madone; mais si elles enveloperent la lampe, elles ne l'éteignirent point. Joignant l'Eglise, il y a un Hôpital qui est gouverné par de bons Religieux Siciliens, que l'on appelle *Fate-ben-Fratelli,* Faites-bien-Freres. On les connoît aussi sous le nom de *Freres du bon Jean de Dieu.*

(*a*) Dans l'Isle.

Je ne sçai si vous sçavez qu'il y a ici un certain [a] S. Antoine, qui est le Protecteur des chevaux & des mulets. Le jour de la fête du Saint, on méne tout ce qu'il y a de ces animaux dans la Ville à l'Eglise, avec leurs selles & autres harnois ; on les y bénit, & on les arrose, avec le sacré goupillon, moyennant tant pour chaque bête. S'ils bénissent, ils sçavent aussi maudire : Ils adjurent, exorcisent, livrent au Diable les hannetons, chenilles, souris, sauterelles, &c. §. *Voici le fait. Quand on perd un cheval par une maladie contagieuse, on porte un écu à cette Eglise pour faire prier le Saint, que les autres chevaux ne la gagnent point.*

A Ste. Agnès hors de Rome, cette ancienne Eglise dont je vous parlois l'autre jour ; on fait aussi tous les ans la cérémonie de bénir deux Agneaux blancs. La laine de ces Agneaux sert à faire un certain tissu (qui à ce que l'on m'a dit, est en forme d'étoile & parsemé de croix) que l'on attache en certaines solennités aux habillemens Sacerdotaux du Pape. Le Pape en envoye aussi aux Prélats, pour les faire souvenir que le bon Pasteur doit quelquefois porter ses brebis sur ses épaules.[b]§. *S. Louis des François est une Communauté ou Seminaire pour vingt-quatre Prêtres François, Lorrains ou Savoyards. L'Eglise est la plus belle que les François ayent à Rome.* On y voit les *Tombeaux des Cardinaux d'Alquié, d'Ossat, de la Tremoille & d'Angennes de Rambouil-*

---

[a] S. Antoine à Ste. Marie Majeure.   [b] C'est le *Pallium*.

let. La Maison reçoit les Pelerins pendant quelques jours. On y marie tous les ans quarante pauvres Filles Françoises, Lorraines, Savoyardes & Francomtoises. Leur dot est de trente-huit écus Romains. Celles qui préferent le Couvent au Mariage ont le double. Mrs. de S. Louis desservent encore l'Eglise de S. Sauveur, Nelle Terme qui n'est qu'à deux pas de la leur. On prétend que c'est en cet endroit qu'arriva l'Histoire de la Charité Romaine. Une Bulle qui est à la porte, dit formellement que celle qui secourut son pere, de la maniere que tout le monde le sçait, étoit Femme, & non pas Fille. Cela rend le fait un peu plus vraisemblable. Il reste cependant une difficulté. Comment des bains pouvoient-ils se trouver dans une prison, ou une prison dans des bains?

S. Marc est une Eglise Canonicale, où les Venitiens & les Cardinaux de cette Nation qui demeurent à Rome se font d'ordinaire enterrer. M. le Cardinal Quirini y a fait faire de grandes réparations. L'Autel & la Confession de S. Marc Pape, meritent bien d'être remarqués. La Mosaïque qui est au-dessus, représente entre autres douze Agneaux, & l'Agneau Pascal au milieu. Cette Eglise passe pour être fort riche. Le Palais de l'Ambassadeur de Venise est attenant.

La Madone de la Victoire est une très-jolie Eglise.

On voit à la Minerve les Tombeaux d'Urbain VII. de Benoist XIII. qui y est représenté à genoux, du Cardinal Pimentel, & de plusieurs autres.

Rome est un monde dont il est bien malaisé de sortir. Cependant il faut s'y résoudre. Demain nous partons de fort grand matin, & j'ai encore quelques petites dépêches à faire. Je finis donc, & je suis,

Monsieur,

Vôtre, &c.

A Rome ce 4. *May* 1688.

Justement comme je cachetois ma Lettre, le Pere A. m'a envoyé deux grandes inscriptions, pour être ajoûtées à celles qu'il m'avoit déja données. Mais ces papiers sont d'une grandeur & d'une épaisseur à ne pouvoir entrer dans mon paquet : & d'ailleurs le tems ne me permet pas de les copier. Le titre de l'une de ces Inscriptions porte que, *Jacobus Dux Eboracensis, ne iniquis Religionis legibus subscriberet, ultro se honorum titulis abdicat.* L'autre titre est ainsi, *Jacobo secundo Angliæ Regi, Quod ipso vitæ exemplo præeunte, & impellente consiliis Carolus Frater & Rex mortem obierit ad modum piam.* N'ayant lû tout cela qu'avec précipitation, je ne vous en dirai guéres de nouvelles ; je vous marquerai seulement quelques endroits du dernier de ces Eloges, qui me paroissent un peu singuliers, ou difficiles à entendre. Vous les débroüillerez vous-mêmes à loisir. *Regnaturus à tergo Frater, Alas Carolo addidit.* Je vois bien qu'il s'agit en général des instructions salutaires par le moyen desquelles le Roi a ouvert le chemin du Ciel à son Frere mourant. Mais il me semble que l'expression d'*addere Alas* emporte plus que cela ; sur-tout, étant précédée de ce *Frater Regnaturus à tergo*. *Dare alas*, ou quelque chose de semblable, seroit fournir la voiture ; mais *addere alas*, c'est pousser, hâter, & faire aller plûtôt, ou plus vîte qu'on ne seroit allé. Je trouve que le *Fratrem misit*, qui vient incontinent après, est trop fort encore. JAQUES, dit l'Auteur, voulant faire sçavoir aux * Dieux qu'il alloit regner, afin de leur envoyer un Ambassadeur qui fût digne d'eux & de lui, *Fratrem misit*, il leur envoya son Frère. Je suis fort trompé si *mittere* en Latin, comme *envoyer* en François, ne signifie *donner ordre, & faire en sorte que la personne que l'on envoye, aille dans le lieu qui lui est marqué*. Il seroit inutile de répondre que Charles ne seroit pas allé au Ciel, si JAQUES ne lui en eût montré le chemin ; car remettre un Voïageur égaré dans le bon chemin, lui procurer même des commodités, sans lesquelles il ne pourroit jamais arriver dans le lieu où il veut aller : ce n'est pas l'envoyer ; & je ne crois pas qu'on ait jamais parlé ainsi. Si quelqu'un disoit que le Pape Clement II. fut envoyé en Paradis par son successeur Damase qui l'empoisonna : Ou sans s'éloigner tant, que le Roi y a autrefois envoyé Mylord Russel avec quelques autres ; à la bonne heure ; quoique cela fut dit comme en raillant, ce seroit pourtant parler assez juste ; car il y avoit ordre : il falloit partir ; & on ne laissoit pas au pouvoir des gens qu'on envoyoit, de s'en aller, ou de ne pas s'en aller.

* *Superis*.

Je n'entens pas non plus comment le Roi JAQUES pouvoit envoyer le Roi CHARLES en Ambassade; car il n'y avoit pas alors deux Rois vivans ensemble en Angleterre: *Ut Cœlo dignum, & dignum Se Rege Legatum eligeret, Fratrem misit.* Si le Roi n'avoit alors que la qualité de Duc, il étoit sujet de son Frere, qui vivoit toûjours; & il n'appartenoit pas au Duc sujet, d'envoyer aucuns Ambassadeurs: moins encore un Ambassadeur Roi, & un Roi son Frere aîné, & son Souverain: Tout cela est absurde. Et il n'est pas moins déraisonnable de dire, que [a] *Charles porta la premiere nouvelle au Ciel, du Régne de son Frere.* Car il me semble que dans un langage Chrétien, comme doit être celui de cette Inscription, Dieu n'est point informé des premieres nouvelles de ce qui se fait en Terre, par des Messagers que les hommes lui envoyent.

Il y a encore une autre chose dont on pourroit peut-être s'étonner. C'est que le Roi Charles qui avoit si long-tems vécu en Hérétique ou en prévaricateur, ait passé tout droit de la Terre au Ciel, sans avoir besoin d'être un peu purifié par les flâmes du Purgatoire : mais un passeport du Pape, ou une Messe dite sur quelque Autel privilé-

_____

[a] *Nancli ex Anglia Proceres retulerint Regibus aliis Jacobum regnantem Cælo primus omnium retulit Carolus? Nec immeritò; Reges alii; Legatos suscipiunt, mittuntque Principes; Legatos Reges Deum excipere decuit, Jacobum mittere.*

gié, seroit la réponse à cette objection ; de sorte que je n'y insisterai pas. Voilà une critique qui est je vous assure un véritable *impromptu :* c'est pourquoi si je me trompe, ma faute en est plus pardonnable. Ce que je trouve de plus plaisant dans mon commentaire, c'est que je m'apperçois qu'il n'est guéres moins long, que le Discours dont je n'ai pas crû avoir le tems de faire la copie. Adieu.

Vôtre délicatesse pourra trouver d'autres choses à censurer, dans les piéces que je vous envoye ; mais vous demeurerez d'accord qu'il y a aussi de très-beaux endroits : & en général vous prendrez la chose par la bonne anse, qui est le mérite du Roi, & le zéle de ses serviteurs.

Je n'oublierai pas de vous dire que les Dominicains Anglois, & les autres Religieux de la même Nation, n'ont pas été muets au milieu des acclamations publiques. Nous avons vû chèz eux des Trophées, où l'Heréfie paroît foulée aux pieds par le Roi & par l'Angleterre, &c. Quand l'affaire sera tout-à-fait finie, quelque autre Pape en fera sans doute peindre l'histoire entre les Mémoriaux, dont je vous ai parlé, d'une des sales du Vatican.

LETTRE XXX.

Monsieur,

Entre Rome & Viterbe, nous n'avons trouvé que fort peu de choses qui méritent d'être remarquées. Il y a [a] quelques beaux endroits de la *via Emilia* ; je les ai mesurés, & je les ai trouvés de la même largeur que les autres chemins Consulaires. L'ancien lac *Cyminus* appellé aujourd'hui lac de Vico, est au pied de la montagne du même nom, à sept ou huit mille de Viterbe. La montagne est fort haute, mais on la monte par un chemin aisé. Elle est presque toute couverte de sicomores & de châtaigniers ; & nous y avons trouvé aussi quantité de primevéres, de narcisses, d'hyacinthes, & d'autres fleurs de cette saison. Du haut de la montagne on découvre la Mer.

Viterbe est une Ville de médiocre grandeur, presque toute bâtie de pierre, & ceinte d'un mur. Outre les clochers des Eglises, on aperçoit de loin huit ou dix hautes tours quarrées dont l'effet est assez bizarre. C'étoient des forts & des retraites, que les plus riches bâtissoient joignant leurs maisons, pendant les ravages que les factions des Guelfes & des Gibelins faisoient en Italie. §. *Les Papes Jean XXI. Alexandre IV.*

[a] Vers le Bois de Bacano.

Tome III. C

Adrien *V*. & *Clement IV*. sont inhumés au Dôme de Viterbe.

Vous verrez le rétablissement de l'ancien nom Toscan de Viterbe dans l'inscription que voici, & que j'ai copiée à l'Hôtel de Ville. *Desiderius ultimus insubrium Rex, longulam, Vetuloniam, atque Volturnam mœnibus cingit, & Etruriæ priore nomine inducto, Vitereium mulctâ capitis indictâ appellari jubet. Sal. An.* DCC. lxxiii.

Une autre inscription qui se voit dans le même lieu, fait foi de la donation que la Comtesse Mathilde fit de ses Etats au Pape. *Æternæ memoriæ inclitæ Mathildis, quæ ob præstabile Religionis studium ac pietatem Sedi Pontificiæ suum hoc Patrimonium divi Patri in Thuscia dein nuncupatum, elargitur; & in veterem Urbis ejus splendorem intuens Paschalis II. Bleden Pontifex maximus, ejus Metropolim ut ante Viterbium constituit. An. S.* 1113. [a] Il seroit difficile d'en produire autant pour la [b] Donation du premier Pa-

[a] Schraderus dit qu'il a vû à Viterbe une ancienne inscription qui mérite bien d'être ici rapportée. *Marcum Tullium Ciceronem ob egregias ejus virtutes, singularesque animi dotes, per totum Orbem nostris armis virtuteque perdomitum, salvum & incolumen esse jubemus.*

[b] Barth. Pierne, & Aug. Steuchus l'ont donnée en Latin, comme traduite du prétendu Original Grec, qui est au Vatican. Et elle a été inférée dans le Decret de Gratien: [Distinct.] Mais elle ne se trouve point dans les anciens Decrets, comme le fait voir S. Antonin, Archevêque de Florence, N. Everard, L. Valle, Raph. de Volterre, A. Alciat, J. Aventin, F. Vasquius, le Cardinal Cusa, & même le Pape Pie II. ont solidement refuté cet-

trimoine par Constantin. Je me souviens d'avoir lû quelque part, qu'un [a] Ambassadeur de Venise étant à Rome, se mocqua un jour assez plaisamment de cette prétenduë donation. [b] Le Pape lui demandoit en raillant, en quel endroit des Annales de Venise se trouvoit le titre de possession du Golfe Adriatique ? si vôtre Sainteté, répondit l'Ambassadeur, prend la peine de regarder le contrat de donation fait au S. Siége par Constantin le grand, Elle y trouvera notre titre endossé.

Encore que dans l'inscription de Didier, il ne soit parlé que de trois Villes unies en celle de Viterbe. J'ai remarqué qu'en quelques autres endroits, cette Ville est appellée *Tretrapolis*, & ses habitans, *quaterni populi*. Le distique que voici se lit au haut de l'escalier de la Maison de Ville, & vous y verrez les noms des quatre Villes.

Hanc Fanum, Arbanum, Vetuloni, Longulæ quondam
Oppida dant urbem : prima elementa.
F. A. V. L.

Ils prétendent que l'ancienne Viterbe Hetrusque fut bâtie par Isis & Osiris, & ils produisent quelques inscriptions Gréques & Latines, qui font, disent-ils, mention de cette antiquité de leur Ville. Mais ayant été averti à Rome, que ces inscriptions étoient

te Fable. Voyez aussi le *Figmentum Donationis Constantini*, par le Jesuite *P. Jos. Cantelius*, dans son Traité *de Metropolitanis Urbibus*.
[a] Jerôme Donat.
[b] Alex. VI.

suppofées, & qu'elles font, comme on croit, de la façon du Dominicain Jean Annius, que nous appellons communément en François Anne de Viterbe, qui faifoit métier de ces fortes de (a) filouteries ; je ne me fuis pas amufé à les copier; outre qu'elles font fort longues, & d'un caractere menu & difficile.

On a peint dans une des fales de cette Maifon, un événement affez extraordinaire. Ce font de volées des fauterelles en nombre innombrable : des nuages épais de ces infectes, qui font éclipfer le Soleil, (b) qui couvrent la terre, qui rongent, & qui détruifent tout aux environs de Viterbe. On voit tout le monde en campagne, qui tâche par plufieurs moyens, de fe délivrer de ce fleau d'Egypte. La Croix même & la banniere font portées en proceffion avec l'eau benite, pour conjurer & pour maudire ces méchantes.

Je me fouviens que Mezeray rapporte une chofe femblable (c). *L'an* 873, dit-il,

---

(a) *Joannes Annius dum gloriam quandam aucupari conatur, cudit novum Metafthenem, [pro Megaftenem] Berofum, Manethonem & Philonem, quos commentariis auctos in publicum emifit, & pretiofis hifce veterum Autorum titulis, toti Mundo ferè impofuit. .... Megafteni hiftorias attribuit, de quibus nunquam cogitavit.* Calvif. Ifaq. Chron. c. 28.

(b) L'an 1576.

(c) Orofe rapporte un femblable fait arrivé en Afrique : l'an du monde 3825. Il ajoûte qu'il y eut enfuite une pefte fi terrible, que dans la feule Numidie, il mourut huit cens mille hommes, & trente mille Soldats Romains. Zonare, Surius, Baronius, & tous les Chroniqueurs, ont raporté plufieurs pareils événemens,

vers le mois d'Aouſt, une quantité effroyable de locuſtes volantes, firent un dégat incroyable en France. Elles étoient de la groſſeur du pouce, & avoient leurs dents plus dures que des cailloux. En un inſtant elles avoient brouté toute la verdure d'un païs, juſqu'à l'écorce des arbres. Un vent fort les jetta dans la Mer Britannique, où elles furent noyées ; mais le flot les ayant rapportées par gros monceaux ſur le rivage, il s'en fit une corruption ſi grande, qu'elle engendra la peſte dans les Provinces voiſines.

Si vous liſez la vie de Charles le Chauve, vous trouverez cette hiſtoire mieux expliquée.

Comme nous arrivions à Montefiaſcone, qui eſt une petite ville ſur un côteau à huit milles de Viterbe, les enfans ſont venus au devant de nous, nous demander ſi nous voulions voir l'*Eſt, Eſt, Eſt*. L'hiſtoire ne vous ſera peut-être pas nouvelle, mais je ne laiſſerai pas de vous la faire à tout hazard. Un Gentilhomme Allemand qui voyageoit en Italie, ou peut-être un Abbé ou un Evêque, comme vous le remarquerez tout-à-l'heure, donnoit ordre, dit la tradition, à un Valet qu'il envoyoit toujours devant lui, de goûter le vin dans tous les cabarets qui ſe trouvoient ſur la route, & de marquer celui qui étoit le meilleur, en écrivant le mot d'*Eſt* ſur la porte. Le *moſcatello* de Montefiaſcone s'étant trouvé fort au goût du valet, il en fit l'éloge en triplant l'*Eſt*. Et le maître en bût tant, qu'il en tomba malade dans le lieu même, &

MONTE-FIASCO-NO.

qu'il en mourut. Nous avons donc été voir sa tombe plate, dans l'Eglise de S. Flavien, à deux cens pas de la Ville. Le défunt y est représenté ayant la mitre en tête, & de chaque côté deux (*a*) écussons de ses armes, & deux verres à boire. A ses pieds est écrit en lettres usées & demi-Gothiques ; *Eſt, Eſt, Eſt, prop. nimium Eſt,* (*b*) *Jo. de Fuc. D. meus mortuus eſt.* C'est comme vous voyez, l'épitaphe que lui fit son valet. J'ai vû cette inscription rapportée en trois ou quatre endroits, & je n'ai pas trouvé qu'aucun la donne précisément comme elle est.

En allant de Montefiascone à Bolsene, on suit toûjours à quelque distance, le lac qui en porte le nom. Ce lac est à-peu-près de figure ovale, & a, dit-on, quarante milles de circuit. Les deux Isles s'appellent Martana, & Pressentina : & ce fut dans la premiere, que la pauvre Amalazonte, fille de Théodoric, Roi des Gots, fut relegué & (*c*) étranglée par les ordres de l'ingrat Théodat, qui étoit son Cousin, & qu'elle avoit associé au Gouvernement.

BOLSE-NE. Bolsene n'est qu'une miserable petite ville, dont l'Evêché a été transferé à Orvieto. Derriere, sur la hauteur, on voit les ruines de l'ancien (*d*) *Volſimium*, qui au rapport de Pline, fut réduit en cendre par un coup de foudre.

(*a*) Parti, au premier de - - au Lion de - - - -
Au second de - - - - - - -
aux deux faces de - - - - -
L'Ecuſſon n'est pas blasonné.

(*b*) La tradition explique *Jo. de Fuc* par *Joannes* de *Fucris.*
Son nom est une des meilleures familles d'Ausbourg.

(*c*) Ou poignardée.

(*d*) ou *Vulſinium.*

On ne peut pas voir un plus mauvais païs que la route de Bolsene à Aquapendente. Cette derniere Ville toute pauvre & toute deserte qu'elle est, jouït du titre d'Evêché, depuis la démolition de Castro.

AQUA-PENDENTE.

Les Terres du Pape finissent au petit village de Centino, au pied de la montagne de Radicofani. Le bourg & la (*a*) Citadelle qui portent ce nom, sont la moitié du tems enveloppés des nuës, au sommet de cette haute montagne. Un orage furieux nous a obligés d'y coucher, & nous avons toute la nuit entendu le tonnerre, comme (*b*) grondant sous nos pieds.

Au sortir de Radicofani, quand on va vers Sienne, on ne voit que montagnes toutes découvertes, & presque entierement stériles ; mais le terroir commence à devenir meilleur vers le bourg de S. Quirico, à huit ou dix milles de là. Il est vrai que cela ne dure guéres ; du côté de Torrinieri, c'est pis que jamais ; & le païs est ainsi mêlé jusqu'aux approches de Sienne, qui est bâtie sur un riche côteau.

Sienne (*c*), Archevêché, & troisiéme Ville de Toscane, en est aussi une des plus agréables. Sa situation haute & basse, la rend un peu incommode, mais l'air en est bon, les ruës nettes, & presque toutes pavées de brique couchées sur le côté : les mai-

(*a*) Premierement bâtie par Didier, dernier Roi Lombard.
(*b*) Il y a sans doute quelques creux souterreins qui causent ce retentissement.
(*c*) Cette Ville fut assujettie au Grand Duc de Toscane, l'an 1555.

fons belles, & les eaux excellentes. On y parle le bon Toſcan, ſans l'âpreté du Florentin ; & ſouvent auſſi les Etrangers choiſiſſent ce ſéjour, quand ils veulent apprendre la langue.

La Cathédrale, quoique bâtie à la Gothique, §. *ainſi que le Portail qui eſt preſque tout de marbre,* eſt un édifice dont la beauté eſt d'autant plus remarquable, que tout eſt (a) achevé. Je fais cette obſervation, parce que rarement trouve-t'on de grandes Egliſes, qui ſoient conduites à leur derniere fin. Celle-ci eſt entiérement revêtuë de marbre, en dehors & en dedans, & les ornemens de ſon architecture ſont des plus beaux en leur eſpece. Le pavé eſt de marbre blanc & noir, rapporté dans le Chœur en maniere de marqueterie ou de moſaïque. Cet ouvrage avoit été commencé par le Duccio, & fut achevé par Dominique Beccafumi. La partie qui eſt la plus près du Chœur, eſt la mieux conſervée : §. *On la couvre depuis une trentaine d'années :* on y voit le Sacrifice d'Abraham, & le paſſage de la Mer rouge. La voûte de l'Egliſe eſt azurée, & parſemée d'étoiles d'or. §. *Il y a quelques Tombeaux de Papes dans cette Egliſe, deux deſquels ſont du Bernin. La petite Chapelle de la Vierge eſt fort riche : elle renferme un Tableau miraculeux ſoutenu par deux Anges de bronze doré en bas relief, & ſur un grand fond de Lapis. Il y a quatre grandes ſtatuës de marbre. Elles ſont bonnes,*

(a Il n'y a qu'un petit endroit, derriere l'Egliſe, | qui n'eſt pas encore revêtu comme l'eſt tout le reſte.

& celle de la Madelene & de S. Jerôme sont du Bernin. La derniere est de son plus beau. On voit encore dans cette Chapelle deux bons Tableaux de Carlo Maratte.

Tout autour de la grande Nef en dedans il y a un corridor, où l'on voit toutes les têtes des Papes. Ce que j'ai rencontré d'auteurs, entre ceux même qui nient la Papesse, font mention de la statuë de cette Femme, comme étant là entre les statuës, ou têtes, des autres Papes. Baronius dit qu'elle a été ôtée & mise en poussiere. Launoy, qui a écrit en 1634. assure qu'on la voit encore. Blondel demeure d'accord du fait, quant au principal ; comme il avouë aussi l'autre statuë de Rome, dont parle Théodore de Niem qui fut érigée dans l'endroit de l'accouchement de JEANNE, & que Sixte V. fit jetter dans le Tibre ; mais il ne dit pas ce qu'est devenuë la premiere. Le P. Mabillon, qui a écrit le dernier de tous, non-seulement ne conteste pas la verité de la statuë (tête) mais il circonstancie le fait, & dit que le nom de la Papesse y fut mis. (*Appositum statuæ nomen fuit, Joannes VIII. Femina de Anglia.*) Et il ajoûte que sous le Pontificat de Clement VIII. on lui changea les traits du vilage, & qu'on en fit un Pape Zacharie dont on mit le nom à côté.

Ayant attentivement consideré toutes ces têtes de Papes, que les Auteurs que je viens de citer, nomment improprement des statuës, j'ai trouvé que pour le présent on ne pouvoit faire aucun jugement sur ce qui regarde celle de la Papesse. L'Eglise ayant été réparée depuis quelque tems; soit par ignorance, soit par affectation, on a replacé toutes ces (a) figures en désordre. Launoy a vû la Papesse entre Leon IV. & Benoît III. qui est son véritable lieu : presentement, Leon IV. est entre Nicolas I. & Gregoire IV. Et Benoît III. est entre Serge II. & Adrien II. En un mot tout est renversé. Au reste, j'ai quelque soupçon, que l'on connoissoit plus la figure de la Papesse par son rang, & par son nom, que par (b) son air de Femme, puisque de toutes ces têtes de Papes, il n'y en a que (c) trois avec de la barbe : Et qu'entre les autres, qui n'en ont point, on peut remarquer dix ou douze visages tout-à-fait jeunes. Je ne comprens pas non plus comment on a métamorphosé Jeanne en Zacharie, car il n'y a jamais eu qu'un Pape Zacharie, que je trouve ici (quoique (d) hors de son rang,) & que je puis juger avoir été fait en même tems que les autres. J'aimerois mieux croire ce que dit positivement Baronius que la Papesse fut absolument ôtée.

De l'Eglise on entre de plein-pied dans le lieu ou étoit autrefois la Bibliothéque, pour y voir les belles peintures à fresque, qui représentent toute l'histoire du Pape

---

(a) Le nom de chaque Pape est écrit sur la tête qui le représente; mais en quelques endroits l'écriture est effacée.

(b) Je ne sçai pas si l'on avoit affecté de la représenter avec quelque coëffure particuliere.

(c) S. Pierre, Anaclet I. & Sixte I.

(d) Au lieu qu'il devroit succeder à Gregoire III. & être suivi par Estienne II. ils l'ont mis après Estienne III. & avant Gregoire III.

Pie II. (*a*) Le deſſein eſt de Raphaël, & de ſa premiere maniere : mais la peinture eſt de la main de Pietro Perugin ſon maître, du Bernardin, & du Pinturicchio : il ne ſe peut rien voir de plus fini. (*b*) §. *Les deſſeins pourroient bien être auſſi de Perugin au jugement de quelques connoiſſeurs.* L'ame du Pape qui s'envole, ſous la forme d'un oiſeau de Paradis, & le bon homme Hermite qui la regarde, eſt un morceau fort eſtimé. §. *Au milieu de cette ſale, on voit ſur un piedeſtal les trois graces antiques aſſez belles & tout-à-fait nuës, ce qui eſt aſſez ſurprenant dans un pareil endroit. On croit qu'il manque à cette antiquité quelque choſe.*

La façade de l'Archevêché eſt ſimple, mais elle eſt revêtuë comme l'Egliſe de marbre noir & blanc.

Si vous n'avez jamais lû l'hiſtoire de Ste. Catherine de Sienne, vous ſçaurez premierement que ſelon ſa Légende, l'étimologie de ſon nom eſt dérivée de *Katha*, qui, dit-on, ſignifie tout; & de *ruine* qui *vaut autant à dire* que *trébucheure ;* l'édifice du Diable ayant *trébuché du tout* en elle: De ſorte que de *Sainte Katharuine*, on a fait par corruption Ste. Catherine. Vous qui aimez les étymologies, j'eſpere que celle-ci vous plaira.

Vous ſçaurez en ſecond lieu, que cette Vierge étant à Sienne dans ſa maiſon, J. C.

(*a*) La plûpart des viſages de ces peintures, repréſentent des perſonnes qui vivoient alors.

(*b*) Pierre Damien dit que les ames en forme d'oiſeau, ſortent tous les Dimanches de l'Averne du Purgatoire, pour chercher du rafraîchiſſement.

lui rendoit de fréquentes visites en propre Personne, & qu'après le saint & intime commerce qu'il eut avec elle, pendant quelques années, il l'épousa dans toutes les formes, & voulut que les nôces fussent célebrées avec solennité. Il fit présent d'un anneau d'or à son Epouse, dans lequel étoit enchassé un diamant entre quatre perles. Il voulut que la Vierge Marie sa Mere fût du festin, avec S. Pierre, S. Jean, & S. Dominique; & il commanda au Roi David de décendre du Ciel, pour joüer de la harpe pendant la fête. C'est une histoire que j'ai lûë à Rome, dans la description de l'Eglise de *Ste. Catharine in Strada Guilia.* J'en ai vû le tableau en divers endroits : & on nous a montré à Sienne la chambre même de la Sainte, & la fenêtre par où J.C.(*a*) entroit, quand il la venoit visiter sans vouloir être vû (*b*).

Un Peintre s'étant trouvé par hazard, dans l'Eglise de Saint Dominique, comme Ste. Catherine y étoit un jour en extase, il en fit le portrait sans qu'elle s'en apperçût. On nous a montré aussi cette Image, & l'on nous a fort assurés qu'elle est des plus miraculeuses. Sur-tout elle a la vertu de mettre les Démons en déroute, quand on la présente à quelque Démoniaque.

Vous sçavez sans doute que cette Sainte a gâté toute l'affaire des Scotistes contre les Thomistes, touchant l'immaculée Conception de la Vierge. Car outre les divers ar-

(*a* L'an 1367.   la Tour de cette Eglise a
(*b*) Une grande partie de été abbatuë par la foudre,

gumens qu'avoient les premiers, ils s'appuyoient encore sur une révélation de Ste. Brigite, qui décidoit à peu-près la question : Mais malheureusement pour eux, Ste. Catherine a eu une révélation toute contraire; elle a déclaré net, que la Vierge avoit été conçuë en péché comme les autres femmes: de sorte que les Thomistes la révérent autant, que les Scotistes en font peu de cas.

§. *Voyez l'Eglise bâtie en l'honneur du Crucifix, qui s'inclina devant elle, & qui lui envoya les cinq playes. Ce lieu est petit, & trop clair pour les peintures modernes qui en ornent la Voute. La Chapelle de la Sainte est à côté. Les peintures en sont bonnes; mais elle est obscure. Le lieu où elle demeuroit est au-dessous de ces Eglises. L'on y garde les briques qui lui servoient de chevet.*

Le Palais où s'assemble ce qui reste de Juges de l'ancienne République, est sur cette même Place ; il n'a de beau que quelques fresques dans une Salle, & un Tableau du Jugement de Salomon. La Tour de l'Horloge paroît la plus haute d'une vingtaine, qui surmontent la Ville, & & qui font de loin un coup d'œil singulier.

Il y a une bonne citadelle à Sienne, & quinze ou vingt tours quarrées comme à Viterbe. Celle qu'on nomme la *Mangiana*, passe pour être fort haute ; mais il n'y a que les gens qui n'en ont guéres vû d'autres, qui fassent cette remarque.

La ville de Sienne porte pour armes, la fameuse Louve (*a*) allaitant les enfans ju-

---

(*a*) On voit par les Mé- | souvent de pareilles Loudailles, que l'on mettoit | ves, dans les Villes qui

meaux : On y voit cette Louve en divers endroits sur une colonne. Cela vient de ce que quelques-uns ont écrit que Sienne avoit été bâtie par les enfans de Remus. C'est une chimere. La grande place est profonde en maniere de coquille (a) ; on peut la remplir d'eau quand il est nécessaire, pour éteindre quelque embrasement. §. *Par le moyen d'une fontaine, le plan de la Place est orbiculaire, mais irregulier. Elle est assez grande.*

Plus on avance, en allant de Sienne vers la riviere d'Arne, plus le païs s'aplanit & devient fertile. Du côté de Camiano, de Granayola, de Ponte d'Era, entre Pontgibon & Pise ; c'est une seconde *Campagna felice* : tout y abonde, & la route est extrémement agréable. (b) Poggi-bonzi n'est en réputation que pour son tabac.

La saison où nous sommes, répand la joye sur toute la Terre ; & dans tout ce que je connois de païs, le mois de May a ses jeux & ses fêtes particulieres. Mais je n'ai rien vû de plus gai, que les bandes de jeunes filles qui nous ont régalés de danses & de chansons sur toute cette route : la rareté du Sexe fait peut-être une partie de leur prix. Cinq ou six filles de quatorze à quinze ans, des mieux ajustées, & des plus jolies du village, s'associent ensemble, & vont chanter de maison en maison, pour souhaiter par tout un *allegro Maggio* : Et

éroient faites Colonies Romaines.
(a) Il faut voir le Palais
des Picolomini.
(b) Pongibon.

leurs chanſons ſont compoſées d'un grand détail de vœux, dont la plûpart ſont les plus plaiſans du monde. Elles ſouhaitent que l'on joüiſſe des plaiſirs de la jeuneſſe, en même-tems que de ceux de la ſaiſon. Qu'on ait toûjours un amour égal le ſoir & le matin. Qu'on puiſſe vivre juſqu'à cent deux ans. Que tout ce que l'on mange ſe puiſſe convertir en ſucre & en huile. Que ni les robes, ni les dentelles ne s'uſent point, Que la Nature ſoit toûjours riante, & que la bonté de ſes fruits puiſſe ſurpaſſer la beauté de ſes fleurs, &c. Enſuite viennent les vœux ſpirituels; Que la *Madone* de Lorette vous comble de graces; Que S. Antoine de Padouë vous ſerve d'Ange Gardien; Que Sainte Catherine de Sienne intercéde pour vous; & pour refrain de chaque couplet, *allegro Maggio, allegro:*

Je n'ai pas manqué de trouver auprès de Certaldo, ſelon l'avis que vous m'en avez donné, pluſieurs montagnes de ſable, toutes farcies de diverſes coquilles. Le Montemario, à un mille de Rome, en eſt tout rempli: J'en ai remarqué dans les Alpes; j'en ai vû en France, à Liſi & ailleurs. Olearius, Stenon, Cambden, Speed, & quantité d'autres Auteurs, tant anciens que modernes, nous rapportent le même phénomene; & j'ai lû avec beaucoup de plaiſir, la petite diſſertation que vous m'avez envoyée ſur ce ſujet. Néanmoins, puiſque vous voulez bien que je vous parle avec liberté, il faut que je vous diſe que je ne ſuis pas de vôtre ſentiment pour le principal.

Si ces coquilles étoient un reste & une production du Déluge, je ne vois pas pourquoi le Déluge en auroit composé des montagnes, plûtôt que de les laisser dans les profondeurs & dans les vallées. Je ne vois pas non plus, pourquoi ces coquilles se rencontreroient si rarement : les eaux du Déluge auroient dû les répandre plus universellement sur la Terre ; & d'ailleurs, le peu qui s'en trouve, ne devoit pas être ramassé ensemble par monceaux, comme nous voyons qu'il l'est. Peut-être ne seroit-il pas impossible que ces coquilles se fussent conservées depuis le Déluge, c'est pourquoi je n'insisterai pas sur cette difficulté. Je remarquerai seulement encore, que vous vous faites, ce me semble, une fausse idée des eaux du Déluge. Pour expliquer comme quoi se rencontrent au milieu des terres, des coquilles que vous supposez être des coquilles de Mer, vous supposez aussi que le Déluge étoit une Mer. Pour moi, je conçois que l'eau du Déluge, qui étoit tombée du Ciel comme la pluye ordinaire, & qui par conséquent étoit douce, & plus legere que l'eau salée, n'étoit pas tellement confonduë avec l'eau de la Mer, que chacun ne conservât & sa douceur, & sa salure ou son amertume, & ses proprietés particulieres. Si la chose se passe ainsi, ce seul endroit dont vous tirerez vous-même la conséquence, seroit capable de détruire vos conjectures.

Ni les vents, ni les ouragans, ni les inondations, ne sont pas encore, à mon avis, des moyens capables de nous découvrir le myftére. La voye d'irruption, comme le dégorgement fouterrain dont a été formé le nouveau Véfuve, ou le *Monte nuovo*, ne feroit je crois pas tout-à-fait à rejetter. Telle montagne qui feroit compofée de limon, & de terre fablonneufe, mêlée de coquilles, & d'autres *corps* ou matieres marines, fûr-tout dans un païs qui feroit fujet aux tremblemens de terre, pourroit bien, ce me femble, recevoir cette explication. Mais après tout, fi vous voulez que je vous dife mon fentiment, il ne me femble pas qu'il faille de fi grands détours, pour prouver la formation & la rencontre de toutes nos coquilles, de quelque nature qu'elles puiffent être. Et afin que je m'explique en un mot, je crois qu'on peut affirmer fans difficulté, que la même vertu & les mêmes proprietés qui forment les coquilles dans la Mer, les engendrent auffi fur la Terre : par la raifon qu'il fe trouve dans les deux endroits, une parité de fubftance propre à les former ; & une parité de tout ce qu'il vous plaira d'ajoûter encore, pour les circonftances & pour les moyens de cette formation. Que ce foit par végétation, & par *intus-fufception*, comme quelques-uns parlent, à peuprès comme croiffent les plantes ; Que fe foit par *juxta-pofition*, & par incruftation, comme fe forment les bezoards, tant foffilles qu'autres, & les pierres des reins ; cela n'eft pas préfentement du fujet. Mais entendez-le comme il vous plaira, quand vous aurez bien raifonné fur ce qui fait des coquilles, dans les lieux que vous appellez leurs lieux naturels ; je vous dirai toûjours qu'il ne tiendra qu'à vous de raisonner sur la montagne de Certaldo, de la même maniere que sur le rivage de Livorne : excepté pourtant, lorsqu'il s'agira de ces coquilles, qui s'engendrent, dit-on, en même tems que l'animal, par la sémence *ovaire*.

Je prévois une objection que vous me ferez sans doute, mais à laquelle je répondrai aussi. Vous me direz que les coquilles sont inséparables de quelque poisson, de quelque limaçon, ou de quelque autre semblable animal ; & que la nature ne produit les unes que pour l'usage des autres ; sans quoi cet axiome ne seroit pas universellement reçû, que *la Nature ne fait rien en vain*.

(*a*) Afin de trancher court sur cette difficulté, & sans m'éloigner de l'exemple des coquilles, je n'aurois qu'à vous alleguer celles qui se sont trouvées dans les reins, dans les apostumes, dans l'estomach ; & dont nous avons des descriptions si exactes, & même si nouvelles, qu'il n'est pas possible de douter du fait. Je n'aurois qu'à vous demander pour quelles sortes de bêtes ces coquilles-là ont été faites ? & je vous réduirois à une distinction de vôtre axiome, qui s'accommoderoit à mon principe.

Si vous prétendiez vous sauver, en répondant qu'une coquille dans une apostu-

---

(*a*) V. Nouvelles de la Republ. des Lettres, Décembre 1686. p. 1261. | V. Paré, & plusieurs autres Anatomistes.

me, est une espece de monstre, dont il ne faut rien conclure pour le général ; je vous repliquerois que je ne veux point disputer des mots, ni rien conclure de trop général. Si les coquilles des reins & des aposthumes, sont des monstres selon vôtre langage ; à vous permis, de vous servir du même langage, pour les coquilles du Certaldo. Le plus ou le moins, pour le nombre des coquilles, ne vous devra faire aucun embarras. Si le rein eût été de la grosseur d'une montagne, & qu'il eût autant contenu de matiere propre à former des coquilles, qu'en contient la montagne de Certaldo, sans doute, on en eût vû dans le rein, dix mille au lieu d'une : dix mille monstres de même nature, formés en même tems, en même lieu, & par même accident, ne devant être comptés que pour un seul.

Je pourrois, ce me semble, lever ainsi vos difficultés, sans aller plus loin : mais pour donner plus de jour à ma pensée, j'en viendrai encore à l'explication du terme *en vain*. La nature ne fait rien en vain, je l'avouë ; mais que des coquilles sans poissons, soient des ouvrages inutiles de la Nature, je le nie : la diversité des œuvres de Dieu dans toutes ses créatures, étant une chose assez expliquée, & assez établie. Ainsi les coquillages fossiles, qui naissent dans le cœur des pierres & des marbres, ne sont pas faits en vain, quoiqu'ils n'ayent jamais renfermé ni poisson, ni autre animal. Les pierres appellées cornes d'Ammon, ne sont pas faites en vain, pour n'avoir jamais été attachées au front d'un bellier. Les glosso-petres (a) de Malthe ne sont pas faites en vain, pour n'avoir jamais été de véritables langues. Je pourrois dire la même chose des Astroïdes, des Belemnites, des *dactyli Judæi*, & d'une infinité d'autres fossiles figurés, qui nous représentent en perfection des plantes, des fleurs, des fruits, des animaux, des visages humains. Pourquoi vouloir gêner la Nature en fait de coquilles, & la laisser agir à tous autres égards, avec un caprice perpetuel, ou pour mieux dire, avec une continuelle & une merveilleuse varieté?

PISE. Pise, Archevêché, Université, seconde ville de Toscane, & autrefois comme vous sçavez, assez puissante République, est bâtie sur la riviere d'Arne, dans une plaine tout-à-fait unie. C'est une grande Ville, & on peut dire qu'elle étoit autrefois fort belle. Les ruës sont larges, droites & pavées de grandes pierres ; & à generalement parler, les maisons sont encore assez bien bâties. La riviere d'Arne est navigable ; elle est plus large deux fois que le Tibre ne l'est à Rome, & elle sépare la Ville en deux parties qui ne sont pas beaucoup inégales. C'est grand dommage qu'un si beau lieu soit si pauvre & si dépeuplé ; mais l'herbe est haute dans les ruës en divers endroits.

(a) Ou *Calcharies*. Le Journal d'Allemagne de l'an 1661. fait mention d'une rave qui avoit la forme parfaite d'une main : & d'un champignon [trouvé dans la forêt d'Aldorf] d'où sortoient à demi-corps, six figures humaines.

Cette désolée condition de la Ville de Pise, est sans doute une suite des maux qu'elle souffrit pendant sa derniere guerre avec les Florentins; car ils la saccagerent, & la ruinerent presque entierement, lorsqu'ils en firent la conquête. Il ne faut pas douter non plus que la ville de Livorne, qui s'est édifiée depuis peu d'années à la porte de Pise, ne lui ait enlevé beaucoup de ses habitans.

La Cathédrale de Pise est d'une structure à-peu-près semblable à celle de la Cathédrale de Sienne; mais l'Eglise de Pise est plus grande, & sa situation au milieu d'une belle Place, lui est beaucoup plus avantageuse. Le Baptistere, & la fameuse Tour penchante, sont deux autres édifices considérables, qui se voyent d'un même aspect avec l'Eglise, & qui n'en sont qu'à trente ou quarante pas dans la même Place, l'un d'un côté, l'autre d'un autre, sur une même ligne. Le tout est revêtu de beau marbre, & d'une architecture uniforme.

Le Baptistere (a) est rond, & vouté en coupe, comme le Dome de S. Pierre, ou comme les Domes que vous avez vûs à Paris. Il s'y fait un Echo qui augmente de beaucoup le bruit : & si l'on frappe un coup, ou que l'on fasse un cri, le retentissement en dure aussi long-tems, que le tintement d'une grosse cloche.

Les uns ont dit touchant la Tour, *qu'elle*

(a) On a gravé sur une des colonnes du Baptistere, que l'Eglise fut achevée l'an 1153. Le Baptistere a cent quatre-vingt pas de tour.

avoit été bâtie penchante, par un caprice de l'Architecte (a). Les autres ont écrit qu'elle ne panchoit pas, mais qu'elle trompoit ainsi les yeux, par un nouveau secret, & par un artifice d'architecture. Il y en a même qui ont assuré qu'elle sembloit pancher de tous côtés, selon la situation de ceux qui la regardoient. Tous ces gens-là se sont trompés, & ont cherché du mystere où il n'y en eut jamais. La Tour panche, & panche par accident, les fondemens s'étant affaisés d'un côté : ce sont deux verités qui n'ont pas besoin de preuve, à quiconque veut un peu examiner la chose. La hauteur de cette Tour est de cent quatre-vingt huit pieds, & sa forme est d'un vrai cylindre. La plate-forme, ou terrasse du haut est environnée d'une balustrade, du bord de laquelle ayant jetté un plomb à l'endroit qui panche le plus, après avoir fait plusieurs essais à droit & à gauche, il se trouvoit que mon plomb tomboit à quinze pieds justes du fondement.

Le Cimetiere appellé Campo Santo, à cause de la terre que les Païsans y (b) apporterent de la Palestine l'an 1228. est une maniere de Cloître long de 190. pas, & large de 66. y compris la largeur des portiques. On y voit quantité de Tombeaux. J'ai remarqué une ancienne inscription que l'on

---

(a) Bonanus.
Il y avoit autrefois une colonne dans le Baptistere, où quand il se tramoit quelque chose contre l'Etat, cela s'y voyoit comme dans un miroir. Rohan.

L'escalier de la Tour est de cent quatre-vingt treize degrés.

(b) Lorsqu'ils envoyerent du secours à Frederic I. dit Barberousse, qui prit Jerusalem.

a enchaffée contre la muraille fous l'un des portiques, & qui eft un décret de la Ville de Pife, par lequel il eft ordonné que *nunciata morte Cæfaris*, on en portera le deüil pendant une année entiere, & on s'abftiendra de tous divertiffemens publics.

Je ne vous dirai rien du Jardin des Simples, non plus que des raretés naturelles qui fe voyent dans l'Ecole de Médecine, n'y ayant pas remarqué des chofes extraordinaires, que nous n'euffions déja vûës ailleurs.

Les (*a*) Chevaliers de S. (*b*) Eftienne ont leur réfidence à Pife. Vous fçavez que c'eft l'Ordre du Grand Duc, & que Come I. l'inftitua l'an (*c*) 156 . La ftatuë de ce Prince eft dans la Place, vis-à-vis l'Eglife des Chevaliers; & cette Eglife eft fort remplie de drapeaux, de fanaux, & d'autres dépoüilles des Turcs.

Il y a quatorze milles de Pife à Livorne: le païs eft plat, & la plus grande partie du chemin fe fait entre les bois de chênes verds, de liéges, & de myrthes fauvages. On dit que la Mer couvroit autrefois ces forêts, & qu'elle venoit à trois milles de Pife, jufqu'au lieu où l'on voit une affez

(*a*) Ils portent une croix rouge, fur le manteau noir; & un cordon couleur de feu.

(*b*) S. Eftienne Pape & Martyr.

(*c*) Le 6. Aouft, après qu'il eût gagné la bataille de Marcia. Les Chevaliers doivent être Nobles, & non bâtards. Ils font vœu de *Chafteté Conjugale*. Leur Croix eft femblable à celle de Malthe. Ils font obligés de dire chacun cent *Pater nofter*, & autant d'*Ave Maria* par jour, & en de certains tems ils doublent la dofe. *Davity*.

grande (*a*) Eglise, à l'entrée du bois. S. Pierre étant à la pêche, il s'éleva, dit-on, une tempête qui le poussa jusqu'à cet endroit, & qui l'y fit échoüer. On ajoûte qu'il érigea un Autel, au tour duquel un Pape y fit bâtir l'Eglise quelques siécles après. J'omets la suite, & les particularités de l'histoire.

LIVOR-NE. Je vous ai déja dit que Livorne est une Ville toute nouvelle : elle est située sur un terrein plat, & environnée de belles fortifications revêtuës de brique. Les ruës sont assez larges, toutes droites à la ligne, & paralleles : les maisons de hauteur égale pour le général, & presque toutes peintes en dehors (*b*). Le port est peu rempli, par rapport à quantité d'autres ; mais le négoce de banque est très-considérable. Livorne est le seul port de Mer du Duché de Toscane, & c'est aussi où sont les Galeres du Grand Duc. Les forçats ont une maison faite exprès pour eux, une espéce d'hôpital dans lequel ils couchent. Cela ne se pratique en aucun autre lieu. §. *La Place est grande & reguliere. C'est peut-être ce qu'il y a de plus beau à voir à Livorne.*

Pour venir de Livorne à Luques, il a fallu repasser par Pise. A trois milles en deça de cette derniere Ville, (*c*) on monte la rude montagne de S. Julien, où confine la Toscane avec la Seigneurie de Luques.

(*a*) *S. Pietro d'Ingrado* ou *S. Pietro al mare.*
(*b*) La plûpart des peintures sont d'Aug. Tasso, Bolonois.

(*c*) En allongeant un peu le chemin, on peut laisser la montagne à droit. J'ai fait cette derniere route, & c'est la meilleure.

Luques est située au milieu d'une plaine LU-
fertile, qui peut avoir quinze ou vingt milles QUES.
d'étenduë en ses divers sens, & cette plaine
est bornée par des côteaux fort riches &
fort habités. Les fortifications de Luques
sont assez régulieres & bien revêtuës, mais
presque à rez-de-chaussée, le fossé étant fort
négligé & à-peu-près comblé. Nous avons
fait le tour des rempars en une heure, ce
qui vous doit faire juger que la Ville est petite. En récompense elle a beaucoup de
grandes maisons, & près de la moitié plus
d'habitans que Pise. §. *Elle n'a que trois
Portes ; & il n'y en a qu'une par laquelle les
Etrangers puissent entrer, à ce qu'on dit. Les
remparts servent de cours à la Ville, & les
ruës sont assez bien allignées.*

On nous a menés au Palais [a] de la République, où est logé le Gonfalonnier, avec
ses neuf Conseillers, nommés *Anziani*. Ils
couchent là, & y mangent ensemble pour
l'ordinaire, quoique leurs femmes & leurs
familles demeurent dans leurs maisons particulieres. §. *On ne peut y entrer l'épée au
côté, & même on ne la porte guéres dans la
Ville.* L'Etat de Luques est fief, & sous la
protection de l'Empire, & le gouvernement en est purement Aristocratique. La
Souveraineté réside dans un Conseil de
deux cens quarante Nobles §. *permanents*,
qui se divisent par moitié, & se succedent
par semestre ; & à leur tête est le Gonfalonnier. La charge de ce premier Officier de
la République répond assez à celle des Do-

[a] Vexillifer.

Tome III.   D

ges de Venise ou de Génes, excepté qu'elle n'est que pour deux mois, & qu'il n'en tire aucun autre émolument que sa table. Il porte la *Barette*, & l'Etole, avec la robe de velours cramoisi, & on lui donne le nom de Prince : mais on ne le traite que d'Excellence. Après une intervalle de six ans, il peut être élû de nouveau : sa garde ordinaire est de soixante Suisses.

Des appartemens du Palais on entre à l'Arsenal. Les armes sont en assez bon ordre, & en bonne quantité pour un si petit Etat. §. *Il y en a pour six ou sept mille hommes.*

De-là, nous avons été à la Cathédrale, pour y voir la Chapelle du *Volto santo.* Ils racontent que Nicodéme ayant entrepris de peindre un Crucifix, & n'ayant jamais pû en venir à bout, les Anges qui le regardoient travailler, lui prirent le pinceau de la main, & acheverent eux-mêmes le tableau. On ne sçait pas trop bien comment ce Crucifix avoit été premierement apporté dans l'Eglise de S. Fredien ; mais il est constant, dit-on, qu'il se transporta de cette Eglise dans la Cathédrale, & qu'il se tint en l'air dans le lieu même où nous l'avons vû, jusqu'à ce qu'on lui eût bâti un Autel sur lequel il se rencontra justement, & se reposa. On érigea aussi-tôt après une magnifique Chapelle, au milieu de laquelle est l'Autel. Cette Image ne fait pas tant miracles que quantité d'autres ; mais tout ce qu'elle fait est du plus surprenant, & c'est aussi le grand objet de la dévotion de Luques. On la met sur la monnoye, avec les Armes de la République.

Le S volto de Luques Tom. 3. Pag. 74.

Vous pouvez croire que ce Crucifix fut bien reçû à la Cathédrale [a], mais on ne laissa pas de s'étonner un peu qu'il préferât S. Martin à S. Fredien : la Ville de Luques ayant beaucoup plus d'obligation à ce dernier Saint qu'à l'autre. Le nombre des bienfaits qu'elle en a reçûs est comme infini ; mais un des plus grands est sa délivrance des inondations du Cerchio. S. Fredien s'étant un jour rencontré à Luques, comme cette riviere s'enfloit à vûë d'œil, & qu'elle menaçoit d'un débordement extraordinaire ; il lui commanda de changer son cours, & de le suivre où il la conduiroit : ce qui fut executé sur le champ, à la grande joye, & au grand étonnement du peuple de Luques. [b] §. *S. Fredien est une vieille & vilaine Eglise. On dit que c'étoit autrefois le Dome. Elle est aujourd'hui desservie par des Moines.*

On fait voir dans l'Eglise de ce même Saint une table de marbre longue de dix-sept pieds, large à-peu-près de six & demi, & épaisse de quatorze pouces ; dont l'histoire est contenuë dans l'inscription que voici. *O quisquis legis, lapis es, ni lapis hic te moveat in admirationem & cultum D. Frediani, qui Templo huic construendo, molem hanc in montibus ad quartum lapidem nactus, viribus impar, sed spiritu fervens, mirâ facilitate manibus humerisque suis & Canonicorum, in plaustrum binis indomitis vac-*

---

[a] La Cathédrale est dédiée à S. Martin.

[b] La riviere passe presentement à deux ou trois milles de Luques.

culis trahendum impositum, sexto salutis sæculo; hac in Æde statuit sacrum monumentum.

Dans la même Eglise nous avons remarqué un Tombeau sur lequel est écrit : *Hic jacet corpus Sancti Riccardi Regis Angliæ.*

Vous nous tirerez d'un grand embarras, si vous nous apprenez qui peut être ce Roi S. Richard. [a] Richard I. si je m'en souviens bien, fils de Henri second, & frere de Jean sans terre, mourut d'une blessure en France, après son voyage d'Outremer, & fut enterré dans l'Abbaye de Fontevraut. Richard second, chassé par le Parlement, & dépossedé par le Duc de Lancastre, fut poignardé à Pomfret, apporté à S. Paul, à Langley, & enfin à Westminster, où son Tombeau se voit aujourd'hui. Richard troisiéme, qui n'étoit point un Saint, non plus que les deux autres; mais plûtôt un fort méchant homme, fut tué à Bosworth en *Lecester-shire*, & fut enterré dans la Ville de Leicester. Avant la réünion des sept Royaumes, je ne pense pas qu'il y ait eu de Roi Richard en Angleterre; & ainsi nous ne comprenons rien à l'épitaphe de Luques. Je ne vous dis rien présentement de nos conjectures; mandez-nous les vôtres, & vous nous ferez plaisir.

Je ne puis m'empêcher de vous faire l'histoire de la N. Dame de Saint Augustin; peut-être n'avez-vous jamais entendu parler d'un plus joli tour d'Image. On dit que cette N. Dame étant autrefois contre la muraille d'un corps de garde, un soldat qui

[a] Surnommé *Cœur de Lion.*

joüoit aux dez, & qui perdoit, s'en prit insolemment à Elle, lui dit mille injures, & lui jetta une pierre pour achever son insulte. La pierre, dit l'histoire, visoit droit à la tête de l'Enfant Jesus ; ce que la Nôtre-Dame ayant apperçû, elle fut plus prompte que le coup, & fit si heureusement passer l'Enfant du bras droit au bras gauche, qu'il ne fut pas blessé.

En mémoire de cet évenement, le petit Jesus s'appesantit sur ce même bras pour y demeurer quand sa Mere le voulut remettre sur le bras droit : & il y a toujours été depuis ; ce qui prouve la verité du fait, plus clair que le jour, aux dévots Pelerins qui viennent visiter l'Image. Il faut sçavoir encore que la Terre s'ouvrit sur le champ, & qu'elle engloutit le soldat. Le trou est là, & on avertit les curieux de ne pas en approcher, parce qu'il descend tout droit en Enfer : on devroit bien l'environner de quelques gardefous.

§. *L'Eglise Gothique, & la Place de S. Michel, où se tient le Marché, sont assez vilaines. C'est cependant ce qu'il y a de moins laid à Luques.*

Les Armes de Luques sont une barre d'or en champ d'azur, avec le mot de Liberta, qu'on trouve écrit par tout. Il en est à Luques comme dans plusieurs autres Républiques ; pour conserver cette prétenduë Liberté, personne n'en joüit. Il n'y a à Luques que trèspeu de commerce, & presque aussi peu de societé.

Vous n'ignorez pas que plusieurs nobles

Familles de Luques [a], se retirerent à Genéve dans le tems de la Réformation.

PISTOIA. Pistoia est entre Luques & Florence, à vingt milles de l'une & de l'autre, & tout ce païs est bon & bien cultivé. Ce qui manque tout-à-fait à Pistoya, c'est le négoce. La graisse du païs la fait vivre, mais elle n'est pas capable de l'enrichir : aussi ne peut-on pas voir une Ville plus pauvre & plus déserte, sur-tout depuis qu'elle a perdu sa liberté. Elle est plus grande que Luques : les ruës en sont larges & droites, & on peut juger qu'autrefois elle étoit assez belle.

Les habitans de Pistoya ont une particuliere véneration pour S. Jacques [b], à cause de quelques secours qu'ils en ont obtenu, & parce qu'ils ont aussi beaucoup de ses Reliques. Dans la Chapelle qu'on lui a faite à la Cathédrale, j'ai remarqué une oraison à ce Saint, dans laquelle il est appellé le premier des Apôtres : *Tu qui primatum tenes, inter Apostolos, imò qui eorum primus*, &c.

Quelques-uns disent que les factions des Guelfes [c] & des Gibelins, ont été ainsi nommées à cause de Guelfe & de Gibel, freres & Gentilshommes de Pistoia ; l'aîné étant entré dans le parti de Gregoire IX. [d] & le second ayant pris celui de F. Barberousse. Mais je suivrois plus vc'ontiers le

[a] Calendrini, Bulamachi, Turretini, Micheli ; & quelques autres.

[b] L'Autel est tout recouvert de lames d'argent, & environné de Lampes de grand prix.

[c] *Citta Pistoyese, chiare case, oscure Chiese.*

[d] *Catilina in agro Pistoriensi, ab Antonio peremptus est.* Cassiod.

sentiment de ceux qui cherchent l'origine des noms de cette Faction, dans les Illustres & puissantes [a] Familles de Gibelins & des Guelphes, qui étoient depuis si long-tems ennemies, lesquelles pousserent à l'extrêmité leur jalousie, & leur division, en se déclarant l'une pour l'Empereur, & l'autre pour le Pape.

L'étymologie de Ste. Catherine, dont je vous ai tantôt parlé, vous paroîtra si ridicule, que vous aurez peut-être peine à croire que jamais quelqu'un l'ait ainsi donnée. Cependant, je vous assure que je l'ai tirée de la fameuse Légende dorée. Et tant pour vous rendre ce fait plus croyable, que pour m'entretenir encore un moment avec vous, j'ai envie, avant que de finir ma lettre, d'ajoûter ici quelques autres étimologies de même espece, dont j'ai la mémoire assez fraîche, les ayant lûës il n'y a pas long-tems.

D'où pensez-vous que vienne le nom de Ste. Christine ; *c'est* dit mon Auteur, *comme qui diroit* ointe de craime *; car elle eut le baume de bonne odeur, & l'huile de dévotion*. Cela ne saute-t'il pas aux yeux ?

Damien *est dit comme* main de Dieu, *car il opéra divinement*. Beatrix, *est un abregé de* benoîste & triste. Martin *est dit comme tenant lieu de la bataille contre les vices, ou comme qui diroit* ung des Martyrs ; des Martyrs ung ; d'Martyrs in ; Martyrin ; Martin. Jamais *Equus* est-il mieux venu [b] d'*Asana*,

[a] Aux confins de l'Allemagne & de l'Italie, sur le haut Rhin. V. *Maimb.*

Decad. de l'Emp. l. 5.
[b] Voy. Menage & Bohours.

ou Laquais de *Verna* ? George *est dérivé de Terre & d'Orge*, c'est-à-dire, Cultiveur d'orge. Saint Siphorien *est dit de symphonie; car il mit hors deux chants de vertus.* S. Maurice *vient en droite ligne d'Amen & de Cis, qui veut dire* Vomissant dur ; *& d'Us*, c'està-dire, Conseiller *ou* hactif : Vomissant *par éjection de superfluité* : Dur *à souffrir tourment.* Conseiller *par admonestement des Chevaliers ses compagnons* : Hastif *par ardeur* : Cela est clair comme le jour. S. Gorgonien *tire son origine de gorgos qui signifie sujet, ou de gonos*, c'est-à-dire, Ange, *& de denan, signifiant fruit; car il fut sujet à Dieu sans Ange, puis fruit nouvel par martyre.* Alexis *est comme qui diroit issant de Loi ; & la raison est qu'il issit de Loi de mariage, pour tenir virginité.* Jerôme *vient de* Norma ; Cecile, *de* Lis du ciel ; Cyprien *de* Cypris ; *&* Saturnien *de* saturare nuce, *à cause que les Payens & Ethniques se saoulerent de le martyriser, ainsi comme la corneille se saoule en mangeant la noix.* Quand vous en voudrez davantage, ma vénérable Légende vous en fournira : pour le present, je crois que ç'en est assez. Je suis,

Monsieur,

Vôtre, &c.

A Florence ce 17. May 1688.

LETTRE XXXI.

Monsieur,

Je ne voulus pas négliger l'occasion que j'eus de vous écrire le lendemain de nôtre arrivée à Florence, quoique je n'eusse encore rien à vous dire de cette belle Ville. Nous y avons depuis visité tant de choses, que mon journal me fourniroit assez de matiere pour un volume. Mais j'en userai selon ma maniere ordinaire : je vous dirai en peu de mots le principal, & je remarquerai ensuite quelques particularités, qui, à ce que je crois, vous seront nouvelles.

Florence, Archevêché, Capitale de la Toscane, & sejour du Grand Duc de ce nom, est située sur la riviere d'Arne, comme au milieu de l'aréne d'un amphithéâtre. Dans l'espace de quatre ou cinq milles, excepté du côté de Pistoya, elle est environnée de côteaux très-fertiles, qui s'élevent insensiblement, & qui s'unissent aux hautes montagnes. La grande quantité de maisons dont tous ces côteaux sont couverts, aussi-bien que la plaine, est une chose très-belle & très-rare. Quand d'une des tours de Florence, on considére ce vaste bassin, si rempli de villages, & de maisons de plaisance, on juge que c'est comme une continuation infinie des fauxbourgs de la Ville :

Florence, dite la belle.

& l'on peut bien dire que cette riche & délicieuse vallée, est un des endroits du monde le plus habité.

J'ai eu à Florence la conversation d'un homme curieux & exact, de qui j'ai apris que les murailles de cette Ville, ont justement quinze mille deux cens quarante brasses de circuit ; & que la largeur de l'Arne, qui traverse la Ville, est de cinq cens brasses : de sorte que la double largeur de cette riviere, étant comprise avec les murailles : le tour de Florence est de seize mille deux cens quarante brasses. Trois brasses faisant justement cinq pieds huit pouces, mesure d'Angleterre, les 16240. brasses, font à quelques pouces près, trente mille six cens soixante & quinze pieds : réduisez-les comme bon vous semblera. La Ville est assez ronde.

Cette même personne m'a assuré que Florence contient entre ses murailles, huit mille huit cens maisons, & soixante mille ames : vingt-deux Hôpitaux : Quatre-vingt-neuf Couvens : Quatre-vingt-quatre Confrèries : Cent cinquante-deux Eglises : Dix-huit halles, ou galeries de Marchands : Soixante & douze Chambres de Justice : Six Colonnes : Deux Pyramides : Quatre Ponts : §. *Le plus beau est celui de la Trinité ou des quatre Saisons. Ce dernier nom vient de quatre statuës de marbre qui les représentent, & qui sont placées aux quatre coins du Pont.* Sept Fontaines : Dix-sept Places, & cent soixante Statuës publiques. Le pavé est par tout de fort grands quarriers §. *inégaux de* pierre grisâtre, qu'ils appellent *Pietra forte*, & qui se tire des carrieres voisines. Une bonne partie des maisons sont bâties de semblables pierres ; & quantité de ces maisons sont d'une grandeur, & d'une beauté qui n'est pas commune. Quelques-uns prétendent même, que les Palais de Florence, pour parler à l'Italienne, sont les mieux construits de toute l'Italie.

Le Palais (a) Pitti, où loge le Grand Duc, est un bâtiment magnifique, & vanté à outrance par les gens du païs. Une chose pourtant m'y paroît choquante, c'est que la Cour en est, ce me semble, beaucoup trop (b) petite. Jugez-en vous-même : la hauteur du Palais, jusqu'à la corniche du troisiéme Ordre, est de cent vingt-deux pieds, & la Cour n'en a que cent soixante de long, sur cent quarante de large. On est là si étroitement, que pour regarder le Palais, en quelque endroit que l'on se mette, il faut lever la tête d'une maniere incommode.

Avant que d'entrer dans l'ancien Palais Ducal, où se voyent toutes ces choses rares & précieuses, qui font tant de bruit dans le monde : nous nous sommes arrêtés à considérer diverses statuës qui sont vis-à-vis dans la Place. Je vous nommerai seule-

(a) Joignant la grande porte de ce Palais, il y a une grosse pierre d'aiman qui a été gâtée par le feu. Spon dit qu'elle pese cinq mille livres.

(b) Ils affectent quelquefois de faire les cours étroites, pour donner de la fraîcheur aux appartemens.

ment le David, de Michel Ange. La Judith, du Donatelle. La belle Sabine enlevée, de Jean de Bologne. Le Persée de bronze, du Cellini. L'Hercule & le Cacus, du Bandinelli. Et la ftatuë équeftre de bronze de Côme I. par Jean de Bologne. Ce font autant de pieces admirables. Les trois bas reliefs de piédeftal de cette derniere ftatuë, repréfentent Côme premier agenoüillé devant le Pape, dont (a) il reçoit le titre de Grand Duc : le même Prince, faifant fon entrée à Florence, dans une maniere de Char de Triomphe : & la cérémonie qui fe célebra, lorfque le Senat de Florence lui remit l'autorité fouveraine, en le revêtant de la qualité de Duc.

La grande Galerie du Palais eft à-peu-près longue de 400. pieds. Le plafond en eft peint, & on fe promene entre deux rangs de ftatues & de buftes qui font prefque tous antiques. Au haut contre la muraille, on a mis d'un côté les portraits des anciens Philofophes ; & de l'autre ceux des grands Capitaines.

Entre les plus belles & les plus rares ftatues, on nous a fait remarquer d'abord, celle de bronze qui eft (b) vêtue, & que l'on croit être de Scipion. La Leda qui reçoit avec plaifir les careffes de Jupiter, mais non fans pudeur. Le Bacchus antique, accompagné d'une copie de Michel Ange, qui

---

(a) Ob zelum Religionis, præcipuumque Juftitiæ ftudium.

(b) On foupçonne que les caracteres qui fe voyent fur le bord de la robe, font de l'ancien Hetrufque. La ftatuë eft très-belle.

ne cede point à l'Original. La Julie, fille d'Auguste. La Pomone. La Venus. La Diane. L'Apollon. Le second Bacchus. Le Païsan qui frape un Sanglier. Les bustes des Empereurs jusqu'à Galien ; & sur tout, ceux d'Adrien, de Pertinax, & de Severe.

De cette Galerie, on passe en plusieurs chambres toutes remplies de raretés. J'ai remarqué dans la premiere un Chandelier à branches, de grands morceaux d'ambre : une belle colonne d'Albâtre oriental : une corne de Rhinoceros extraordinairement grande : quantité de bas-reliefs, & d'autres sculptures antiques : de médailles, d'Idoles, de lampes sépulchrales, de pierres, de minéraux, & d'autres curiosités naturelles. (a) Dans la seconde, il n'y a que des Tableaux. La troisiéme est appellée, la Chambre des Mathématiques : la Sphére & les Globes qui s'y voyent entre autres choses, ont sept pieds de diametre. La quatriéme est toute tapissée de peintures plus rares que celles de la seconde. On y remarque aussi le Cabinet d'ebéne, avec ses ornemens d'ambre, d'yvoire, & de pierres précieuses : La grosse émeraude brute, enracinée dans son rocher : La table de lapis, sur laquelle on a décrit le plan de Livorne. Les portraits des hommes illustres de ce siécle, font le principal orne-

(a) On ne montre plus le cloud de fer, lequel disoit avoir été changé en or jusqu'à la moitié, parce que tout le miracle ne consiste qu'en la soudure. *Spon.*

ment de la cinquiéme Chambre : Entre les Généraux d'Armée & les grands Capitaines, il y a trois Anglois ; Cromwel, le Général Monk, & le feu Comte d'Ossori, fils aîné du Duc d'Ormond aujourd'hui vivant. Dans la sixiéme, il y a cent trente-sept portraits des plus fameux Peintres, faits de leur propre main. La septiéme est garnie de vases de porcelaine. Et les cinq suivantes sont toutes remplies d'un nombre, & d'une diversité étonnante de choses curieuses ; il y a quantité d'armes de toute façon & de tout païs, entre lesquelles nous avons remarqué un mousquet, dont le canon est tout d'or. C'est là qu'on voit aussi la pierre d'aimant, qui levoit autrefois cinquante livres de fer : mais dont la vertu est beaucoup diminuée. La queüe de cheval (*a*) longue de vingt pieds, peut bien être nommée entre ses curiosités.

Ce qu'il y a de plus précieux est gardé dans le salon Octogone, qui est appellé (*b*) la Tribune. Ce salon a vingt pieds de diametre, & est voûté en dôme. Le pavé est de différens marbres artistement rapportés : Les murailles sont tapissées de velours cramoisi, & garnies de mille choses rares : Les vitres sont de cristal : & le dedans du dome est revêtu de nacre de perle. Rien n'entre dans ce lieu-là qui ne soit d'un grand prix, & d'une beauté exquise. Vous

(*a* Ce Cheval fut donné au dernier Grand Duc par le feu Duc Charles de Lorraine.
(*b*) De l'architecture de Buontalenti.

avez pû voir dans les voyages de Tavernier, la description qu'il donne du beau (a) Diamant qui tient à bon droit le premier rang, entre les joyaux de ce Cabinet. En voici la forme & la grandeur. On y voit encore, entre autres raretés, une tête antique de Jules Cesar, d'une seule turquoise grosse comme un œuf : Une armoire remplie de vases d'Agathe, de Lapis, de

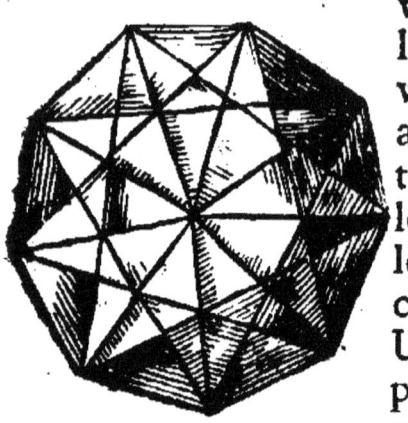

cristal de roche ; de Cornaline : le tour garni d'or, & de pierreries fines : Une grande table, & un Cabinet d'ouvrage de rapport entierement composée de diaspre oriental, de Calcedoine, de rubis, de topases, & d'autres pierres précieuses parfaitement bien mises en œuvre : Une collection de médailles très-rares : Mille & mille petites piéces de sculptures & de gravûres antiques, extraordinairement bien conservées : Des tableaux choisis, ou pour mieux dire, des chefs-d'œuvres des plus excellens Peintres : Six statues Grecques, dont les beautés surpassent l'imagination : Deux hommes qui luttent : le Païsan qui aiguise sa serpe, en écoutant la conspiration de Catilina : une Faune, un Cupidon qui dort : une

(a) Ce Diamant pese cent trent-neuf karats & demi. C'est dommage, dit Tavernier, *que l'eau tire un peu sur le citron.*

Venus haute de six pieds : & une autre Venus plus petite d'un pied, l'un & l'autre de marbre blanc (a).

Vous connoîtrez la derniere, quand je vous dirai que c'est la fameuse Venus de Medicis. Il faut avoüer que c'est le plus beau corps, & le plus bel ouvrage du monde. Cette incomparable statuë a la tête un peu tournée vers l'épaule gauche : elle porte la main droite au-devant de son sein, mais à quelque distance ; de l'autre main, *si cuopre le parti onde la Donna arrossi, quando si scuoprono* ; ce qu'elle fait sans y toucher non plus. Elle se panche doucement, & avance un peu le genou droit, afin de se cacher mieux, s'il lui est possible. La pudeur si bien-séante au Sexe, la modestie, & la chasteté sont peintes sur son visage ; avec une douceur, un air de jeunesse, une beauté, & une délicatesse inexprimable : Il ne lui manque que la voix & le vermillon. Son bras rond & tendre s'unit insensiblement à sa belle main : sa gorge est admirable ; & en un mot, ce rare chef-d'œuvre est une parfaite imitation de la plus belle nature.

De ce Palais, nous avons passé par une petite galerie de communication, à l'ancien Palais de la République, où l'on nous a fait voir les meubles de la Garderobe, & le riche carosse qui servit à la solemnité

(a La base est de la même piece de marbre que la statuë, & sur cette base est écrit :

ΚΛΕΟΜΕΝΗΣ ΑΠΟΛ-
ΛΟΔΟΡΟΥ ΑΘΗΝΑΙΟΣ
ΕΠΟΙΗΣΕΝ.

du Mariage du Grnad Duc. La grande sale de ce Palais, est longue de cent soixante & douze pieds, & large de soixante & quatorze.

La Cathédrale de Florence, est un très-grand & très-superbe édifice, quoique d'une Architecture à la Gothique, en plusieurs de ses parties. Elle est toute revêtuë en dehors, & toute pavée de marbre poli de couleur differente. Sa longueur est de quatre cens quatre-vingt-dix pieds; & sa hauteur, jusqu'à l'extrémité de la croix du globe, de trois cens quatre-vingt. On ne peut se lasser de considerer ce beau bâtiment: c'est grand dommage qu'il n'ait point encore de façade.

Les plus belles statuës d'entre celles qui se voyent dans cette Eglise, sont, le S. Jaques du Sansovin, contre un des piliers qui soûtient le Dôme. L'Adam & l'Eve qui sont derriere le grand Autel, du Bandinello. La statuë de D. le Pere, du Christ mort, & de l'Ange qui le soûtient, sur le même Autel, & du même Ouvrier. On critique l'Eve, sur ce qu'elle est de plus grande taille qu'Adam.

Les peintures du Dôme représentent la Resurrection, & sont de Fred. Zucchero. On estime beaucoup cet ouvrage, quoiqu'on n'aprouve pas la maniere de ce Peintre, en ce qu'il a fait ses ressuscités de different âge, & qu'il les a vêtus.

(*a*) On nous a fait remarquer dans un Tableau qui se voit dans cette même Eglise,

_____
(*a*) Voyez Tome II. pag. 206. & 253.

& qui est de Paul Ucello, une chose qu'on regarde aussi comme une faute considérable. C'est une figure équestre d'un [a] Général d'Armée, dont le Cheval repose ou se soutient sur les deux jambes d'un même côté, les deux autres étant en action de marcher. Cela paroît étrange à ceux qui ne connoissent pas l'allure des chevaux d'amble, & je crois qu'il y en a peu en ce Pays-ci.

Les morceaux de la Verge de Moïse, & de la Verge d'Aaron, sont les deux plus curieuses Reliques qui soient à la Cathédrale, quoiqu'on n'en convienne pas à S. Jean de Latran, où l'on prétend avoir les deux Verges entieres.

Le clocher est tout auprès de l'Eglise; c'est une Tour quarrée, haute de cent quatre-vingt pieds; toute revêtue de carreaux de marbre, rouges, blancs & noirs, & ornée de plusieurs statues. Le vieillard à tête chauve du Donatelle, est une fort bonne piéce. Ce Sculpteur estimoit plus, dit-on, son *Zuccone*, que tous ses autres ouvrages: aussi cette figure représentoit-elle un de ses amis, outre qu'elle meritoit par elle-même qu'on en fît un grand cas.

Le Baptistere est revêtu de la même maniere que l'Eglise, & la fabrique en est à peu-près semblable à celle du Baptistere de Pise: on dit que c'étoit autrefois un Temple de Mars. Après les changemens qui y furent faits, lorsqu'on bâtit la Cathédrale

[a] G. Acurius, Anglois, Général de l'Armée des Pisans.

on le deſtina pour ſervir de Baptiſtere, & on le dédia à S. Jean Baptiſte. La moſaïque de la voûte eſt aſſez eſtimée ; & entre les ſtatues que ce Temple renferme, on diſtingue la Madelaine en bois, du Donatelle. Mais ce que l'on y admire le plus, ce ſont les trois portes de bronze, dont les bas-reliefs repréſentent des hiſtoires ſacrées. Celle de derriere, où l'on voit écrit *Andreas Ugolini de Piſis me fecit* 1330. eſt la moins conſidérable, les deux autres ſont belles par excellence. On ne manque jamais de raconter aux Etrangers, que Michel-Ange ne ſe pouvoit laſſer de les admirer, & qu'il les avoit eſtimées dignes d'être les portes du Ciel.

Dum cernit valvas aurato ex ære nitentes
In Templo Michaël Angelus, obſturpuit.
Attonituſque diu, ſic alta ſilentia rupit.
O divinum opus ! ô Janua digna Polo !

Dans la Place [a], vis-à-vis de la porte du milieu de ce Baptiſtere, il y a deux colonnes de porphyre enchaînées enſemble, quoi qu'un peu éloignées l'une de l'autre. Leur hiſtoire eſt, nous a-t'on dit, que les Piſans ayant fait quelque conquête dans l'I-

---

[a] Proche de l'Egliſe de la Trinité, il y a une belle Colonne qui ſoutient une ſtatuë de la Juſtice, plus grande que nature : elle eſt de porphyre. On dit que la Colonne étoit autrefois au Panthéon, & qu'elle fut donnée par le Pape à Côme. *Gal. Guald. Prior.* Le proverbe dit à Florence, que la Juſtice y eſt ſi haut montée, que perſonne n'y peut atteindre.

Isle de Majorque, avec les secours des Florentins, ceux-ci témoignerent qu'ils desiroient avoir deux Colonnes, qu'ils avoient remarquées entre les dépoüilles des ennemis. Quelques-uns ajoûtent que les Pisans, ne leur ayant accordées qu'à contre cœur, en ternirent le lustre par le feu, & les envoyerent en cet état sous un velours dont ils les envelopperent; mais tous ne conviennent pas de cette circonstance.

Je ne vous dis rien de l'autre Colonne qui se voit près de là : c'est un mémorial d'un prétendu miracle qui arriva en cet endroit, quand le corps de S. Zénobius fut transporté de S. Laurent à la Cathédrale. Sa chasse toucha, dit-on, par hazard au tronc d'un [a] arbre sec qui étoit-là, & qui poussa incontinent des fleurs & des fruits. J'ai oublié le reste du conte.

L'Eglise de S. Laurent est fort grande & fort riche ; & l'on peut je crois bien dire, sans se trop avancer, que la fameuse Chapelle où l'on travaille incessamment depuis si long-tems, sera la plus belle du Monde. Je n'oserois me hazarder d'en entreprendre la description, mais je ne puis m'empêcher aussi de vous en donner quelque idée.

Cette magnifique Chapelle est fort grande & fort exhaussée. Au milieu de chaque face de son exagone, s'éleve un double pilastre de diaspre, avec le double chapiteau de bronze doré, la corniche, & tout l'enta-

[a] On montre un Crucifix qui a été fait du bois de cet Arbre, à S. Maria Nipotecosa.

blement étant de même matiere. Sur le piédestal de chaque pilastre, on voit divers emblêmes, en pierres précieuses, rapportées avec tout l'art imaginable. Dans les six angles, il y a six superbes Tombeaux de porphyre, de granite oriental, & d'autres marbres des plus précieux. Sur chaque Tombeau, un grand [a] oreiller de diaspre, enrichi de pierreries fines de diverses sortes ; & sur chaque oreiller, une Couronne beaucoup plus riche. Le piédestal, ou la base qui soutient les Tombeaux, est revêtu de porphyre & de Calcedoine, & l'on y ajoûtera les épitaphes des Princes, ausquels les Tombeaux sont destinés. Leurs statues de bronze doré, & plus grandes au double que nature, se verront dans les niches de marbre noir, qui sont préparées dans la muraille, au-dessus de ces mêmes Tombeaux. Le ciel du dôme, sera de pur Lapis ; avec des roses, & quelques autres ornemens dorés. Tout le reste des murs est revêtu en compartimens, de fines agathes, de granites rares, d'onyces, & de toutes ces sortes de pierres qui tiennent rang entre les précieuses ; chaque panneau étant distingué avec des quadres, & avec d'autres ornemens de cuivre doré. L'Autel surpassera tout le reste ; & vôtre imagination doit aussi porter plus loin, que mon imparfaite peinture n'est capable de la conduire.

La Bibliothéque de S. Laurent est parti-

[a] On dit que chaque oreiller coûte soixante mille écus.

culierement superbe par ses Manuscrits [a]. Je vous dirai, puisqu'il m'en souvient, à propos de Bibliothéque, que Mr. Magliabecchi n'a pû me faire voir la lettre de S. Chrysostome à Cesarius, ayant reçû du G. Duc, une expresse défense de la communiquer à personne. Mais vous pouvez dire avec toute certitude à nôtre Ami, que M. Magliabecchi m'a assuré positivement, que le passage cité par Martyr, se rapporte lettre pour lettre au MS. dont il est question.

On nous a conduits à l'Eglise de S. Croix, principalement pour y voir le Tombeau de Michel-Ange ; mais quoique ce monument soit considérable, il ne nous a pas semblé tout-à-fait digne de ce grand homme. §. *On en peut dire autant de celui de Galileo Galilei. Cette Eglise est desservie par des Cordeliers qui tiennent le Tribunal de l'Inquisition. On y trouve des peintures à fresque de Giotto, & de son école ; & un S. François qu'on prétend être de Cimabüé. On voit dans*

---

[a] Elle est longue de quatre-vingt brasses, & large de vingt. La brasse de Florence est de deux pieds Romains ; & le pied Romain est plus court de six lignes que le pied d'Angleterre.

On y voit un Virgile MS. du tems de Theodose. Il y a aussi un gros MS. Grec, qui comprend la Chirurgie des Anciens, d'Hipocrate, de Galien, d'Asclepiade, de Bithynus, d'Appollonius, d'Archigenes, de Nymphodorus, d'Heliodore, de Diocles, de Rufus Ephesius, & d'Apollodorus Citiensis ; avec des figures peintes en vélin, pour faire voir la maniere de remettre les dislocations. C'est un grand trésor. C'est l'unique pareil ouvrage que l'on sçache aujourd'hui. *Spon.*

la Sacriſtie vingt quatre petits Ovales, où Giotto, dit-on, a repréſenté douze des principales actions de J. C. & au-deſſous douze autres de S. François, qui y ont quelque rapport, par exemple, ſous la Transfiguration. On voit S. François enlevé au Ciel dans un char de feu. Tout cela eſt extrêmement délicat. Au fond de la Sacriſtie eſt la Chapelle Rinuccini, fondée en 1371. On croit que les peintures en ſont de Galdi, mais elles ont été retouchées. Nous avons remarqué dans cette même Egliſe, à la Chapelle de la Famille Zanchini, un grand Tableau, §. *peint ſur bois*, qui eſt ſur l'Autel, & où J. C. eſt repréſenté, délivrant les ames des Peres. Il y a là je ne ſçai combien d'Ames femelles, qui ſont bien gaillardes pour un Tableau d'Autel. On dit même que celle qui s'appelle Eve, étoit le vrai portrait de la Maîtreſſe du Peintre, nommé Angelo Bronzini. Et on ajoûte que cette figure d'homme, qui eſt au coin droit du Tableau en bas, & qui regarde la prétendue Eve, eſt auſſi le viſage de Bronzini. Cela me fait ſouvenir du Pinturicchio, qui peint au Vatican le Pape Alexandre VI. proſterné aux pieds de Julie Farneſe, ſous prétexte de lui faire adorer la Vierge. §. *On voit dans le Couvent une Biblothéque aſſez conſiderable compoſée de MSS. qui ſont tous enchaînés. Il y en a une autre de Livres imprimés, mais c'eſt peu de choſe.*

Des raretés ſaintes que nous avons remarquées dans les Egliſes; je ne vous nommerai avec les verges de Moïſe & d'Aaron, dont je vous ai déja parlé, que le Coquecluchon qu'avoit S. François, quand il fut ſtigmatiſé, & qu'on montre dans l'Egliſe de tous les Saints. Deux des trente pieces d'argent que reçut Judas, qui ſe voyent à l'Annonciade. Et aux Carmes, le Crucifix qui parla au beat André des Urſins.

Les Moines de S. Marc, §. *ce ſont des Dominicains*, font d'excellens baumes, & préparent toutes ſortes de bonnes odeurs. Nous en avons fait proviſion chez eux, & nous avons quelquefois eu le plaiſir de nous promener dans leurs Cloîtres & dans leurs Jardins, où tout eſt parfumé dans cette ſaiſon; on n'y reſpire qu'Orange & que Jaſmin. Mais de quelque côté que l'on aille, on eſt enchanté des environs de Florence. Le Grand Duc y a pluſieurs belles Maiſons, entre leſquelles nous avons ſeulement vû Poggio Imperiale, & Prattolino. Ces lieux-là ſont fort agréables, & on peut même dire qu'ils ont des beautés non communes. Mais la verité eſt qu'on a pouſſé ſi loin en France, la magnificence des Eaux & des Jardins, que ni les Freſcatti, ni les Prattolino, ne doivent pas preſentement ſouhaiter qu'on entre dans tout le détail de toutes les petites merveilles qui étoient autrefois ſi vantées chez eux.

§. *On lit dans l'Egliſe de S. Marc quelques Epitaphes ſans Tombeaux. Voici les plus remarquables.*

D. M. S.

Joannes jacet hic Mirandula, cætera Norunt.

Et Tagus & Ganges, Forsan & Antipa-
des.
Obiit An. Sal. 1494. Vix. ann. 32.
Hier. Benivenius ne disjunctus post mortem locus ossa separet, quorum animos
in vita conjunxit amor, hac humo suppo-
sita poni curavit : ob. an. 1542. Vixit annos 89. mens. 3.

Au-dessous on lit ce dystique si connu.

Politianus in hoc tumulo jacet Angelus unum
 caput, & linguas, res nova, tres habuit.
Obiit an. 1494. Sep. 24. Ætatis xl.

*Le corps de S. Antonin Archevêque de Flo-
rence, repose dans l'Autel même de la Chapelle Salviati dans cette Eglise. On conçoit ai-
sement que cette Chapelle doit être belle. Le
S. Esprit est une assez belle Eglise. On y voit
dans une Chapelle, derriere le Chœur, & sous
l'Autel de cette Chapelle, le Tombeau du sçavant P. Victorius, & de plusieurs personnes
de sa famille. Sous le Cloître on voit des peintures à fresque, qui représentent l'histoire &
les miracles de S. Augustin & de S. Nicolas de
Tolentin. Ce dernier y réfuscite deux perdrix
roties.*

*L'Annonciade est revêtuë de marbre. On y
voit une Madonne fort riche qui fait des miracles. Son Autel est au bas de l'Église, & tellement opposé au grand Autel, que lorsqu'on
célébre les Saints Mysteres à l'un & à l'autre,*

Tome III.

les deux Prêtres & tous les assistans se tournent mutuellement le dos.

Nous avons vû l'Arsenal & la Citadelle de S. Jean Baptiste, qui est en bon état, & bien forte : Les deux Forts de Belvedere & de S. Miniato, sont comme abandonnés.

Le Grand Duc a plusieurs *Ménageries* (a), où l'on nourrit diverses sortes d'Animaux. Le Villani a écrit que l'an 1331. il nâquit à Florence deux Lionceaux qui devinrent grands. Le même Auteur raconte que dans un autre tems, un Lion échappa de sa Loge, & jetta la terreur dans toute la Ville. Qu'ayant rencontré un enfant, qu'il [prit] sans le blesser, comme entre ses bras [la] Mere de l'enfant toute éplorée, & toute échevelée, courut à ce ravisseur avec cris & larmes ; & que le Lion la regardant attentivement, lui rendit son enfant, sans faire aucun mal ni à l'un ni à l'autre.

Je ne puis fermer cette lettre sans vous parler de certaines pierres qui se trouvent dans les montagnes du voisinage de Florence, & qui étant sciées en deux, tout au travers du cœur, & ensuite polies, représentent, les unes des arbres, les autres des villes & des ruines de châteaux ; & cela d'une maniere si naturelle, qu'on ne peut s'empêcher d'en être surpris. Kirker appelle les

(a) A l'Hôpital *ad Sçalas*, on voit le Tombeau & l'Epitaphe d'un Monstre humain qui n'avoit qu'un corps, deux têtes, & quatre mains. Ce double homme, [nommé Pierre, & Paul] n'avoit pas les mêmes affections. L'un pleuroit & l'autre rioit, l'un dormoit & l'autre veilloit, & ainsi du reste. Il vécut vingt ans & vingt jours. *Schraderus.*

premieres *dendrites*, à cause des figures d'arbres qui paroissent : & ce même Auteur fait sur cela diverses remarques très-curieuses, mais dont je ne vous entretiendrai point ici, ne doutant pas que vous ne vous en souveniez aussi-bien que moi.

Au reste, j'ai à vous dire encore, que quelque belle, & quelque bien située que soit Florence, le séjour en est pourtant bien mélancholique, pour des gens qui sont acoûtumés à goûter les douceurs de la societé. Le Chevalier D. qui comme vous sçavez, réside depuis quelques années, ne [peut] assez exprimer le chagrin qu'il a con[tre] les manieres gênées, & les cérémonies éternelles des Florentins, aussi-bien que contre *l'invisibilité* des Femmes. Il faut être né parmi ces coûtumes, pour ne les trouver pas tout-à-fait étrangeres. Je suis,

Monsieur,

Vôtre, &c.

A Florence ce 23. May 1688.

LETTRE XXXII.

Monsieur,

Il ne nous a pas été possible de trouver une seule litiere à Florence, pour faire le voyage de Boulogne. Je ne sçai par quelle avanture il y avoit alors une inondation de Moines, qui couvroit le païs; & ces gens là s'étoient emparés de tout ce qu'il y avoit de voitures commodes. Quelques rudes & quelques montagneuses que soient ces deux journées de chemin, la route n'en est pourtant pas impraticable aux caléches; mais on est si souvent obligé de descendre, & de marcher à pied, que nous avons mieux aimé prendre des chevaux.

De Florence à Boulogne, c'est une enchaînure perpetuelle des montagnes de l'Apennin. La plus haute de celles que l'on passe, est appellée *Monte Juovo*. A parler généralement, c'est un païs stérile & désert: il n'y a que les vallées de [a] Scarperia & de [b] Fiorenzola, qui méritent quelque

---

[a] Le 3. Juillet de l'an 1642. cette petite Ville fut ruinée par un tremblement de Terre. *Schard*.

[b] Fiorenzuola fut bâtie par les Florentins l'an 1332. Villani écrit qu'ils en jetterent les fondemens, sous l'ascendant du signe du Lion, afin qu'elle devint une Ville stable, & puissante; & il ajoûte que cela réussit mal.

Il y en a qui prétendent que c'est l'ancienne *Fidentia*.

distinction. Dans le premier de ces bourgs, on fait beaucoup de coutellerie ; pour cinq ou six sols la piéce, ils donnent des coûteaux qui ont jusqu'à douze lames sur la même poignée : il y en a de tout prix.

Kirker dit qu'il a observé que vers le Village de *Pietra-mala* l'air étincelle quelquefois pendant la nuit. Mais j'ai vû une autre chose [a] proche de ce Village, qui est tout-à-fait curieuse. C'est une flamme aussi pure que celle d'un fagot de menu bois sec, sans aucune odeur, & qui s'éleve continuellement au milieu d'un chemin fort dur & pierreux, sans qu'il y paroisse aucune ouverture. Les très-grandes pluyes éteignent cette flamme, mais elle renaît un moment après plus forte qu'auparavant : & les pluyes médiocres l'irritent, & la rendent plus belle & plus vive. Je vous entretiendrai une autrefois plus amplement de ce phénoméne ; car il est à mon avis des plus rares, & je ne trouve personne qui en ait parlé.

Un peu en deçà, entre Pietra-mala & Loyano, au village de Scari-calassino, sont les limites de Toscane : les Armes du Grand Duc sont sur un côté du pôteau ; & de l'autre côté les Armes du Pape.

Du haut des dernieres montagnes, qui viennent finir à Boulogne, on découvre la Mer à main droite, & vis-à-vis de soi, on voit tout à plein ce vaste & admirable païs

[a] A un demi quart de lieuë hors de la route, il faut laisser les chevaux à Pietra mala, & aller à pied. Ils appellent ce Feu *Fuogo del Legno*.

de Lombardie, qui s'étend tout le long du Pô, entre les Alpes & l'Appennin : la superficie de la Mer, décrivant toujours une portion de cercle, il n'est pas possible, en quelque endroit qu'on y soit, que la vûë s'y puisse porter fort loin : Mais toute la Lombardie étant dans un parfait niveau, on en découvre une prodigieuse étenduë.

BOULO-GNE, dite la Grasse.
L'Appennin s'humilie, & se change insensiblement en riches côteaux, en approchant de Boulogne : & cette Ville est [a] située justement à l'entrée de la platte campagne, au pied de ces côteaux. Pour la découvrir toute entiere, il faut monter au Couvent de S. Michel *in Bosco*; on a en même tems le plaisir de voir un des plus magnifiques Monasteres qui soient en Italie : il y a assurément peu de Princes Souverains dont les Palais approchent de sa beauté. Je ne sçai si ceux des Dominicains & de S. Sauveur lui cédent; & on peut dire en general, que les Couvents de Boulogne sont extraordinairement vastes, & superbement bâtis.

Boulogne a titre [b] d'Archevêché, & est la seconde Ville de l'Etat Ecclesiastique. On assure qu'elle est un peu plus grande que Florence, plus peuplée d'un tiers, & même plus riche. Elle n'est ceinte que d'un simple mur, & n'a point de Citadelle. Après quantité de guerres qu'elle avoit euës avec ses voisins, & après plusieurs divisions intestines qui l'avoient cruellement déchi-

[a] Sur la *Via Æmilia*.
[b] L'Archevêque a le titre de Prince de l'Empire.

rée, elle pensa à se réposer entre les bras du [a] Pape ; mais elle ne se donna à lui, qu'aux conditions qu'on ne la mettroit point sous le fleau d'une Citadelle ; §. *qu'elle n'auroit point non plus de garnison* ; que les biens de ses Citoyens ne seroient sujets à aucune confiscation, sous quelque prétexte que ce fût ; & qu'elle auroit toujours un Auditeur de Rote, & un Ambassadeur à Rome : choses qui ont été jusqu'ici fidélement observées [b].

L'Université [c] de Boulogne fut fondée l'an 425. par Théodose le Jeune ; mais elle ne tient son grand lustre que de Charlemagne : c'est par égard à cette Université, que Boulogne écrit sur sa monnoye, *Bononia docet*. Elle y met aussi le nom de *Libertas*, dans l'écu de ces armes.

§. *La Ville est inégale & mal pavée : elle a douze Portes.*

La petite riviere de Reno qui passe à Boulogne, ne lui seroit pas d'un grand secours pour son trafic, sans le canal de communication qui joint cette riviere au Pô. §. *Le Reno est à quelque distance de Boulogne. Le Canal qu'on a tiré de cette riviere traverse la Ville.* Il y a dans cette Ville quatre cens moulins à soye : elle fait aussi le négoce de cire, de chanvre, de lin, de jambons, de saucissons, de sa-

[a] Nicolas l'an 1278.
[b] Bologna si sensa Fisco & Citadella.
[c] Dans une des sales de l'Université, il y a un Monument érigé à Gabriel Tagliacozzo, habile Chirurgien, qui faisoit des Nez, des Oreilles, & des Lévres de rapport, de chair vive. *Huguetan.*

E iiij

vonnettes, de tabac, de parfums. Quand leurs petits chiens étoient plus à la mode, ils les vendoient extrêmement chers. On fait ici un assez plaisant conte, d'un bon Limosin qui étant à Boulogne, & voyant le prix de ces petits chiens, s'en retourna exprès dans sa Province, pour amener une meute de grands mâtins : il esperoit de les vendre proportionnément à la différence du poids & de la taille.

Les maisons de Boulogne sont communément bâties de pierre & de brique, avec un enduit qui couvre le tout : Il y en a aussi quelques-unes de pierre de taille. Presque toutes les ruës ont de doubles portiques comme à Padouë, mais ces portiques sont beaucoup plus larges & plus exaucés, à-peu-près comme dans vôtre *Covent's-garden*. Les ruës sont assez droites ; & à mettre le tout ensemble, on peut dire que Boulogne est une belle & bonne Ville. Les Femmes n'y sont pas si cachées qu'à Florence, on en rencontre beaucoup, & il y en a de fort belles. Les plus qualifiées s'habillent autant qu'elles peuvent à la Françoise, comme elles font presque par tout ailleurs.

Le Palais du Général Caprara, est un des plus beaux de la Ville : on nous y a fait voir quantité de riches dépoüilles que ce Général a prises sur les Turcs.

Le Cardinal Légat, & le Gonfalonnier avec ses Conseillers, sont logés au Palais Public. §. *Le premier ne peut rien faire sans consulter, du moins par forme, les autres.*

Le Sénat est composé de quarante Gentilshommes. Le Gonfalonnier n'est en charge que pendant deux mois : les quarante Sénateurs le sont tous à tour de rôle. Le Château de Légat est ancien, mais il est remoderné. Au-dessus du portail de ce Palais, on voit la [a] statue en bronze de Gregoire troisiéme ; & à côté celle de Boniface huit [b] : Nous avons visité dans ce même Palais le Cabinet des curiosités du célébre [c] Aldroandus : celui du Marquis de Cospi y a été joint, & le tout appartient à la Ville. Chaque piece de ces [d] Cabinets porte son nom écrit. Nous avons remarqué un portrait de femme qu'Aldroandus dit avoir vûe, & qui avoit la barbe au menton longue, épaisse à la Capucine.

Toutes les raretés de ces Cabinets, n'ont rien de si surprenant que ce que je vous vais dire. Dans une chambre qui est à côté, il y a cent quatre-vingt sept volumes *in-folio*, tous écrits de la propre main d'Aldroandus ; avec plus de deux cens sacs de diverses grandeurs, tous remplis de feüilles détachées ; il est vrai que les marges sont grandes, & les lignes assez distantes.

[a] Cette Statuë pese onze mille livres, & passe pour être très-belle. Elle est d'Alex. Mingenten, qu'Augustin Carrache appelloit le Michel-Ange inconnu.

[b] *Bonifacio VIII. P. M. ob eximia erga se merita. S. P. Q. B. A. M. CCC. I.*

[c] Ulisse.

[d] Mr. Lotier Banquier, a un très beau Cabinet de médailles. Il y a deux Othons de cuivre, dont l'antiquité ne peut être contestée. Il faut laisser dire aux ignorans, qu'il n'y a point d'Othons antiques, *Spon*.

J'oubliois de vous dire qu'entre les Statues des Papes, qui font fur la façade du Palais, il y a une infcription Latine, par laquelle il eft dit que l'Empereur Charles-Quint, & le Pape Clement fept, s'étant rencontrés enfemble à Boulogne, l'an 1529. au mois de Novembre, ils donnerent la paix à toute l'Italie : après quoi le Pape [a] couronna l'Empereur dans l'Eglife de S. Petrone : Qu'ils firent enfuite une Proceffion triomphante par toute la Ville, & qu'ils y pafferent l'hyver enfemble.

Une autre infcription raconte le miracle d'une Nôtre-Dame, qui délivra Boulogne de la pefte ; & les premieres paroles de cette infcription font, *Adefte ô Sol ac Luna teftis.*

Dans un autre endroit, on a peint contre la muraille, [b] un certain Ugolino pendu par un pied ; & à côté on a mis ces paroles, *Ugolino traditore filatugliero alla Patria.* §. Il y a apparence que cet Ugone étoit un Ouvrier en foie. Le mot de filatugliero le défigne affez. On fçait d'ailleurs que le Comte Ugolino fut enfermé dans une tour à Pife, où on le laiffa mourir de faim lui & fes quatre enfans. Je ne fçais pourquoi on l'auroit repréfenté ici pendu par un pied.

[a] Charles-Quint avoit déja été couronné à Aix la Chapelle. Ce fut le 22. Octobre 1520. Il fut couronné à Boulogne Roi de Lombardie.

[b] Ce pourroit être le Comte Ugolino. Pifan, l'un des Chefs de la faction des Guelfes. On trouvera fon hiftoire & fa fin miferable, dans J. Villani, livre 7. chap. 120. & 127. Voyez auffi ce qu'en dit Leandre Alberti, dans fon Hetruria littoralis.

Les Statues de la Fontaine qui est vis-à-vis du Palais, sont du fameux Jean de Boulogne, & le reste est d'Antoine Lupi, sur le dessein qu'en donna le Loretti. §. *Ces Statuës sont un Neptune en pied avec quatre jolis petits tritons de bronze, posés sur un piédestal, & quatre Syrenes de pierre qui jettent un petit filet d'eau par chaque mamelle.* Voilà ce que vous vouliez sçavoir. J'ajoûterai que les jets d'eau sont trop petits, pour une fontaine si grande & si noble ; d'ailleurs ce ne sont que des filets qui n'ont aucune proportion avec le reste. On assure que cette fontaine coûte soixante & dix mille écus d'or, y compris la dépense des canaux souterrains.

S. Petrone est la plus grande Eglise de Boulogne. On y remarque la ligne Méridienne de Cassini, qui est marquée sur une lame de cuivre enchassée dans le pavé ; & longue de deux cens vingt-deux pieds. L'Eglise étant à-peu-près située de l'Est à l'Oüest, il se trouve que cette ligne commençant à l'entrée de la grande nef, à main gauche, rencontre un juste passage entre les pilliers, & traverse son obstacle presque jusqu'à l'extrêmité de la petite nef. Justement au midi de la ligne, la voûte de cette derniere nef a une petite ouverture, par où vient un rayon de Soleil : & il arrive que ce rayon marque sur la ligne, les Solstices & les Equinoxes. C'est une chose infaillible & fort aisée à faire, pourvû qu'on ait un lieu propre : il n'y a qu'à partager les degrés de la ligne proportionnément à la hauteur de l'ouverture où passe le rayon.

§. Ce Temple est un beau vaisseau quoique Gothique. Il est très-grand, élevé & proportionné. Les voûtes & les piliers en sont legers. On prétend que S. Augustin a prêché dans la chaire de cette Eglise ; & on ajoûte qu'il n'y a que ceux qui ont parlé devant le Pape qui puissent y monter.

A l'Eglise du *Corpus Domini*, on fait voir un corps embaumé, noir & sec comme une Momie. On dit que c'est [a] une Béate qui fait force miracles. §. Elle étoit Religieuse. On distingue quelque chose de blanc sur sa bouche, & l'on croit que cette marque est miraculeuse. Elle est assise dans un fauteüil, & revêtue de cent sortes d'atours, avec quantité de bagues aux doigts. Ses ongles & ses cheveux [b] croissent, dit-on, toujours, comme quand elle étoit vivante, & c'est là le grand indice que l'on a premierement eu de Sa Sainteté. Elle fait peur à voir, tant elle est affreuse.

Ils ont aussi une extraordinaire vénération pour une Notre-Dame de la façon de S. Luc, laquelle demeure à cinq milles de Boulogne, & qui y viendroit, dit-on, du moins tous les ans une fois, si on ne l'alloit pas chercher [c]. On lui épargne donc cette

[a] Catherine Vigri.
[b] Ambroise Paré Chirurgien des Rois Charles IX. & Henri III. a écrit qu'il a gardé un Corps pendant vingt ans, dont les Ongles croissoient autant que quand la personne étoit en vie.
[c] Au Mont de *la Gualdria*.

On a commencé, & déja fort avancé un chemin couvert, sous lequel on ira en procession de Boulogne à cette Montagne.

peine, & on la promene pendant trois jours dans la Ville, avec plus d'appareil & de cérémonie, qu'on n'en a jamais pû faire pour Charles-Quint, & pour Clement sept. Les Corps des Métiers, les Confrèries, les Couvents, les Paroisses, le Magistrat, le Gonfalonnier, le Légat, tout assiste à cette Procession solemnelle. La *Madone* est portée sous un riche dais; & quand elle passe, les spectateurs se jettent à genoux avec des soûpirs & des gémissemens, qui nous ont fait souvenir de vos *Quakers* d'Angleterre.

Nous avons vû aussi la magnifique Chapelle, & le Tombeau de S. Dominique, dans l'Eglise des Dominicains. §. *Le Corps est dans une chasse de marbre orné de bas-reliefs assez beaux.* Les bancs du Chœur de cette Eglise sont ornés d'une marqueterie de bois fort estimée, de la main du Frere Damien de Bergame. On louë toujours cet ouvrage, de la même maniere qu'on le louoit autrefois, parce qu'on fait toujours la moitié des choses par habitude. Cependant on a bien rafiné depuis ce tems-là: on a trouvé le secret de donner au bois des teintures naturelles; & cet ouvrage en general se fait aujourd'hui avec une toute autre délicatesse.

On voit dans cette même Eglise le Tombeau de (*a*) Hentius, Roi de Sardaigne & de Corse, & fils naturel de l'Empereur Frederic second. Ce jeune Prince ayant été fait prisonnier par les Boulonnois, comme il amenoit un secours à ceux de Modene,

(*a*) Nommé aussi Enzelin.

contre qui ils étoient en guerre : Frederic mit tout en œuvre pour le ravoir ; il menaça, il pria, il promit autant d'or qu'il en faudroit pour (*a*) environner Boulogne ; & tout cela en vain ; jamais les Boulonnois ne le voulurent rendre. Ils le traiterent toujours en Roi, aux dépens de la République, mais en Roi prisonnier. Il vécut vingt-deux ans, neuf mois & seize jours dans sa captivité ; & mourut au mois de Mars, l'an 1272. l'Epitaphe qui se lit sur le Tombeau, exprime plus au long toute cette histoire.

§. *On trouve vis-à-vis cette Eglise la statuë de S. Dominique, placée sur une grande colonne de marbre rouge. La statuë est de bronze, plus grande que Nature. Elle regarde une Madone du Rosaire du même métal, placée sur une autre colonne de pierre.*

Voyez les Cloîtres, les Dortoirs & la Bibliothéque de ce Couvent.

Quand je fais réflexion sur l'offre de l'Empereur, & sur la fierté de la petite République de Boulogne, il me vient en l'esprit de soupçonner qu'il y avoit du mystere dans le cercle d'or. Si l'intention de Frederic eût été de faire la chaîne pesante, il y a beaucoup d'apparence, qu'il en eût désigné la valeur sans cercle & sans détour. Et si les Boulonnois n'eussent pas aprehendé la surprise, ils n'auroient pas non plus tant fait les inéxorables. Mais un fil d'or auroit fait le cercle, & ce même fil pouvoit être leger.

(*a*) - - - *Cùm tantum auri pro redimendo polliceretur quantum ad mœ-* | *nia Bononiæ circulo aureo cingenda sufficeret,*

Tom. 3. Pag. III.

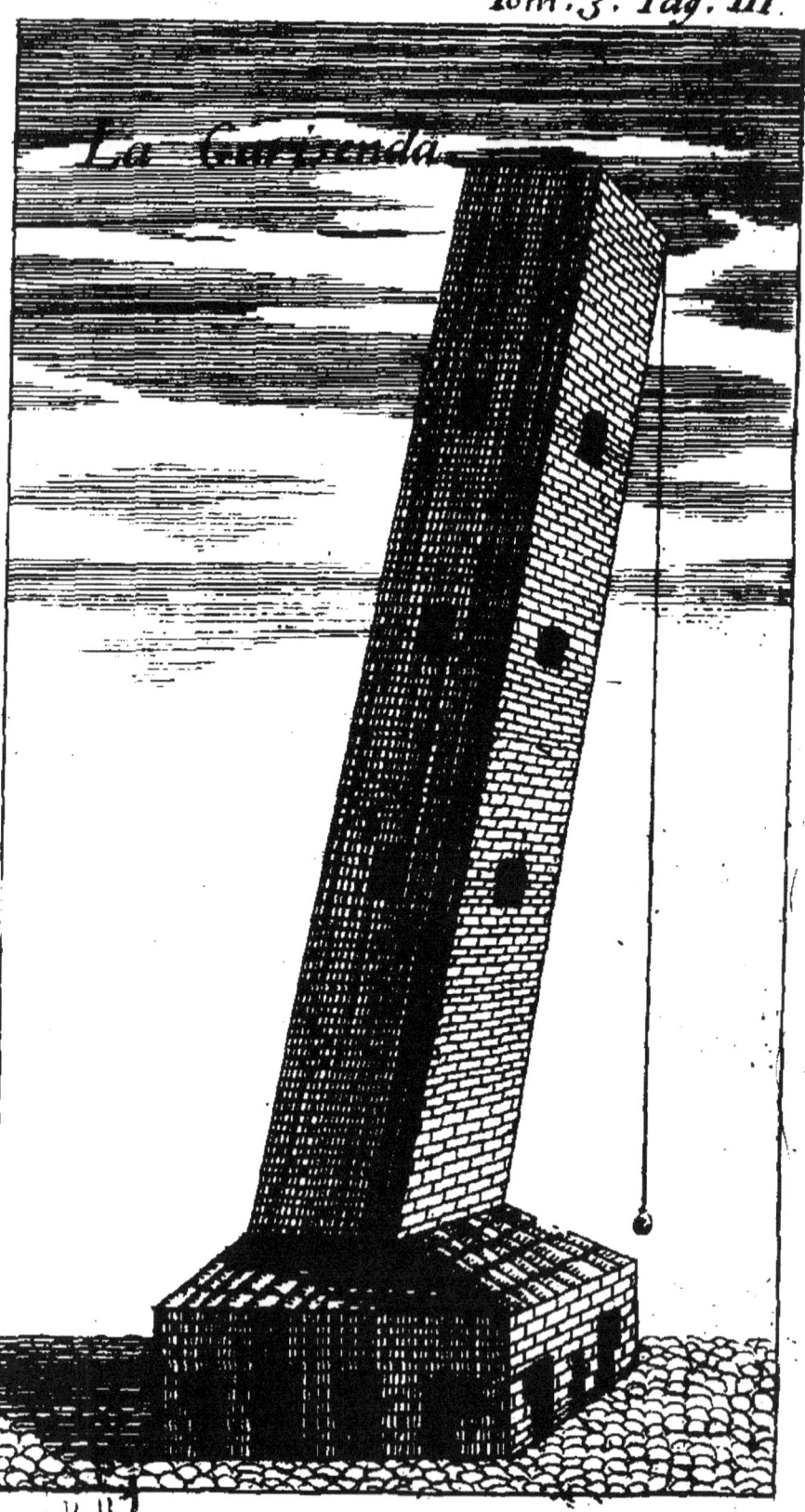

La Garisenda

Auprès de la grande tour (a) *Asinelli*, il y en a une autre qui panche comme la tour de Pise, & qu'on appelle la *Garisenda*. §. *Ces deux tours sont de brique.* L'opinion générale est aussi, qu'elle a été bâtie de cette maniere avec dessein. On admire le *grand ingegno d'ell' Architetto*; & on se moque de certains Moines, qui vouloient abandonner leur Couvent, à cause que ce Couvent se rencontroit sous le penchant de la Tour.

Il y a de la simplicité à croire que cette tour ait été ainsi faite exprès : C'est une tour de brique, quarrée, & toute unie, comme ces tours de Sienne & de Viterbe, dont je vous ai parlé. Cela n'a point été bâti pour raison d'ornement, & il n'étoit pas question de faire le bel esprit, quand on l'éleva : il étoit plus à propos de songer à lui donner de la solidité, que des airs panchés qui ne signifient rien. D'ailleurs, ce n'est point une chose qui soit difficile, de bâtir une tour qui soit un peu penchante : vous en sçavez les raisons aussi-bien que moi, & vous en pourrez faire l'experience quand il vous plaira, en mettant en pile les Dames de vôtre Trictrat. Il ne faut point là de *grand' ingegno*. Cette tour me fait souvenir de ce qu'a écrit Childrei, l'un de vos Naturalistes Anglois, & qu'il y a un clocher à Bri-

---

(a) Cette Tour fut faite par Gerard Asinelli, l'an 1109. Elle est haute de trois cens soixante-seize pieds : la Garisenda qui fut bâtie par Othon, & Philip. Garisendi, l'an 1110. a cent trente pieds de haut, & panche de neuf. *Gal. Guald.*

ſtol, qui va & vient ſelon le mouvement des cloches.

J'avois déja bien lû ailleurs l'épitaphe de ce Proculus, qui fut enterré à Boulogne, dans l'Egliſe de S. Proculus:

Si procul à Proculo Proculi campana fuiſſet,
Jam procul à Proculo, Proculus ipſe foret.

Mais j'avois toujours compris, ſelon l'opinion commune, que la cloche de S. Proculus avoit écraſé l'autre Proculus; au lieu qu'on dit ici, que ce Proculus qui étoit un homme fort ſtudieux, ayant continué long-tems à ſe lever tous les matins au ſon de la cloche, ſon trop grand travail le rendit malade, & le fit mourir.

Les pierres luiſantes que vous connoiſſez aſſez ſous le nom de pierres de Boulogne, ſe prennent à trois milles de cette Ville, ſur la montagne de Paderno. Le Sr. Bartolomeo Zanicheli, eſt le ſeul qui ait le ſecret de les preparer.

§. *A S. François il y a un Crucifix miraculeux; on le découvre un Vendredi du mois de Mars.*

Au ſortir de la porte de Mamelo, par laquelle il eſt défendu aux Etrangers d'entrer, on voit un beau Couvent d'Olivetans; c'eſt S. Michel in Boſco. Les peintures du Cloître ſont des Carraches. Celles de l'Egliſe, de la Sacriſtie & de la Bibliothéque ſont belles. Les ſtales du Chœur ont leur beauté. Les Livres ſont en petit nombre, & il n'y a point de MSS.

Nous avons souffert de grandes chaleurs, entre les sables & les Montagnes de l'Appennin, & nous n'en avons guéres moins trouvé dans Boulogne : mais en récompense, on y peut avoir de la glace, & toutes sortes de liqueurs rafraichissantes. Par tout en ce païs, les hommes portent des évantails, aussi-bien que les femmes : on en fait de carte qui ressemblent à des giroüettes, & qui ne valent qu'un sol la piece. Nous avions dans nôtre auberge à Boulogne, une machine qui se branloit au-dessus de la table, pour en chasser les mouches.

On nous a servi plusieurs fois des tortuës de lacs, grandes comme des assiettes : la chair en est ferme, & d'assez bon goût.

Hier à Soleil couchant, nous partîmes de Boulogne, & vîmes au gîte à Samogia, petit village qui n'en est qu'à dix milles, & la même distance de Modene. Vous devez compter que déformais, jusqu'à ce que nous rentrions dans les Alpes, nous serons toujours dans un païs uni comme un jeu de boule : les terres labourées à droit & à gauche, & les vignes soutenuës sur des arbres plantés en échiquier. C'est ce que nous avons déja vû en divers endroits de la Lombardie, & c'est ce que l'on nous dit que nous y verrons presque toujours. Cette disposition de païs est bonne en elle-même, & fort agréable ; mais elle ne laisse pas de devenir ennuyeuse aux yeux des Voyageurs. La vûë est toujours bornée entre quelques rangs d'arbres, & l'on aime à changer d'objets.

Hier au soir, à nuit close, comme nous approchions de nôtre village, nous vîmes une chose qui nous étoit nouvelle, & que nous trouvâmes fort jolie & fort rare ; quoiqu'on n'y fasse aucune attention dans le païs, parce qu'elle y est ordinaire. C'étoient de volées de mouches (*a*) luisantes, qui remplissòient les hayes par millions, & qui en faisoient comme autant de buissons ardens. La campagne & les arbres n'en étoient guéres moins couverts, & tout l'air en brilloit aussi : on eût dit qu'il pleuvoit des étoiles, ou qu'elles voloient ; & je ne doute pas que Philon n'y eût été trompé, lui qui croyoit que les astres étoient animés.

Ces petits (*b*) insectes sont à peu-près de la forme des hannetons, mais ils n'ont tout au plus que deux lignes & demie de long, & une ligne de large. L'endroit brillant est sous le ventre : c'est un petit poil velouté couleur de citron, qui s'épanoüit à chaque coup d'aîle, & qui jette en même-tems un trait de feu fort vif.

Aujourd'hui nous sommes partis dès le grand matin, pour profiter des heures de fraîcheur, & nous n'avons mis que deux heures à venir à Modene. Nous avons vû en passant le (*c*) Fort d'Urbain VIII. & un

---

(*a*) J'ai lû dans une Relation des Isles de l'Amerique, écrite en Anglois ; qu'il y a dans la Barbade, de grandes mouches luisantes qui peuvent servir de Chandelles ; & que les Indiens se les attachent aux pieds & aux mains, pour voyager pendant la nuit.

(*b*) On les appelle Lucciole.

(*c*) Ce Fort a quatre bastions. Ils portent le nom de Sainte Marie, Saint

peu en deçà, nous avons passé dans un bac la riviere de Panaro, qui sépare le Boulonnois du Duché de Modene.

Quoique Modene soit située dans un bon païs, elle est pauvre, faute de négoce. D'ailleurs ses fortifications tombent en ruine : ses ruës sont petites & sales : les portiques qui régnent presque par tout comme à Boulogne, sont bas & étroits; il n'y a point d'Eglise fort remarquable. Les belles maisons y sont rares; & il est certain que cette Ville seroit très-peu connuë sans son ancienne réputation, & sans le sejour qu'y fait son Duc. (*a*) Le vieux Palais de ce Prince étoit peu de chose; mais le nouveau qui se bâtit en partie sur les ruïnes du premier, a des commencemens qui promettent beaucoup. §. *L'architecture en est belle. Il y a un escalier fort beau, & un appartement rempli de superbes tableaux. On y voit entre autres cette Nuit si vantée, qui, selon les connoisseurs, meriteroit qu'on fit le voyage d'Italie pour la voir.* Les Ecuries sont belles & bien remplies. C'est tout ce que Modene a d'agréable, avec sa ruë du cours, & ses promenades sur les remparts. Je suis,

MODE-
NE.

Monsieur,

Vôtre, &c.

A Modene ce 28. May 1688.

Pierre, Saint Paul, Ste. Petrone.
(*a*) Il faut voir la fa- | meuse *Sechia rapita*, Trésor à la Cathédrale.

LETTRE XXXIII.

MONSIEUR,

REGIO, Évêché. Nos caléches nous ont ramenez en quatre heures de Modéne à Regio. Cette Ville n'a aucunes particularités fort remarquables : en general elle est mieux bâtie, & plus agréable que Modéne. Ils vantent beaucoup leur (*a*) Eglise de S. Prosper; mais quand on vient de Rome & de Naples, il est difficile d'admirer les Eglises de Regio. Ils aspirent aussi à s'aquerir quelque réputation par leurs ouvrages d'os, & par leurs éperons, aussi-bien que ceux de Modéne par leurs bons masques : pauvres endroits pour se rendre célébres. Les beaux ouvrages d'os de Regio, sont de méchantes petites bagues de six sols la douzaine, des têtes de mort, des reliquaires, des Agnus Dei, des croix ; & tout cela fait à coups de serpe. Les Madones & les Reliques ne leur manquent pas. J'ai appris qu'on a trouvé quelques anciennes inscriptions à Regio, dans lesquelles cette Ville est appellée *Regium Lepidi*, mais ce *Lepidus* n'est pas autrement désigné. L'autre Regio de la Calabre ulterieure, étoit nommée *Regium Ju-*

_____

(*a*) Il y a deux fameux Tableaux, l'un du Correge, & l'autre de Guide, *Huguetan.* Il ne dit pas quels Tableaux ce sont,

D'ITALIE. 117

lium, & l'on a remarqué que les habitans de la premiere sont appellés par les Auteurs Latins, *Regienses*; au lieu que les autres sont nommés *Rhegini*. On a crû aussi, comme vous sçavez, que le dernier *Regium*, ou *Rhegium*, étoit dérivé de ῥήγνυμι ; les terres de l'Italie & de la Sicile, ayant été séparées, & comme rompuës en cet endroit.

Ceux de nôtre Regio appellent leur Prince Duc de Regio & de Modéne. Vous sçavez que les Ecossois en usent de la même maniere, ils mettent l'Ecosse avant l'Angleterre.

§. *Ce qu'il y a de plus remarquable à Regio, c'est une ruë fort large, longue de sept ou huit cens pas, dans laquelle les Marchands établissent leurs boutiques en tems de Foire.*

A huit milles de Regio, nous avons passé sur un pont, la riviere d'Ensa, & nous sommes entrés de l'autre côté, dans le Duché de Parme. C'est toujours un païs plat, mais on y trouve beaucoup de pâturages; au lieu que vers Boulogne & Modéne, presque toutes les terres sont labourées.

Parme (*a*) est à dix-sept milles du pont d'Ensa. On apperçoit cette Ville d'assez loin, à cause du chemin large & droit qui

PARME;
Evêché.

___

(*a*) Le Fromage si renommé, qu'on appelle *Parmesan*, ne se fait pas présentement dans l'Etat de Parme; mais dans le Milanois; & particulierement autour de Lodi. Le meilleur vaut ordinairement vingt sols la livre; mais la livre est de vingt-huit onces, & vingt sols de Milan, n'en font que neuf d'Angleterre.

y conduit, & qui découvre ses plus grands clochers. L'abord en est fort agréable, & la Ville même l'est beaucoup aussi. Sur la porte par où nous sommes entrés, on voit les armes du Pape Paul troisiéme: Vous sçavez que ce Pape créa Duc de Parme & de Plaisance Loüis son fils bâtard : les Provinces de Parmesan & du Plaisantin, ayant fait auparavant partie de l'Etat Ecclesiastique. La Citadelle de Parme est construite sur le modéle de celle d'Anvers, & les fortifications de la Ville sont assez bonnes. La riviere de Parma passe au milieu de Parme, & en fait comme une double Ville: cette riviere n'est pas navigable.

Le Palais Ducal n'a rien d'extraordinaire: on en bâtit un nouveau qui sera plus grand & plus regulier. Les Ecuries sont belles: les Carosses extraordinairement riches: & la Garderobe fort remplie. Le grand Théâtre est une chose rare; ni Paris, ni Venise n'en ont point de semblables. Il est d'une grandeur extraordinaire ; & cependant quelque bas qu'on y parle, on est entendu de partout. §. *Lorsqu'il est plein, les décorations & les ornemens des loges diminuent beaucoup cette merveille.* Au lieu des loges, ce sont des bancs qui s'élevent en Amphithéâtre autour du parterre ; & ce parterre, plus grand de beaucoup que les parterres ordinaires, se peut remplir d'eau à la hauteur de plus de trois pieds. On met sur ce petit Lac quelques gondoles dorées, & cela produit un effet très-agréable, avec le secours d'une belle illumination.

§. *La Gallerie de Parme, avec toutes ses antiques, ses peintures, & son médailler, a été transportée à Naples.*

Outre les Ecoles ordinaires de l'Université, il y a un grand & beau College qu'on appelle le Collége des Nobles. Les Ecoliers de toutes Nations y peuvent être admis, §. *en payant,* pourvû qu'ils soient capables de la Chevalerie de Malthe. L'on y peut aussi apprendre toutes sortes d'Exercices, comme on y fait toutes sortes d'Etudes; tellement que les pensions sont différentes, selon les diverses choses ausquelles on se veut appliquer. Les Ecoliers mangent ensemble dans un Réfectoire ; & leur nombre est présentement de deux cens trente.

Le Dome de la Cathédrale de Parme est peint par le Correge (*a*); on trouve plusieurs autres bons Tableaux dans les principales Eglises.

§. *La Cathédrale est pavée de marbre. On y voit une Inscription sur une lame de cuivre, qui porte que Vidibold neveu de Charlemagne, & Chanoine de cette Eglise, y est enterré. On y lit aussi cette Epitaphe singuliere:*

Io. Martinus Maivacca.
I. V. Doctor & Eques, nolens discretioni
Heredum stare Vivens posuit.

Voyez les Eglises de l'Annonciade, & de N. D. de l'Estacade, le Palais des Jardins & le Collége des Nobles.

(*a*) Voyez à S. Jean, & à S. Antoine.

Nous avons vû de fort beau monde au Cours ; & sur tout des femmes, belles, & bien faites : mais ils ont la ridicule maniere de Rome : Les hommes & les femmes n'entrent jamais ensemble dans un même carosse : On voit un tas d'hommes dans un carosse, & une troupe de femmes dans un autre. Il n'y auroit pas moins de honte à faire autrement, qu'à marcher tout nud. Le monde n'est-il pas étrange, avec ses coûtumes & ses préjugés ?

De Parme à Plaisance il y a trente-cinq milles. On passe à (*a*) Borgo S. Donino, qui est une petite Ville démantelée. Ni les villages, ni les rivieres qui se rencontrent sur cette route, ne meritent pas d'être remarqués.

PLAISANCE, Evêché. Plaisance est dans la plaine à cinq ou six cens pas du Pô. C'est une Ville assez agréable, plus grande que Parme, & bien joliment bâtie, quoique les maisons en soient basses. La ruë du Cours qu'ils appellent le *Stradone*, est droite à la ligne, & d'une largeur parallele. On a mis de chaque côté un rang de trois cens pôteaux, qui conservent le chemin pour les gens de pied, auprès des maisons, à la maniere de Londres : & ces pôteaux sont justement à dix pieds l'un de l'autre, d'où il résulte que la ruë est longue de trois mille pieds.

La statuë d'Alexandre Farnése Gouverneur des Païs-bas Espagnols, & celle de Ranuce premier, son Fils, se voyent dans la plus grande Place.

(*a*) Païs des Truffes.

§. Le

§. *La premiere est la plus belle. Ce sont deux statuës équestres de bronze posées sur des pied-destaux de marbre, ornés d'amours & de bas-reliefs.*

Nous avons monté au plus haut clocher, selon nôtre coûtume ordinaire, & nous avons découvert un païsage admirable; le cours du Pô l'embellit beaucoup. On voit Crémone assez distinctement, quoique cette Ville soit éloignée de vingt milles.

Je ne vous dis rien des Eglises, (*a*) & désormais je ne vous en parlerai que très-peu. Quand on a l'idée remplie, comme je vous le mandois l'autre jour, de ces Temples magnifiques que nous avons vûs, on ne peut pas s'arrêter beaucoup à considerer les autres.

J'ajoûterai encore touchant Plaisance, qu'elle est mal peuplée; que ses maisons sont de briques avec peu d'exception; & que les poids, les mesures, & les monnoyes n'y sont pas les mêmes qu'à Parme. Les fortifications de cette Ville ne valent pas grand chose, encore qu'on se soit fait une coûtume de les vanter beaucoup. Le *pomœrium* est borné avec des pôteaux, & l'on n'y bâtit rien du tout: Je ne sçai si je vous ai mandé que la même chose s'observe à Livorne.

Nous avons suivi le Pô à quelque distance, jusques vis-à-vis de Crémone, & nous l'y avons passé dans un bac. Il faut remar-

CREMONE, Evêché.

(*a*) Il y a quelques Tableaux de Carache, à la Cathédrale, & une Nô-│tre-Dame de Raphaël, à S. Sixte. *Hug.*

quer qu'il ne se trouve aucun pont sur le Pô, au-dessous de Turin.

Crémone est sur la rive gauche de cette riviere, dans le Duché de Milan. C'est une assez grande Ville, mais plus pauvre encore & plus déserte que n'est Plaisance. Il n'y a rien à voir à Crémone ; cependant, deux choses y sont fort exaltées : La Tour, & le Château. *Una torre stimata la piu alta che si veda & par ciò numerata trai miracoli d'Europa.— Una rocca la più stupenda, la più forte & formidabile, the si retrovi in Italia:* C'est le langage d'un de leurs Auteurs. Des gens qui ne seroient pas un peu familiarisés avec les exagerations Italiennes, seroient bien trompés après avoir lû ces merveilles, quand ils arriveroient à Crémone, & qu'ils n'y trouveroient rien du tout de semblable. Le Château est une vielle masse informe, demi-ruinée, qui n'a jamais dû entrer en comparaison avec un Fort bien construit ; mais qui peut-être avoit quelque réputation du tems des arbalêtes. Et la Tour n'est ni belle ni fort haute, il y en a mille & mille qui la surpassent, & dont on ne parle point dans le monde. Elle fut bâtie par Frederic Barberousse, l'an 1184. On dit que l'Empereur Sigismond & le Pape Jean vingt-troisiéme, se trouverent ensemble au haut de cette Tour, avec un certain (a) Seigneur de Crémone ; & on raconte que ce Seigneur avoit souvent dit depuis ce tems-là, qu'il se repentoit de n'avoir pas jetté

(a) *Gabrino Fondulio, Tyranno di Cremona.* C. Tor.

l'Empereur & le Pape du haut en bas, pour la rareté du fait. Cette histoire a peut-être donné lieu à la réflexion qu'on a faite sur la hauteur de cette Tour.

§. On voit au Dome le Mausolée du Cardinal François Sfondrate. Le Baptistere est proche du Dome. C'est une Chapelle octogone & assez obscure bâtie en 1488. Le dedans est orné de seize colonnes de marbre. Les Fonts sont au milieu. L'Eglise de S. Pierre est desservie par des Chanoines Reguliers. Ils se vantent de posseder le corps de Ste. Felicité, & de ses sept enfans. Voyez encore l'Eglise de S. Barthelemy, des Carmes, & celle des Jesuites.

Les Crémonois parlent aussi beaucoup de l'antiquité de leur Ville, mais ils n'en produisent aucun monument. Il en est justement de l'antiquité de Crémone, comme de l'antiquité du Pô.

Dans l'espace de quarante milles, entre Crémone & Mantoüe, on ne rencontre que des bourgades, qui ne méritent pas d'être nommées. Bozzolo est pourtant une espece de petite Ville, environnée d'une maniere de fortification : cette place appartient, avec un territoire de quatre ou cinq milles d'étenduë, au Duc qui en porte le nom, & qui en est le Souverain. Nous avons passé l'Oglio dans un bac : cette riviere est grande & rapide, & descend du lac d'Isseo dans le Pô.

BOZZOLO.

Ni les cartes de Géographie, ni les autres descriptions que j'avois vûës de Mantoüe, ne m'avoient point donné l'idée qu'il faut avoir de sa situation. On représente ordi-

MANTOÜE, Evêché.

nairement cette Ville au milieu d'un lac, dont on la fait à-peu-près également environnée ; ce qui n'est point du tout ainsi. La riviere du Mincio (*a*) trouvant un païs bas, elle s'élargit, & forme une espéce de marais, douze ou quinze fois plus long qu'il n'est large. Mantoüe est bâtie sur un terrein ferme, quoique dans un des côtés de ce marais. Quand on vient de Crémone on passe une chaussée, longue seulement de deux ou trois cens pas : & de l'autre côté, quand on va vers Verone (*b*), le marais, ou le lac si l'on veut, est de beaucoup plus large. Il y a quelques endroits où ces eaux sont toujours courantes ; mais en d'autres elles croupissent & infectent tellement l'air de Mantoüe, que dans la saison des plus grandes chaleurs, tous ceux qui peuvent quitter la Ville en sortent.

La situation de Mantoüe ne ressemble pas mal à celle de Peronne ; mais il y a cette différence, que Peronne, outre son marais, a une bonne fortification, au lieu que Mantoüe n'est ceinte que d'un mur : il est vrai que sa Citadelle lui est une forte défense.

Cette Ville est de médiocre grandeur, à-peu-près comme Crémone ; mais de beaucoup plus riche & plus peuplée. Il y a quelques ruës assez larges & assez étroites. Pour les maisons en general elles sont inégales ; & si l'on en excepte un fort petit nombre,

(*a*) Cette riviere vient du Lac de Guarda.
(*b*) Le Marquisat de

Mantoüe fut érigé en Duché par Charles-Quint, l'an 1530.

tout le reste est du plus médiocre. J'avois vû une description imprimée du Palais Ducal, qui m'avoit donné l'idée de ce Palais, comme du plus superbe édifice de toute l'Italie. On voit que l'Auteur se tourmente à inventer des termes, comme s'il n'y en avoit point au monde de suffisans, pour exprimer de si grandes choses; mais c'est ou une flatterie, ou un préjugé terrible. Ce Palais n'a aucune beauté, ni aucune symmetrie extérieure : les Etrangers le voyent & le touchent, sans le connoître pour ce qu'il est, s'ils n'en sont avertis : nous le sçavons par expérience. Il est vrai qu'il y a quantité de galeries & d'appartemens, ce qui le peut faire nommer, & grand, & commode. Mais c'est tout ce qu'on en peut dire, aussi-bien que du Palais de Whitehall.

Ceux qui nous ont conduits à celui de Mantouë, nous ont dit qu'il étoit meublé d'une maniere très-riche & très-magnifique, lorsque l'armée de l'Empereur (a) ayant surpris la Ville, pilla le Palais, & fit un dégat general. Il semble qu'on ait été découragé par une si grande perte, & qu'on ne se soit pas beaucoup soucié de la réparer; car on voit dans ce Palais un grand nombre de chambres tout-à-fait demeublées. Néanmoins, l'appartement du Duc est autant bien qu'il le puisse être : la sale des Antiques renferme quantité de choses belles & rares, & le Cabinet de curiosités en est assez rempli.

(a) L'an 1650. le 18 Juillet par Colalio, Géneral de l'armée de l'Empereur.

Le Duc de Mantouë a sept ou huit Maisons de plaisance, dont nous avons seulement vû (a) Marmirol & la Favorite, ce sont de fort beaux Lieux. Marmirol particulierement est une maison tout-à-fait riante, extrêmement bien meublée, & ornée de tableaux & d'Antiques, accompagnée d'une petite riviere claire comme du cristal, d'un bois, de plusieurs jardins, d'orangeries, de volieres, & de fontaines.

Le vénerable Monsieur S. Longin est la plus precieuse Relique de Mantouë (b), avec quelques goutes de ce miraculeux sang qui fut trouvé dans cette Ville du tems de Leon III. & qui (c) depuis a donné occasion à l'institution de l'Ordre du Duc de Mantouë : ces deux choses se gardent dans l'Eglise de S. André. J'ai remarqué aussi une autre piéce extraordinaire à l'entrée de cette même Eglise. C'est une cloche de près de six pieds de diamétre, autour de laquelle il y a huit ouvertures faites en forme de fenêtres, larges d'un pied, & hautes de trois. On ne nous a rien dit qui eût apparence de verité, touchant la bizarrerie de la fabrique de cette cloche : Mazius n'en a pas parlé dans son traité *de Tintinnabulis*.

(a) Cette maison fut bâtie par Frederic I. Marquis de Mantouë.

(b) Voy. Mezeray dans la vie de Charlemagne.

(c) L'an 1608. Vincent de Gonzague institua cet Ordre aux nôces de son Fils François, avec Marguerite de Savoye. Il créa 20. Compagnons de l'Ordre, & mit cette devise sur le Colier : *Nihil isto triste recepto*. Cet Ordre est appellé, du *précieux Sang* : ou de la *Rédemption* : ou du *Tabernacle*.

Il n'est pas possible de sortir de Mantouë, sans se souvenir de Virgile qui nâquit au village (a) d'Andes, proche de cette Ville.

Mantua Musarum domus, atque ad sydera
   cantu.
Evecta Adino. Sil. It. l. 8.

Outre la Cathédrale, les étrangers vont ordinairement visiter les Eglises des *Jesuites*, de S. Barnabé, de S. Maurice, de Sainte Ursule, de S. Sebastien & de Sainte Barbe, la Maison de Ville. §. *Sa grande Sale avec la Statuë de Virgile, les titres de ses Ouvrages, & entre autres du Priapeia.* C'est sous cette statuë qu'on fait lever la main. Voyez encore le Théatre, les Manufactures, le Moulin des douze Apôtres, la Synagogue, & la Boucherie.

A vingt-deux milles de Mantouë, nous avons passé une rivière qui sépare ce Duché des Terres de Venise; & à dix-huit milles plus loin, nous avons trouvé Bresse, où BRESSE, nous avons couché le même jour de notre Evêché. départ de Mantouë. Comme nous n'avions vû que des hommes depuis notre arrivée à Vérone: ce qui nous a d'abord le plus frapé les yeux en entrant en Bresse, ç'a été d'y voir les femmes dans les ruës & dans les boutiques, comme on les voit en France & en Angleterre. Bresse nous a paru une Ville assez bien peuplée, & de quelque commerce: le monde s'y remuë d'une tou-

(a) Aujourd'hui nommé *Pietola*; à deux milles de Mantouë.

te autre maniere, que dans la plûpart des autres Villes de médiocre grandeur, que nous avons vûës en Italie.

Ce que Bresse a de fortifications, n'est pas grande chose ; mais elle est défenduë d'une Citadelle très-forte, qui est sur le côteau joignant la Ville, & comme sur le premier degré des Alpes.

Le Palais de Justice est un grand & beau bâtiment, d'une certaine *pietra dura* qui ressemble au marbre. On a écrit sur le fronton de la façade, *Fidelis Brixia Fidei & Justitiæ* (a) *consecravit*. Vis-à-vis de ce Palais, il y a un portique long de cinq cens pas, & presque tout rempli de boutiques d'Armuriers : les armes à feu qui se font à Bresse, sont en réputation par toute l'Italie.

Le voisinage des Alpes donne à cette Ville un grand nombre de belles fontaines, & une petite riviere, qui lui apporte beaucoup de commodités.

On garde à la Cathédrale avec une grande véneration, ce qu'ils appellent l'Oriflame de Constantion : personne ne nous l'a pû décrire, parce qu'on ne le fait jamais voir pleinement. Le Sacristain qui nous a raconté les vertus de cet Oriflame, nous a seulement dit que c'étoit une croix bleuë de matiere inconnuë ; & que cette croix est la même qui apparût à Constantin, avec ces paroles : *In hoc signo vinces*, lorsque cet Empereur combattoit contre Maxence : mais il ne faut pas prendre garde à ce dis-

(a) Avec un c. *Justicia*.

Tom. 3. Pag. 129.

cours. La croix, ou la figure de croix dont on parle dans cette histoire de Constantin, n'étoit qu'un signe qui parut en l'air, & non pas une croix palpable. D'ailleurs, cette croix ne devroit pas être nommée Oriflame: le terme (a) d'Oriflame signifiant une maniere de *gonfanon*, de drapeau, ou de banderolle dorée. Mezeray rapporte que les Rois de France de la seconde Race, faisoient porter à la tête de leurs armées, la Chape de S. Martin. Mais que la Race des Capets s'étant plus particulierement attachée à la dévotion de S. Denis, ils prirent la banniere de cette Eglise, laquelle banniere portoit le nom d'Oriflame. Je croirois donc que l'Oriflame de Bresse, pourroit être le (b) *Labarum* de Constantin : cet Empereur y ayant fait mettre le nom de Christ, après sa victoire contre Maxence. Pour parler plus vrai-semblablement, disons si vous voulez, que cette Vision a bien la mine de venir du cerveau de quelque Visionnaire, aussi-bien que l'image resplendissante de la Vierge tenant entre ses bras le petit Jesus, que la Sibylle Tiburtine fit voir en l'air à Auguste.

(a) Les uns font venir le mot d'Oriflame de *Flammula*, banniere ou étendard; & d'*Aurea*, parce qu'il étoit attaché à une lance dorée. Les autres disent que ce drapeau fut ainsi nommé, parce qu'il étoit d'une étoffe de couleur d'or & de feu. [Il étoit orné de houpes vertes.] *Du Cange*.

(b) Le *Labarum* étoit une banniere de pourpre enrichie de franges d'or & de pierreries. Constantin y fit mettre le chiffre des premieres lettres du nom de Christ. Voy. Tome II. pag. 221.

En allant de Bresse à Bergame, on suit toujours à droit l'enchaînure des Alpes, à la distance de deux ou trois milles. Nous avons passé une seconde fois la riviere d'Oglio, au bourg de Palazzuolo, justement entre Bresse & Bergame, à quinze milles de l'un & de l'autre.

<small>BERGAME, Evêché.</small> Bergame est une place forte, & une Ville de commerce : elle est située sur une petite montagne, au pied des Alpes. Outre que ses fortifications sont bien revêtuës, & en bon état : elle a sa Citadelle, avec quelques forts, & quelques ouvrages avancés, qui défendent les éminences qui la commanderoient. (*a*) Bergame a cinq fauxbourgs qui valent chacun une petite Ville.

On fait voir à la Cathédrale le Tombeau du brave Barthelemi Coglione, qui commanda les troupes de Venise contre les Milanois. Ce fut ce Général qui s'avisa le premier de mener (*b*) du Canon en campagne. Dans le chœur de l'Eglise des Dominicains, on fait aussi remarquer la marquetterie des bancs : elle est de même nature, & de la même main, que la marquetterie des Dominicains de Boulogne.

Le Patois de Bergame passe pour si ridicule, que tous les Arlequins d'Italie affectent de le parler : mais il y a une autre chose qui n'est pas moins desagréable parmi le

---

(*a*) Ambroise Calepin est enterré aux Augustins. Il étoit de Calepio, Village, près de Bergame.
(*b*) *Angli in oppugnatione Cenomanorum, primum æneis tormentis, & Urbe potiuntur. An.* 1421. *Pol. Virg.*

peuple de cette Ville. La moitié de ses habitans ont la gorge boursouflée d'un vilain goître, qui rend les visages difformes; & qui est à mes yeux une enflure fort dégoûtante. C'est une chose qui leur est comme naturelle ; & on leur fait dire que la question est douteuse, de sçavoir lequel est un défaut, ou d'avoir le goître, ou de ne l'avoir pas (*a*)? Vous sçavez sans doute que ceux de la Maison d'Autriche prétendent guérir de cette maladie, en donnant un verre d'eau à boire, & dénoüer la langue des bégues, en les baisant.

Tout le Bergamese, & tout le Milanois, sont arrosés des petites rivieres qui descendent des Alpes, & que les habitans divisent en une infinité de ruisseaux par toute la campagne, quand il en est besoin. Cela remédie aux désordres de ses sécheresses, & entretient la terre dans une merveilleuse fertilité.

Le débordement de la riviere d'Adda, qui vient du lac de Come, nous a obligés de quitter nos caléches au village appellé la Canonica, à douze milles de Bergame.

(*a*) Henri VIII. Roi d'Angleterre, bénissoit des anneaux d'or, lesquels, disoit-il, guérissoient de la crampe : mais Edoüard se moqua de cette espece de talisman. Guillaume III. aujourd'hui régnant, a aussi méprisé & aboli l'usage superstitieux établi chez les Rois ses prédécesseurs, depuis Edvvard le Confesseur, de toucher ceux qui étoient malades dés écroüelles, pour les guérir.

Pline dit que Pirrhus guérissoit les douleurs de rate, en touchant du gros doigt du pied droit. En tout tems on a flatté les Grands, jusqu'à leur faire faire des miracles.

Nous y avons traversé cette riviere en bateau, & avec beaucoup de peine, à cause de son extraordinaire rapidité. Nous nous sommes embarqués de l'autre coté sur le Canal appellé Navilia della Martesana. Ce Canal commence à Trezzo, deux milles au-dessus de la Canonica, & va presque en droite ligne à un demi mille de Milan : sa longueur entiere est de vingt milles. Il emprunte ses eaux de l'Adda ; mais comme le cours de cette riviere est souvent fort penchant & précipité, avant qu'elle se trouve au niveau de la platte campagne, il arriva que le Canal la surmonte de vingt-cinq ou trente pieds, vis-à-vis de la Canonica.

Beaucoup d'Ingenieurs avoient, dit-on, tenté en divers tems cette communication de l'Adda à Milan, par la voie d'un canal, mais personne n'y avoit pû réüssir ; lors qu'enfin Leonard de Vinci, le plus accompli homme de son siécle, entreprit & acheva cet ouvrage.

Je lisois l'autre jour, avec autant d'admiration que de plaisir, ce que Mr. Félibien a écrit de ce grand homme ; je ne pense pas que jamais on ait tant vû de mérite ensemble. Vous ne serez pas fâché que je fasse ici une petite digression en sa faveur. Cet illustre Florentin étoit grand & de bonne mine ; doux, sage, affable, plein d'esprit, de courage & de génerosité. Sa force alloit jusqu'à tordre d'une main le battant d'une grosse cloche. Il sçavoit parfaitement monter à cheval, danser, faire des armes, & tout ce qu'il y a de beaux exercices. Chatan le connoît pour avoir été l'un des plus excellens Peintres de son tems. Lui, & Michel-Ange furent cause que Raphaël quitta sa premiere maniere. Mais outre cela, Léonard étoit habile Architecte, bon Sculpteur, grand méchaniste, sçavant Mathématicien, Musicien, Anatomiste, Philosophe, Poëte, Historien. Il n'eût pas été juste, qu'un homme si rare eût terminé sa vie sans quelque particularité extraordinaire. A l'âge donc de soixante & quinze ans, étant tombé malade à Paris, & François premier lui ayant fait l'honneur de l'aller visiter ; Léonard fit quelque effort pour se lever, le Roi s'en approcha pour l'en empêcher, & le pauvre malade mourut entre les bras du Roi.

Nous nous sommes entretenus de ce grand Personnage, en voguant sur son beau canal. Le païs est délicieux à droit & à gauche, & le canal est souvent accompagné de jolies maisons, de vergers, & de jardins, comme quand on va de Delft à Leyde, ou d'Amsterdam à Utrecht.

Je ne me proposois pas de vous donner de mes nouvelles avant nôtre départ de Milan : mais puisque l'occasion s'en présente, je joindrai cette lettre à celles que nous sommes obligés d'écrire aujourd'hui. Je suis,

Monsieur,

Vôtre, &c.

A Milan ce 7. Juin 1688.

LETTRE XXXIV.

MONSIEUR,

MILAN, dite la grande, Archevêché.

Quoique la Ville de Milan ait souvent été ravagée, & même toute (a) détruite, par les plus terribles fleaux de la peste & de la guerre : elle s'est si bien rétablie, que présentement elle peut être comptée entre les plus belles & les meilleures Villes de l'Europe. Sa forme est assez ronde, le circuit de ses murailles est d'environ dix milles ; & l'on assure qu'elle n'a pas moins de trois cens mille habitans : mais j'ai lieu de douter, que ceux qui parlent ainsi, ayent une parfaite certitude de ce qu'ils avancent. C'est une chose assez singuliere, qu'une Ville de cette conséquence soit bâtie au milieu des terres, sans mer (b) & sans riviere.

Je me souviens d'avoir lû dans quelque

(a) L'an 1162. Frederic I. dit Barberousse, la rasa, & y sema du sel. Il n'épargna que quelques Eglises.

(b) Il y a de bonnes eaux de source, & quantité de petits ruisseaux dans tout le païs. D'ailleurs, les canaux qui viennent, l'un de l'Adda, l'autre de Tésin, fournissent une eau courante dans le fossé de l'enceinte intérieure de la Ville. [La fortification ou enceinte extérieure a été faite depuis le saccagement de Barberousse.] Galeas Visconti, Pere d'Azzon, entreprit de faire un Canal navigable, de Milan à Pavie, mais la mort empêcha l'execution de ce dessein. On voit le commencement de ce Canal, proche de la porte de Pavie.

Auteur Latin, que *Mediolanum*, ou *Mediolana* fut ainſi appellée (a) *a ſue dimidia lanata* ; ce pourceau demi revêtu de laine, ayant été trouvé dans le lieu où furent jettés les fondemens de la Ville. Le Docteur Laſſels, homme fort heureux en étymologies, croit que *Milano*, peut bien venir de *Mirano*, parce que c'eſt, dit-il, une Ville admirable.

§. *On compte en cette Ville ſoixante-onze Paroiſſes, & trente-deux Colleges. Mais tout cela n'eſt guéres peuplé ni frequenté. Il ne paroît pas que Milan ait plus de cent mille habitans.*

La premiere choſe que nôtre Conducteur nous a fait voir à Milan, ç'a été le fameux (b) Cabinet du feu Chanoine Manfredi Settala, Perſonnage non moins noble que riche, & non moins adroit à travailler de ſes propres mains, que ſubtil d'eſprit, & ſçavant en toute maniere. Un homme de cette ſorte ne pouvoit faire que de bons choix ; auſſi ne voit-on rien dans ce cabinet, qui ne mérite d'être conſideré avec attention.

Nous y avons remarqué pluſieurs ſortes de machines très-ingénieuſes, qui tendent à trouver le mouvement perpetuel : des miroirs de toutes façons, des Cadrans, des

---

(a) *Circa annum Mundi* 4809. *Mediolana Civitas conditur, ſic dicta, quod ibi apparuit ſus, quæ pro media parte portabat lanam pro pilis.* Wern. Rolvvink.
Et quæ Lanigerâ de ſue nomen habet. Sidon. Apol.

(b) Il y a deux deſcriptions de ce Cabinet : l'une en Latin, par Paul-Marie Terzago ; l'autre en Italien, par Pi. Fran. Scarabelli.

Horloges, des instrumens de Musique, anciens & modernes ; quelques-uns desquels ont été inventés par M. Settala. Des Livres, des Médailles, des Clefs & des Serrures curieuses, des Cachets, des Anneaux, des Peintures, des ouvrages des Indes, des momies, des armes, des habits étrangers, des Lampes, des Urnes, des Idoles, une infinité d'autres sortes d'Antiques, des Fruits, des Pierres, des Mineraux, des Animaux [a], mille sortes de coquillages : des ouvrages d'acier, de bois, d'ambre, & d'yvoire : un grand morceau de toile d'Amianthe ; & sans m'engager plus avant, dans un détail que j'avois dit que je ne ferois plus ; tout ce que l'Art, & tout ce que la nature peuvent fournir de plus rare & de plus curieux, sans même oublier les monstres.

Le plat d'ambre jaune, de deux pieds de diametre, est une piece qui mérite d'être distinguée.

Il y a quantité de morceaux brutes, de cette même sorte d'ambre, dans le cœur desquels on voit distinctement des sauterelles, des araignées, des fourmis, des moucherons, & plusieurs autres espéces d'insectes [b]. Cela prouve, ce me semble,

---

[a] Un ver à soye, une fourmi, & plusieurs autres insectes pétrifiés. Un carosse tiré par quatre chevaux, suivi de Chasseurs, à pied & à cheval, de chiens, &c. le tout d'une seule piéce d'yvoire, & si délicatement travaillé, qu'il peut passer par le trou d'une aiguille ordinaire.

Une Bibliothéque bien choisie, composée de près de dix mille Volumes.

[b] Il y a aussi dans ce Cabinet, des morceaux de cristal, dans lesquels sont renfermées diverses sortes

assez clairement, quoiqu'il y ait beaucoup de differentes opinions sur la nature de l'ambre, que cette matiere n'est autre chose qu'une gomme ou bitume, qui s'endurcit, ou à l'air, ou dans l'eau, ou par quelqu'autre raison, qu'il ne s'agit pas présentement d'examiner. Quand une fourmi, par exemple, se rencontre sur quelque endroit frais & gluant de ce bitume, elle s'y trouve arrêtée ; & la masse de cette matiere molle & onctueuse, venant à s'augmenter & à s'affermir, il arrive que la fourmi y demeure entierement ensevelie. Ç'a été précisément la pensée de Martial.

Dum Phaëtontæa formica vagatur in umbra,
  Implicuit tenuem succina gutta feram.
Sic modo quæ fuerat vitâ contempta manente,
  Funeribus facta est tunc pretiosa suis.

Quoiqu'il soit incontestablement vrai, que les Licornes soient des Chimeres ; & quoiqu'on sçache aussi que les cornes qu'on leur attribuë, soient les dents ou les défenses d'un poisson qui se pêche dans les Mers du Nord ; il y a dans ce Cabinet trois ou quatre de ces mêmes dents, qu'on veut toujours qui soient des cornes de la prétenduë Licorne. Ils disent la même chose à Venise des dents de leur Trésor, & quantité d'autres sont dans le même entêtement. Chose étrange, que jamais aucun homme n'ait rencontré cet animal, & que tout l'Univers

de choses ; & entr'autres une goutte d'eau que l'on une feüille d'Olivier, & voit mouvante.

soit pourtant rempli de ses cornes ; je suis assuré d'en avoir vû plus de cent pour ma part. Outre ces aiguillons, ou espéces de dents de poisson, il faut remarquer qu'il y en a de fossiles, qui leur ressemblent parfaitement, quoique la matiere en soit différente.

La Rémore [a] qui arrêta la Galére du malheureux Antoine, est un autre animal fabuleux, tout célébre qu'il est, & qu'on peut mettre sans hésiter, au rang des Licornes. Cependant il en faut avoir dans les Cabinets des curiosités, afin qu'il n'y manque rien. On choisit pour cela de petits poissons peu connus, à peu près de la grandeur d'un harang. J'en ai vû pour le moins une douzaine, & je suis assuré qu'il n'y en a pas un des douze de la même espéce.

[b] L'Eglise Cathédrale de Milan, est un ouvrage prodigieux : j'ai trouvé que cette Eglise est moins grande que S. Pierre de Rome, d'une sixiéme partie, mais il y a pourtant du travail infiniment davantage.

§. On y compte sept mille statuës, tant en dedans qu'en dehors. Il y en aura peut-être plus de dix mille quand l'ouvrage sera fini. Il faut être Milanois pour mettre celle de S. Barthelemy au-dessus de tous les ouvrages d'Apelles, & de toute l'antiquité. Cette Eglise fut bâtie,

---

[a] Montagne prétend que la Rémore est un poisson à coquille.

[b] Les fondemens en furent jettés le 13. Juin 1386. par J. Galeas Visconti, premier Duc de Milan. Il y avoit auparavant dans le même lieu une même Eglise appellée Ste. Marie Majeure. C'est le centre de la Ville.

ou *du moins commencée en* 1386. *& S. Charles la conſacra en* 1548.

Il n'y a que quelques parties de l'Egliſe qui ſoient tout-à-fait achevées. On y travaille depuis trois cens ans; mais vrai-ſemblablement le deſſein eſt de ne finir jamais, parce que ce n'eſt pas l'interêt du Chapitre. Les legs teſtamentaires, & les autres dons que l'on fait pour bâtir l'Egliſe, apportent des ſommes immenſes, dont on ſçait tirer divers uſages. J'ai lû dans l'Egliſe une inſcription ſur du marbre en lettres d'or, par laquelle il étoit dit, qu'un certain [a] Jean Carcanus Milanois, laiſſa en mourant la ſomme de deux cens trente mille écus d'or, pour travailler à la façade de cette Egliſe. Ils en ont peut-être reçû mille fois autant, ſelon la même intention de divers Teſtateurs ; cependant la façade eſt toujours preſque nuë. C'eſt une amorce, ou un filet toujours tendu.

A dire la verité, je crois auſſi qu'ils ſe ſont trouvés embarraſſés pour la conſtruction de cette façade. La raiſon de l'uniformité, la demande Gothique avec tout le reſte, & la raiſon du bon goût voudroit une autre architecture. Ce qui m'a donné cette penſée, c'eſt que je vois de l'un & de l'autre dans ce qu'il y a de commencé ; il paroît qu'ils ont été gênés, & qu'ils ont balancé. Le plus ſûr pour eux eſt de prendre toûjours, & de ne pas ſe tourmenter pour le reſte.

[a] *Templi hujus fronti erigendæ, atque ornandæ ccxxx. Aureorum millia legavit, Jo. Petrus Carcanus Mediol.* &c.

Le Pape Martin V. ayant [a] beni l'Autel, avant que S. Charles Borromée eût consacré l'Eglise, on érigea une [b] statuë à ce Pape, dans le chœur de la même Eglise. J'ai remarqué qu'on l'a représenté sans barbe, avec une physionomie de jeune homme; cependant il avoit cinquante ans quand il fut élû.

§. *Le grand Autel est de bronze, & ne répond pas à la beauté du lieu. Les sieges du Chœur sont magnifiques, ils sont de bois, & représentent l'histoire de Theodose. Le corps entier de S. Charles Borromée est dans une Chapelle voutée sous le grand Autel. On y voit de fort beaux bas-reliefs d'argent.*

Derriere le Chœur on voit en deux tables de marbre, le catalogue des Reliques de l'Eglise ; j'y ai encore trouvé un bout de la [c] Verge de Moïse. Le Cloud de la Crucifixion, duquel on dit que Constantin fit faire un mors de bride, est la Relique de Mi-

---

[a] Le 15. Oct. 1468. plus de cent mille Etrangers vinrent à Milan pour voir cette cérémonie : Quantité de gens furent étouffés dans la foule. P. Mor.

[b] Cette statuë fut faite par un certain Jacobinus, lequel dans l'Inscription qui se voit au-dessous, est dit plus habile que Praxitele.

——*Præstantis imaginis Author*
De Tradate fuit Jacobinus in arte profundus,
Non Praxitele minor, sed major farier ausim.

Ce dernier vers cloche. Près de-là est aussi la statuë de Pie quatriéme.

[c] On prétend avoir ce bâton, ou cette baguette entiere, à S. Jean de Latran. J'ai parlé du morceau qui se voit à Florence ; en voici un second : & Baronius, après Glaber, dit qu'on en trouva un autre à Sens, l'an 1008. Le Rabbin Abrabanel, après une longue dissertation, & bien des rêveries

lan, pour laquelle on a plus de vénération. [a] Ce Cloud, ou ce mors, est attaché à la voûte au-dessus du grand Autel, entre cinq luminaires qui brûlent nuit & jour. Le Cardinal Borromée, appellé S. Charles, le porta solemnellement en Procession, pour faire cesser la peste, l'an 1576. Ce Cardinal étoit pieds-nuds, & avoit une grosse corde au col, quoiqu'il fût aussi revêtu de ses ornemens ordinaires.

[b] Le pavé de cette Eglise est plus beau & plus solide que celui de S. Pierre de Rome : à S. Pierre ce ne sont que des feüilles de marbre, qui se fendent déja, & qui ne manqueront pas de s'enlever dans un certain tems : au lieu qu'ici les carreaux ont beaucoup d'épaisseur.

Les maçons taillent la pierre, & les femmes cousent & filent, ou vendent du fruit au milieu de l'Eglise ; ce qui étant joint à son obscurité, & à ce que bien des choses y sont encore imparfaites, le dedans de cette Eglise n'a rien qui frape ni qui réjoüisse beaucoup la vûë.

sur cette *Verge*, conclud que Moïse l'emporta sur la montagne où il mourut, & qu'elle fut mise dans le Tombeau de ce Prophète. Quoiqu'il en soit, on n'a jamais sçû ce qu'elle est devenuë, non plus que l'Arche.

[a] Les uns croyent que Théodose le Grand le donna à S. Ambroise, & les autres disent que ce Saint l'alla chercher dans la boutique d'un certain Paolino Marchand de Ferraille à Rome, ayant été averti en songe qu'il l'y trouveroit.

[b] Ce pavé n'est pas encore fini ; il coûtera soixante-six mille deux cens quatre-vingt-dix écus, sans y comprendre celui du chœur, qui en a coûté cinq mille deux cens cinquante. *P. Morigi.*

§. *On ne voit plus à préfent de ces irreverences. M. de la Martiniere a copié Miffon en cela, & n'en a pas mieux fait non plus que fur quelques autres articles.*

Nous avons monté au clocher, d'où non-feulement on peut confiderer Milan, mais d'où l'on découvre quatre ou cinq autres Villes, dans la vafte Ville de la Lombardie. On voit auffi les Alpes qui s'uniffent à l'Apennin du côté de Génes. La groffe cloche s'appelle S. Ambroife: elle a fept pieds de diametre, & péfe trente mille livres.

Vis-à-vis de cette Eglife, il y a une affez grande Place, où j'ai obfervé que fur le foir il y avoit ordinairement une trentaine de caroffes, qui changoient de place de tems en tems, & qui s'arrêtoient de lieu en lieu, afin que ceux qui étoient dedans viffent les paffans. C'eft une maniere de fe promener, qui eft affez finguliere. On a auffi un cours, c'eft une grande ruë du fauxbourg, qui n'eft point pavée, & qu'on [a] arrofe tous les jours, comme on fait le Vorhout à la Haye.

La Bibliothéque [b] Ambrofienne fut

[a] C'eft pourquoi on l'appella *Strada marina*.
[b] Ph. Vannemachero, & Ch. Torre affurent que cette Bibliothéque eft enrichie de quatorze mille MSS. mais ils ne marquent point le nombre des Livres imprimés. §. *Cela eft fort exageré.*
Elle a été beaucoup aug-mentée par celle de Vincent Pinelli. R. *Laff.*
La verfion de Jofeph par Rufin, eft un des plus anciens Manufcrits de cette Bibliothéque, G. *Burnet.* Fabio Mangani en fut l'Architecte. Elle contient plufieurs appartemens. La grande fale eft longue de quarante braffes (foixan-

ainsi nommée par Frederic Borromée Cardinal & Archevêque de Milan, qui la fonda, & qui la dédia à S. Ambroise. J'ai lû dans une petite description de cette Bibliothéque, imprimée à Tortone, qu'elle est composée de douze mille manuscrits, & de soixante & douze mille volumes imprimés. Mais cet Auteur s'est beaucoup trompé : on voit bien que cela ne peut pas être ; & d'ailleurs, le Bibliothécaire nous a dit qu'il n'y a pas plus de quarante mille volumes en tout. Cette Bibliothéque s'ouvre tous les matins pendant deux heures, & deux autres heures l'après midi. On y a du feu en hyver, & on y trouve des siéges & des pupitres, avec la même commodité qu'à la Bibliothéque de S. Victor à Paris.

On nous a fait remarquer un grand Livre de desseins de méchaniques, qu'on dit être de la propre main de Leonard de Vinci. Toute l'écriture en est à gauche, de telle maniere qu'il faut un miroir pour la lire. Ils ont écrit contre la muraille, qu'un Roi d'Angleterre qu'ils ne nomment point, a voulu donner trois mille pistoles pour ce Livre.

Joignant la Bibliothéque, il y a une Aca-

te-quinze pieds) & large de seize, (trente pieds.) On n'a pû l'élargir, à cause des Eglises & des maisons voisines. Outre les Livres & les Tableaux, on y conserve diverses collections de très-belles Medailles ; avec des pieces rares de Sculpture & d'Architecture, tant antiques, que moulées sur l'antique. Le P. Boschi a fait un Traité *De Origine & statu Bibliothecæ Ambrosianæ.* C. Torre. §. *in* 4.

démie de Peinture, où l'on nous a fait voir quantité de bons Tableaux. Je me souviens d'une histoire de J. C. lavant les pieds de ses Disciples, par Raphael; de quatre Elemens, du Brugle; & d'un Clement dix, qui imite si bien l'estampe, qu'on y est trompé.

La Citadelle de Milan, est un exagone régulier, bien revêtu, bien muni de canon, avec de bons fossés & une bonne contrescarpe : mais il faudroit raser les vieilles murailles, les tours, les donjons, & toutes les autres antiquailles de fortification que cette citadelle renferme avec quantité de maisons : Si tout cela étoit nettoyé, la Place en vaudroit infiniment mieux. Après avoir fait le tour des remparts, on nous a fait entrer dans une sale du logement du Gouverneur, pour nous faire voir une vingtaine de soldats, qui exerçoient leurs postures, & leurs sarabandes Espagnoles, pour la solemnisation de la Fête-Dieu. Ils devoient être habillés en maniere de Pantalons, & marcher à la tête de la Procession, en (a) dansant leurs ballets.

§. *Le vieux Château des Ducs de Milan, sert de Cazerne à la Citadelle, & ne pourroit pas servir à grande chose de mieux.*

Sans parler ni des Eglises, ni des Couvens : Le Palais du Gouverneur, celui de l'Archevêque, les Hôtels du Marq. Homodeo, du Comte Barth. Arese, & du

---

(a) 2. *Sam.* 6. 16. &c.

S. T.

S. T. Marini : le [a] Seminaire : le Collége Helvetique : le Collége de Breva, des Jesuites : la Maison de Ville, & le grand Hôpital, sont les principaux Edifices de Milan. La grande cour de l'Hôpital est un quarré de six vingts pas, & les portiques intérieurs & à double étage, sont soûtenus de chaque côté & à chaque étage, de quarante-deux colonnes d'une seule piéce chacune, & d'une espece de marbre des Alpes voisines. Le corps du bâtiment est de brique, mais ces briques sont moulées & façonnées en divers ornemens d'Architecture. L'ancien Hôpital est joint à celui-ci, & les deux ensemble n'en font qu'un seul [b].

Le Lazaret en est une dépendance : c'est un Hôpital pour les Pestiferés, à deux ou trois cens pas de la Ville. Il est composé de quatre galeries jointes en quarré, & contenant chacune quatre-vingt douze chambres, avec un portique soûtenu de colon-

[a] Ce Bâtiment fut fondé par S. Charles de Borromée ; & Joseph Méla en fut l'Architecte. Un double portique long de quatre-vingt quatorze brasses, (*cent soixante-seize pieds trois pouces,*) & large de neuf, (*seize pieds dix pouces & demi,*) régne autour de la grande cour quarrée, en dedans. Le premier Ordre est Dorique, le second Jonique. Sur le grand Portail, on voit d'un côté la Pieté, ayant un Soleil sur son cœur, le Soleil étant le pere de la lumiere ; & de l'autre côté, la Sagesse qui prépare des fécondes mammelles pour ses Nourrissons. *C. Tor.*

[b] Commencé l'an 1489. par le Duc Louis Sforce, dit le More : & achevé par Loüis XII. l'an 1507. Le Bramante en fut Architecte.

Tome III. G

nes de marbre, qui régne tout autour en dedans. Chaque chambre ayant vingt pieds de large, ou peu moins, il faut qu'avec l'épaisseur des murs, chaque galerie soit longue d'environ dix-huit cens pieds. La grande place du dedans est un pré, arrosé de plusieurs ruisseaux d'eaux vives; & au milieu du quarré est un Autel, sous un dôme soûtenu de colonnes. Les portes des chambres sont disposées d'une telle maniere, que les malades peuvent voir dire la Messe chacun de son lit.

L'Eglise que l'on appelle aujourd'hui de S. Ambroise, est la même dont cet ancien Docteur refusa l'entrée à Théodose, dans l'occasion qui ne vous est pas inconnuë.

§. *S. Ambroise y fut, dit-on, inhumé entre les corps de S. Gervais & de S. Protais. S. Cyrien, frere de S. Ambroise, y est aussi ; mais on ne sçait précisément en quel endroit. On voit un Tombeau vuide qui n'a pas plus de trois pieds de longueur, qu'on prétend être celui de Ste. Marcelline. Quand aux portes de l'Eglise, on les a tellement gratées par dévotion, qu'on a été obligé d'y clouer des planches en dedans ; c'est sans doute par un autre motif qu'on a enlevé tout le cuivre qui les couvroit. La tradition veut que ce soient celles que S. Ambroise ferma à Théodose, & qu'elles soient de bois de cedre. Ce qu'il y a de certain, c'est qu'elles sont bien vermolues ; & si la devotion a toujours été d'en prendre comme on fait aujourd'hui, il y a long-tems qu'elles devroient être anéanties. Les mauvaises peintures dont Misson se plaint, ne subsistent*

Tom. 3. Pag. 147.

plus, ni dans l'Eglise, ni dans le Couvent.

Cette Eglise est desservie en differentes heures par dix-huit Chanoines, & par cinquante Religieux. Ceux-ci ont deux très-beaux Cloîtres. On voit dans leur Jardin une petite Chapelle élevée à l'endroit où S. Augustin fut appellé par une voix du Ciel. On prétend que le Figuier sous lequel il étoit alors, vivoit encore au commencement de ce siécle, (le dix-septiéme) qu'il étoit chargé de fruits en hyver comme en été, mais qu'ils ne meurissoient plus. On montre assez proche de cette Maison, une Chapelle & les Fonts Baptismaux où S. Ambroise baptisa S. Augustin. On ajoûte que ce fut en revenant de cette Chapelle à l'Eglise que ces deux Saints composerent le Te Deum.

On voit là des peintures & des sculptures, qui sont du tems de la plus épaisse ignorance [a]. On nous y a fait aussi remarquer un Serpent de bronze, qui est sur une colonne de marbre. Donat Bossi croit que c'est une figure de serpent d'Esculape. Morigi, Besozo, & quelques autres, disent que c'est une copie du Serpent que Moïse éleva au Désert; & ils alléguent quelques chroniques, qui sont favorables à ce sentiment. D'autres ont leurs raisons pour croire qu'il a été fondu des débris de ce Serpent. Et enfin le Peuple ne doute nullement que ce ne soit le Serpent du Désert en propre per-

[a] Tristan Calco soupçonne que c'est un mémorial de quelque évenement extraordinaire, comme l'Oye du Capitole. Voyez les *Exercitationes Sacræ* de Mr. George Mœbius, *De Æneo Serpente*. II. Rois, ch. 18. v. 4.

sonne. Et dans cette persuasion, on a quelquefois recours à lui, comme à une Relique des plus efficaces. Le Bossi, & Charles Torre, disent qu'ils ont été témoins du culte qu'on lui a plusieurs fois rendu. §. *Il est vrai que ce Serpent a causé autrefois quelque superstition. Mais S. Charles fit placer vis-à-vis un Crucifix, qui dès-lors & depuis ce tems-là, attira seul toute la vénération des Fidéles.*

On garde à S. Eustorge le Tombeau où étoient les trois Rois, avant qu'on les transportât à Cologne. §. *On y voit encore celui de S. Pierre Martyr, Religieux de l'Ordre de S. Dominique, à qui la Maison & l'Eglise appartiennent.* L'odeur de sainteté qui est restée dans ce Tombeau, acheve, dit-on, de guérir : mais elle n'entreprend pas les cures difficiles. On a pour cela à Milan, d'aussi bonnes *Madones*, & des Reliques aussi operantes, qu'il y en ait dans toute l'Italie. A Saint Alexandre seulement, on en garde de cent quarante-quatre mille Martyrs, des Catacombes de Saint Sebastien.

Les autres curiosités de Milan, sont les ouvrages d'acier, & le cristal de roche : le cristal se prend près de-là dans les Alpes. On en ménage les plus grands morceaux, pour faire de glaces de miroirs ; mais ces morceaux parviennent rarement à un pied en quarré.

§. *On prétend qu'il y a à Milan sept cens Eglises, & soixante-dix colonnes dans les ruës, portant des Saints de bronze, des croix ou des statuës de marbre. Voyez encore l'Eglise de S. Paul, son portail & la balustrade.* Celle de S. Laurent, bâtie, à ce qu'on prétend, *des débris d'un Palais de Marc-Aurele. L'Eglise & le Couvent de S. Victor, & ses beaux Cloîtres. Les Jesuites. Le Tombeau de Gaston de Foix*, tué à la bataille de Ravene en 1512. *dans la Chapelle de Ste. Marthe. L'Eglise de S. François des Cordeliers. Celle de S. Marc des Augustins, & le Tombeau qui est dans leur Cloître. L'Eglise de S. Antoine des Théatins; & sur-tout celle de S. Alexandre, son Portail, & sa magnifique Chaire.*

Le proverbe dit que, *Qui voudroit accommoder l'Italie, il faudroit ruïner Milan.* Les uns entendent que ce seroit en répandant en Italie le Négoce de Milan; & les autres croyent que ce proverbe est fondé, sur ce que Milan a toujours [a] causé des guerres fatales à l'Italie.

Nous avons été exprès à la Maison du Marquis de Simonetta, à deux milles de Milan, pour entendre un Echo qui repete plus de [b] cent fois la derniere sillabe. On se met sous une galerie ouverte d'une des aîles de cette maison, & l'Echo répond de l'autre aîle. Chaque ton va toujours en diminuant, comme les bonds d'une boule d'yvoire.

En allant de Milan à Pavie, qui n'en est éloigné que de quinze milles, nous nous sommes un peu détournés, pour voir la cé-

[a] Cette Ville a été assiegée quarante fois, & prise vingt-deux fois. *Du Val.*
[b] Dans la Plaine de Barco.

lèbre [a] Chartreuse, qui fut fondée par [b] Jean Galeas Visconti, premier Duc de Milan. §. *Il y est enterré. Son Mausolée est magnifique. On admire sur-tout les bas-reliefs.*

Le corps de l'Eglise est d'une architecture Gothique, mais les Chapelles & les Autels, ne cédent point à ce qu'il y a de plus riche & de mieux travaillé dans les Eglises de Naples. Le Cloître est aussi fort beau ; & les parcs, les jardins, les rivieres, les avenuës, avec les autres dépendances de cette Maison, la rendent une très-agréable retraite. Le nombre des Religieux est présentement de cinquante-huit.

PAVIE, Université, Evêché.
La pauvre Ville de Pavie a perdu tout son ancien lustre. On ne diroit pas à la voir, qu'elle auroit été le séjour de plus de vingt Rois, & la Capitale de leur Royaume. Le Château est une vieille masse comme abandonnée ; & les fortifications de la Ville sont aussi en bien pauvre état. Pour voir Pavie, il n'y a qu'à la traverser par la grande ruë : ce qui est à droit & à gauche est tristement habité.

Autant que nous avons pû juger, [c] l'U-

[a] C'est le même qui a fondé la Cathédrale de Milan.
Toutes les peintures de la Chapelle de S. Michel, sont de *P. Perugin*, Maître de *Raphaël*. Dans la Sacristie, on estime un Christ couronné d'épines, du *Passignani*. Les peintures du Chœur sont de *Daniel Crespi.*

[b] Lucrece vante un Echo qui multiplioit sa réflexion jusqu'à sept fois.
Sex etiam aut septem Loca vidi reddere voces, Unam cùm jaceres. l. 4.

[c] Fondée par Charlemagne, rétablie par Charles IV. Boéce étoit de Pavie.

niverfité eft beaucoup déchûë, auffi-bien que le refte. Il y a cinq Colléges, entre lefquels celui de Borromée mérite d'être diftingué, pour la beauté de fon bâtiment. Les Ecoliers marchent dans la Ville avec leurs robes; & ceux de chaque Collége ont de différentes Etoles.

Vis-à-vis de la Cathédrale, qui eft une vieille Eglife baffe, obfcure, & bâtie tout de travers; il y a une [a] ftatue équeftre de bronze que l'on foupçonne être d'Antonin Pie. On appelle communément cette ftatue *Regifole*, mais je n'ai pû apprendre la raifon de cette dénomination. Je fçai bien qu'on l'appelloit ainfi dès le tems de Platine; & je me fouviens même que cet Auteur [b] dit, qu'il croit qu'elle fut apportée de Ravenne, lorfque cette Ville fut prife & faccagée par le Roi Luitprand. Paul Jove (Hift. l. 25.) dit pofitivement qu'elle eft d'Antonin; mais je ne fçai s'il en étoit bien informé, non plus que de ce qu'il ajoûte, que Lautrec en fit préfent à un de fes Soldats (nommé Hofteffe) parce que ce Soldat avoit le premier monté à la bréche. Une pareille ftatue n'eft guéres un préfent à faire à un Soldat.

[c] Ce fut, dit-on, le même Roi Luitprand, qui apporta de Sardaigne à Pavie, le corps

[a] La bride, le poitrail, les éperons & les étriers, font des piéces nouvellement ajoûtées.
[b] Dans la vie du Pape Gregoire II.

[c] On montre dans la Cathédrale, une efpéce de mât de Navire que le Peuple croit être la lance de Roland le Furieux.

G iiij

de S. Auguſtin, [a] & qui l'enterra dans l'Egliſe de S. Pierre, aujourd'hui occupée par des Auguſtins : mais on n'a jamais ſçû l'endroit où ce corps fut mis ; & le magnique Tombeau de marbre que l'on fait voir dans la Chapelle qui eſt à côté de l'Egliſe, n'eſt qu'un Tombeau honoraire, que les Religieux de l'Ordre lui ont érigé. §. *Ce Tombeau eſt de beau marbre blanc, mais de mauvais goût.*

Eſtant à Pavie, dans une boutique de Libraire, j'y rencontrai par hazard l'hiſtoire de cette Ville, écrite par Bernard Saccus l'un de ſes Citoyens ; & je trouvai dans cet Auteur l'article de la tranſlation du corps de S. Auguſtin. Je copiai ce qu'il en dit de principal, & comme cela n'eſt pas long, je le joindrai ici. *In templo D. Petri à Luitprando edificato, conditum Auguſtini corpus fuit : & ne facile reſciri poſſet, ferunt Luitprandum tribus locis effoſis, ſtructiſque ſepulchris, alibi deinde nocte, paucis operi adhibitis, juſſiſſe corpus condi, omnibus ſepulchris eadem nocte occluſis, ut certâ corporis ſede ignoratâ, difficilior in ævum fieret occaſio, ejus perquerendi rapiendique. Conſtructum deinde alio ſeculo ſacellum Divo Auguſtino fuit, juxta Templum Divi Petri, in quo ſacello, Arca marmorea ac celebris, compoſita eſt Auguſtini [b] ſepulchrum repreſentans.*

J'ai appris de ce même Auteur, que le

[a] S. Pierre au Ciel doré.
J'ai apris qu'on prétend avoir trouvé le corps de S. Auguſtin (dans un cercüeil d'argent) vers la fin l'an 1695.
[b] B. Sac. l. 10. c. 3.

terroir des environs de Pavie, produit naturellement deux fois l'année de fort bonnes asperges, & que la plûpart des Païsans les mangent crües.

J'ai lû aussi que le Pô, qui est présentement loin de Pavie de cinq à six milles, avoit aussi changé son cours; & qu'on voit encore son ancien lit à cinq cens pas de cette Ville: ce qui explique le passage de quelques anciens Géographes, qui représentent Pavie comme étant assez près du Pô. *Padus*, ajoûte cet Auteur, *sæpe totus ab alveo prosiliens, alium sibi exemplò alveum sine fossoribus eruit. Si ab Apennino aquarum copia irruat, fluctus in adversam ripam torquet: contra verò, si ab Alpium latere, aquarum impetus fiat. Si ex utraque parte, effertur supramodum.*

Je remarquerai ici en passant, que cette fameuse Riviere, aussi-bien que le Volga & le Danube, qui sont les deux plus fameux Fleuves de l'Europe, a son cours d'Occident en Orient. Il y en a quantité d'autres, entre lesquels je ne dois pas oublier la célébre Tamise; je ne sçaurois imaginer sur quoi peut être fondé le langage de ceux qui font la fausse observation, que les rivierés ne coulent point contre l'Orient.

En sortant de Pavie, nous avons passé (*a*) le Tésin sur un (*b*) pont couvert : cette Ri-

(*a*) Le Tésin est si rapide, qu'en moins de trois heures de tems, avec un seul Rameur, nous fîmes plus de trente milles, dit le D. Burnet.
(*b* Fait par Jean Galeas. L'Inscription qui est

viere est très-rapide, & est la plus grande de toutes celles qui tombent dans le Pô. On en apréhende les débordemens, ses eaux ayant une qualité fatale aux prairies qui en sont baignées. Quand il arrive que le *Tésin* est débordé pendant huit jours, ce qui à la verité est une chose rare, sa froideur tue les racines des herbes, & la terre est quelques années à se bien remettre. Voilà une grande différence, entre les eaux de cette riviere, & les eaux du Nil.

Autrefois (a) Pavie étoit appellée *Ticinum* du nom de la riviere qui arrose ses murs: mais Saccus raconte qu'on changea son nom, lorsqu'après avoir été détruite par Odoacer, ce Prince accorda aux habitans de Pavie, une immunité de cinq ans, avec une permission de rebâtir leur Ville. Ils la nommerent *Papia, quasi piorum patria;* Non pas comme quelques-uns disent, parce qu'elle reçût alors le Christianisme; il y avoit déja long-tems qu'elle l'avoit embrassé: mais pour exprimer l'amour, ou, comme on dit aussi, la pieté pour la Patrie, de ceux qui se transportoient à Ravenne, pour implorer la grace du Roi, *Me si audieritis:* dit l'un des Députés après son

---

sur la porte de ce Pont, du côté de la Ville, fut faite par la feue Reine Mere d'Espagne, sœur & belle-mere de l'Empereur aujourd'hui régnant, lorsqu'elle passa à Pavie pour aller en Espagne. Le Voyageur pourra remarquer une autre Inscription sur le même sujet à Alexandrie, au coin de la grande Place. Le Pont de Pavie est long de trois cens quarante pas communs.

(a) L'An 472.

retour, *Nomen inveniemus quod nostræ pietatis officia in Patriam restituendam, paucis syllabis posteritati attestabitur, & Ticini nomen aquis restituetur. Papia piorum Patria*, &c.

Je remarquerai encore touchant Pavie, que deux Rois y ont été faits prisonniers; Didier par Charlemagne, & François premier par Charles-Quint. Je suis,

Monsieur,

Vôtre, &c.

A Pavie ce 12. *Juin* 1688.

LETTRE XXXV.

MONSIEUR,

NOVI.

A quinze milles de Pavie, nous avons dîné au bourg de Voghéra; & le même jour nous sommes arrivés à la petite ville de Novi, qui est aux pieds de l'Appennin, à trente milles de Génes, & sous la domination de cette République.

TORTO-
NE,
Evêché.

Entre Voghéra & Novi, on passe à Tortonne (a) petite ville ruinée, & mal fortifiée. La Citadelle, quoi-qu'irréguliere & pas trop bien entretenuë, est pourtant assez forte, à cause de sa situation. Il y a quelque tems que l'on y déterra un grand sarcophage, qui se voit présentement dans l'Eglise, à l'entrée: Il est orné de divers bas-reliefs, entre lesquels j'ai remarqué l'histoire de la chûte de Phaëton. Cependant un Prêtre qui sortoit de l'Eglise en même-tems que moi, m'a dit qu'il y avoit raison de douter que ce sépulchre ait été d'un Payen. La nécessité absoluë de partir, m'a fait quitter avec regret l'examen de ce monument. Fred. Barberousse rasa Tortone, en même tems que Milan. L'ancienne *Der-*

―――――

(*a*) On peut voir diverses inscriptions anciennes dans la Cour du Palais de l'Evêque. Les Religieuses Augustines font de très-jolis ouvrages de paille; on peut en acheter.

tona étoit bâtie fur la hauteur où eſt la Citadelle. Ce ne ſont que montagnes entre Novi & Génes ; & il n'y a rien dans toute cette route, qui mérite d'être remarqué.

Vous ſçavez que la Ville de Génes (*a*) eſt ſituée à l'extrêmité d'un Golfe, en partie ſur le penchant de la montagne qui forme un croiſſant autour de ce Golfe, & en partie ſur le peu qui ſe trouve de terrein plat au pied de la même Montagne, ſur le bord de la Mer. Généralement parlant, les ruës ſont extrêmement étroites, & les maiſons ſont hautes de ſix à ſept étages, dans l'endroit le plus bas de la Ville : & à meſure que le théâtre s'éleve, les maiſons deviennent & plus baſſes, & plus clair-ſemées. Cette ſituation eſt fort agréable à la vûë, mais elle eſt fort rude d'ailleurs ; auſſi les caroſſes ne roulent-ils communément dans Génes : les Dames vont en litiere ; & les hommes de qualité, ont ou des chaiſes, ou de petites caléches qu'ils ménent eux-mêmes.

GENES, dite la Superbe.* Anchevêché.

La Ville eſt ceinte d'une double fortification qui la couvre par derriere, & qui ſe termine de chaque côté ſur le bord de la Mer. La plus proche, & la meilleure de ces fortifications, renferme proprement la Ville ; & la ſeconde embraſſe toutes les hauteurs des Montagnes qui la commandent.

* §. Cette Epithete ne lui convient qu'en la regardant de dehors.
(*a*) Depuis l'an 1454.

juſqu'à l'an 1528 l'Etat de Génes a eu plus de douze ſortes de Gouvernemens.

Il m'eſt déja ſouvent arrivé de ne trouver aucun rapport entre ce que j'avois entendu dire, & ce que mes yeux m'ont fait découvrir; mais cette différence ne m'a jamais paru plus grande qu'elle a fait à Génes (a). La voix publique, & la perſuaſion générale, eſt que Génes eſt bâtie de marbre. A peine peut-on parler de Génes, dans les païs qui en ſont éloignés, qu'on n'ajoûte auſſi-tôt, que cette Ville eſt toute de marbre; cela eſt preſque tourné en proverbe. Et ce qu'il y a de tout-à-fait étrange, c'eſt que quantité de gens qui l'ont vûë, étant accoûtumés à ce langage, en racontent toûjours la même choſe, ſoit qu'ils l'ayent vûë ſans la conſiderer, ſoit qu'ils prennent plaiſir à laiſſer le monde dans l'erreur, plûtôt que d'en troubler les agréables idées: Soit enfin qu'ils veulent profiter du préjugé général, pour embellir cet endroit de leurs relations.

Malgré tout cela, j'ai à vous dire que c'eſt une choſe abſolument fauſſe, que Génes ſoit bâtie de marbre. La brique & la pierre, ou l'un & l'autre mêlés enſemble, en ſont les materiaux ordinaires; & un enduit de plâtre couvre preſque tout. §. *Il eſt vrai qu'il eſt aſſez ſouvent peint en marbre.*

Entre les beaux Hôtels de la *Strada nuova,* on en voit à la verité quelques-uns, où le marbre n'eſt pas épargné: il y en a même quatre ou cinq, dont la façade eſt preſque toute de marbre; mais c'eſt tout ce

(a) Rubens a fait un Livre des Palais de Génes.

qu'il faut chercher de maisons de marbre dans Génes ; voyez si c'est dequoi dire, que cette Ville soit bâtie de marbre : On seroit assurément beaucoup mieux fondé à soûtenir que la Ville de Londres seroit bâtie de pierre, ou que celle de Paris seroit bâtie de brique.

Au reste, quoique Génes ne soit pas toute de marbre, elle ne laisse pas pour cela d'avoir de très-beaux bâtimens. Dans les cinq ou six ruës qui ont quelque espace, & dans le magnifique fauxbourg de *S. Pietro d'Arena*, il est certain que les maisons sont d'une beauté & d'une grandeur extraordinaire. J'ajoûterai que l'ardoise & les vitres sont aussi communes à Génes, qu'elles sont rares dans la plûpart des autres Villes d'Italie.

J'ai tant de fois entendu parler des Jardins en l'air que l'on voit à Génes, que je crois être obligé de vous en dire quelques nouvelles. Si l'on rapportoit toûjours les faits tels qu'ils sont, & qu'on nommât les choses simplement par leur nom : ceux qui n'ont pas été à Génes, ne se formeroient pas des idées extraordinaires de ces prétendus Jardins en l'air, comme si c'étoient quelques machines d'Opera, ou quelques copies des fameux Jardins de Sémiramis. Il y a si peu de terrein plat à Génes, que comme je vous l'ai déja dit, on est obligé de faire les ruës étroites, & d'exhausser beaucoup les maisons ; d'où l'on peut conclurre qu'il est difficile de ménager beaucoup d'espaces pour faire des Jardins. C'est pour cette raison que quantité de gens garnissent de caisses & de pots à fleurs, les terrasses de leurs maisons; & peut-être même que quelques-uns y mettent de la terre, quand le bâtiment en peut supporter le faix. Voilà les Jardins en l'air, dont il y a des gens qui font tant de bruit. En ce sens là, il y a bien des choses qui sont en l'air, sans qu'on se soit encore avisé d'y prendre garde.

Les bombes de France n'ont pas endommagé les plus beaux endroits, parce qu'elles visoient au gros des maisons dans le cœur de la Ville, où elles n'ont que trop bien rencontré. Nonobstant les réparations qui ont été faites, il y a présentement encore plus de cinq cens maisons renversées, dans un même quartier. Et ce qui est doublement fâcheux, c'est que la plûpart des Particuliers à qui ces maisons appartiennent, ont perdu tout ce qu'ils avoient en les perdant : de sorte que bien loin d'être en état de les rebâtir, ils ne peuvent pas même faire la dépense d'en vuider les décombres. Ce n'est pas dans cet endroit-là, qu'il faut chercher Génes la Superbe.

On nous a montré dans l'Eglise de Nôtre-Dame des Vignes, une bombe qui y tomba, sans faire aucun effet : & on nous auroit dit volontiers, que ce fut par respect pour le lieu sacré : mais malheureusement les autres foudres de même nature, renverserent quatre ou cinq autres Eglises, & autant de Couvens.

Pendant que cette fatale grêle de soufre & de feu, tomboit sur la pauvre Génes, le Doge étoit à l'abri, & trente mille personnes avec lui, dans le grand Hôpital appellé *l'Albergo*. Ce lieu étant fort vaste, & élevé, servit non-seulement d'asyle à un grand nombre des habitans; mais on y mit aussi quantité de meubles, & on y sauva tout ce qu'il fut possible de transporter. On travaille présentement à un troisiéme mole, qui avancera beaucoup plus dans la Mer, que ne font les deux autres, & par le moyen duquel on prétend s'assurer contre le danger d'un second assaut.

Le Port de Génes est grand & assez profond, mais il se trouve exposé au plus mauvais des vents qui régnent dans cette partie de la Méditerranée : c'est à-peu-près le Sud-Ouest, ils l'appellent vent d'Afrique, ou *Lubeccio*. On a été obligé de faire un retranchement dans ce Port, afin de ménager un petit havre bien assuré, pour mettre les Galeres. Il n'y en a que
§. *cinq ou* six : les redoutables flottes du tems passé, sont réduites à ce petit nombre de Galeres.

Le [a] Phare est extrêmement élevé; ils l'appellent comme à la Rochelle, Tour de la lanterne. Pour bien voir la Ville de Génes, il faut la considerer de trois endroits; du haut de cette Tour; de la distance d'un mille ou environ, sur la Mer, & de la hauteur de sa montagne. Ce sont trois faces

[a] Bâti par Louis XII. Roi de France.

différentes, qui donnent toutes l'idée de Génes.

Le Palais de la République, ou Palais public, qu'ils appellent *Palazzo Reale*, est extrêmement grand : Le Doge & la Dogesse y sont logés. Deux ou trois Sénateurs y demeurent aussi avec leurs familles, & quelques bas Officiers de l'Etat. On nous a conduits au petit Arsenal qui est dans ce Palais. Nous y avons vû un *rostrum* des vaisseaux des anciens Romains : il est de fer, & finit en hure de sanglier. On a écrit à côté, qu'il fut trouvé dans le port de Génes, comme on travailloit à nettoyer ce port. Ils nous ont fait aussi remarquer quelques cuirasses qui ont été faites pour des femmes, comme on en peut juger par la forme du sein. On dit que des Nobles Génoises s'en sont servies, dans une Croisade contre les Turcs.

Les Dames sont presque toujours en corps de robe à la Françoise ; & les femmes de médiocre condition portent des vertugadins : équipage commode aux *Avanturieres*.

Les Nobles s'habillent comme ils veulent ; mais ils sont d'ordinaire en noir, & en manteau ; & ne portent jamais d'épée. Ils se qualifient de Ducs, de Marquis, de Comtes, &c. au lieu qu'à Venise, comme je vous l'ai dit, ils ne prennent aucuns de ces titres.

Nous avons vû le Sénat en Corps, & en cérémonie, à la Procession de la Fête-Dieu. Le Doge avoit une Robe cramoisi, avec une maniere de bonnet quarré : on portoit devant lui deux masses, & une épée dans le fourreau : deux Sénateurs étoient à ses côtés, avec des robes noires, de la même façon que la sienne.

On traite le (a) Doge de Sérénité, les Sénateurs, d'Excellences, & les Nobles, d'Illustrissimes. Ce dernier terme, à la verité, ne signifie pas grand chose en Italie; il ne faut que mettre un ruban à sa cravate, pour se faire donner de *l'illustrissimo*. Néanmoins, les Nobles Génois composent le grand & le souverain Conseil, aussi-bien que les Nobles Vénitiens font le leur : ces deux Etats étant purement Aristocratiques, ils sont admis au Conseil à vingt-deux ans accomplis. Leur nombre, comme cela se peut voir par le Catalogue, qu'on appelle le Livre d'or, monte à environ sept cens, à ce que m'a assuré notre Consul. L'ancienne & la nouvelle Noblesse joüit des mêmes privileges; & le Doge est pris alternativement, tantôt de l'une, & tantôt de l'autre. Vous pouvez bien vous imaginer qu'ici, comme par tout ailleurs, ceux qui se glorifient d'une extraction depuis long-tems illustre, prétendent à quelque sorte de distinction avantageuse. Les Fiesques, les Grimaldi, les Spinola, & les Doria, sont les quatre principales Familles de l'ancienne Noblesse ; & les Justiniani, Savii,

(a) Le Doge doit avoir cinquante ans accomplis. Après que le tems de son Gouvernement est expiré, il demeure Procurateur perpetuel.

Franchi, & Fornari, sont à la tête de la nouvelle.

Le Doge de Génes n'a pas plus de pouvoir que celui de Venise ; cependant ce premier est couronné d'une couronne Royale d'or, & on lui met un sceptre à la main. C'est à cause du Royaume de Corse, dont ils sont actuellement possesseurs.

Quand les deux ans de l'administration du Doge sont accomplis, on lui vient dire au Palais, que sa Sérénité a achevé son tems, & qu'il plaise à son Excellence de se retirer dans sa maison. Il ne peut pas être continué après les deux ans ; mais il peut rentrer en Charge cinq ans après. On n'élit jamais aucun de ses parens, immédiatement après lui.

Pour revenir à nôtre Procession, je vous dirai encore que les ruës étoient tapissées & jonchées de verdure : Que les fenêtres étoient toutes remplies de Dames, les mieux parées qu'il leur étoit possible : & que ces Dames avoient des corbeilles pleines de fleurs qu'elles répandoient sur la Procession, selon les divers mouvemens du cœur. C'étoit tantôt par dévotion *per il Santissimo* (a) : tantôt par inclination, & par civilité, pour les Gentilshommes de leur connoissance, qui suivoient la Procession. Toutes les perruques en étoient poudrées, & à chaque poignée de faveurs reçûes, ces Messieurs faisoient de profondes révérences à leurs Bienfaitrices.

§. *L'Eglise de S. Ambroise, qui est desser-*

―――――――――――――――――
(a) C'est ainsi qu'ils appellent le *Sacrement*.

le doge de genes.

vie par des Jesuites, sert de Chapelle au Doge. Il y vient par une galerie qui aboutit à une tribune. C'est une des belles Eglises de Génes. On y voit deux beaux Tableaux de Rubens, & une Assomption du Guide.

L'Eglise de l'Annonciade est la plus belle de Génes ; mais quelque riche, & quelque magnifique qu'elle soit, il s'en faut beaucoup qu'elle n'approche de quantité d'autres dont je vous ai parlé : ainsi je n'en entreprendrai point la description. Vous sçaurez seulement qu'elle a été bâtie aux frais d'un seul (a) Citadin de Génes : c'est ce qu'on en peut dire de plus remarquable.

Je ne vous dirai rien non plus du Crucifix qu'on voit à S. Jerôme, & qui parla à Sainte Brigite : quoique le rare entretien qu'il eut avec elle pût bien nous en servir pendant quelques momens.

(b) A Sainte Marie du Château, on en garde un autre qui est particuliérement vénéré des filles : en voici la raison. Un Gentilhomme qui depuis long-tems s'attachoit auprès d'une jeune Demoiselle, qu'il n'avoit dessein que de tromper, s'avisa un

___

(a) De la famille Lomellino.

(b) On garde à la Cathédrale un grand plat qui est d'une seule émeraude. L'opinion vulgaire est que l'Agneau Paschal fut servi dans ce Plat, lorsque J. C. mangea la Pâque avec ses Disciples. Le vénérable Beda a écrit que l'Agneau fut apporté dans un plat d'argent ; & Madame Sainte Brigite a trouvé à propos de faire ce plat d'yvoire. Celui qui le fera de terre, sera-t'il moins croyable ? Du Val dit que le plat d'émeraude, est un des préseus que la Reine de Saba fit à Salomon.

jour de lui promettre mariage ; ce qui arriva, dit-on, dans une place de la Ville où étoit alors le Crucifix. Sans entrer dans le détail de ce qui se passa entr'eux dans la suite, le Gentilhomme refusa enfin d'accomplir sa promesse. La Demoiselle lui fit un procès ; mais malheureusement elle n'avoit point de preuve de ce qu'elle avançoit. Comme elle alloit donc être déboutée de ses prétentions, elle se souvint que la promesse lui avoit été faite en présence d'un Crucifix : elle déclara avec cris & larmes, qu'elle le prenoit pour témoin de la verité, & elle supplia la Justice de vouloir bien s'y transporter pour l'entendre. On eut la complaisance de députer au Crucifix, & de l'interroger. La verité est qu'il n'ouvrit pas la bouche, mais il baissa la tête : & les questions qui lui furent faites, étoient tournées d'une telle maniere, que le signe de tête ne pût être expliqué, qu'en faveur de la pauvre affligée. La Cour ordonna donc que le mariage fût célébré dès le même jour : le cœur de l'Epoux fut touché : & jamais il ne s'est vû tant de concorde ni tant de joye.

[a] Saint Jean-Baptiste & l'Empereur, sont les deux Protecteurs de la République de Génes. L'Image du premier se met sur la monnoye ; & cette monnoye est la plus belle & la meilleure de toute l'Italie : c'est

[a] Les cendres de S. Jean-Baptiste sont à la Cathédrale, dans une chasse soutenuë de quatre belles Colonnes de Porphyre, qui furent apportées de Smyrne, l'an 1098. *Guald. Prior.*

le meilleur alloi. §. *La monnoye de Génes n'a plus cette reputation. La Chapelle de Saint Jean-Baptiste est ornée de plusieurs lampes d'argent, & d'un Autel de ce même métal.*

Le commerce de Génes est extrêmement déchû. Le négoce du païs consiste particuliérement en velours, en points, en gands, en confitures séches, en anchois, & en diverses sortes de fruits. Il y a des Particuliers fort riches, mais la République est pauvre. On ne vend ni bled ni vin dans les marchés: Messieurs de Génes sont les seuls marchands de l'un & de l'autre. Les maîtres d'auberges ne donnent pas une pinte de vin, qu'ils ne l'aillent prendre dans la cave de l'Etat; & comme ils ne gagnent rien sur cet article, ils se récompensent sur le reste. Les Boulangers prennent aussi leurs bleds dans les greniers publics. §. *De sorte qu'il y a à Génes du pain & du vin de contrebande.*

Voilà les principales choses que j'ai remarquées à Génes, pendant le petit séjour que nous y avons fait. Le Chanoine Ferro a un Cabinet de curiosités. Je suis,

Monsieur,

Vôtre, &c.

A Génes ce 20. *Juin* 1688.

LETTRE XXXVI.

Monsieur,

Pour venir de Génes à Casal, nous avons repassé à Novi, où nous avons loüé un carosse pour Turin ; & le lendemain nous avons diné dans la petite Ville d'Alexandrie.

ALE-
XAN-
DRIE,
Evêché.

On ne sçavoit pas le métier d'assiéger les Villes, quand l'armée de Fréderic Barberousse fut six mois devant Alexandrie, sans la pouvoir prendre : cette Place n'a que de fort médiocres fortifications [a].

Fréderic l'appelloit Césarée, & le Pape Alexandre troisiéme vouloit qu'elle fût nommée Alexandrie. Il est faux que les Empereurs y ayent jamais été couronnés d'une couronne de paille ; & il est je crois difficile de sçavoir, s'il est vrai ce qu'on dit aussi, que Fréderic se moquant du grand nom d'Alexandrie, la traita d'une Alexandrie de paille. Quoiqu'il en soit, on la nomme présentement Alexandrie de la paille.

CASAL,
dite de
S. Val,
Evêché.

Casal est dans la plaine, sur la rive droite du Pô. La Ville est bien fortifiée, & son ancien Château ne lui est pas inutile ; mais

[a] Les Fortifications, tant de la Ville que de la Citadelle, ont été démolies en 1695. suivant la capitulation faite entre les François & les Conféderés qui assiegeoient la Place. §. Elles sont aujourd'hui reparées mieux que jamais.

la Citadelle eſt une place très-importante. Elle a ſix grands baſtions royaux ; des demi-lunes devant les courtines, un foſſé large, profond, & plein d'eau ; & un Arſenal garni d'armes pour dix mille hommes. (a) Il y avoit quelques irrégularités dans la fortification : mais depuis que le Roi de France a pris le ſoin de cette Place, on a remedié à tout ce qu'elle pouvoit avoir de défauts. Je n'oublierai pas de vous dire qu'on en a doublé tous les baſtions ; c'eſt une ſingularité. Ces baſtions étoient ſi grands, qu'on a pû faire un retranchement & un ſecond rempart, qui ſans aucun embarras forme un nouveau baſtion dans le cœur du premier. La Ville appartient toûjours au Duc de Mantouë : ce Prince en tire quelques menus droits, & la garniſon Françoiſe la lui garde.

En ſortant de Caſal, nous avons traverſé pour la quatriéme fois le fameux Fridan, & notre caroſſe a long-tems ſuivi les bords de ce Fleuve. Nous avons paſſé à la porte de Trin, petite Ville fortifiée dans la partie du Montferrat, qui appartient au Duc de Savoye. Verruë eſt une Place beaucoup plus forte, ſur une hauteur, à la droite du Pô.

A huit milles de Caſal, on entre dans le Piémont, & le païs eſt toujours uni. A meſure que l'on avance, on s'engage entre les Montagnes, & on ſe trouve dans une vallée plate & large, preſque toute environnée des plus hautes Alpes. Ce qui eſt bon

(a) L'an 1681.
Tome III. H

dans cette vallée, est parfaitement bon ; mais il est vrai aussi qu'on y rencontre de mauvais endroits.

La grêle est le fleau du Piémont : il n'y avoit que deux jours qu'elle avoit moissonné les plus beaux bleds du monde, en deux ou trois grands cantons que nous avons vûs. La paille en étoit hachée, & enfoncée en terre : les vignes, les noyers, & les autres arbres, en étoient à demi brisés.

On ne compte que quarante-cinq milles de Casal à Turin, mais les milles du Piémont & du Montferrat, sont plus grands de beaucoup, que les communs milles de Lombardie.

Turin, Archevêché, Université. La Ville de Turin est située dans la Plaine, sur la riviere de Doire, à trois cens pas du Pô. C'est un lieu fort agréable : toutes les avenues en sont riantes, & les manieres libres & sociables que nous y trouvons, nous en font respirer l'air avec d'autant plus de plaisir, que nous ne faisons que d'échaper des sauvages coûtumes du reste de l'Italie, où nous avons vû plus de statuës que d'hommes. On vit à Turin à peu près comme en France : la langue Françoise n'y est pas moins connuë que l'Italienne : le monde y est bien fait, & la Cour du Duc est, à ce qu'on nous assure, une des plus lestes de l'Europe. Dans quelque tems nous en jugerons par nous-mêmes.

L'ancienne partie de Turin, n'est que médiocrement belle : mais la nouvelle moitié est tout autrement bâtie. Les ruës en sont larges & droites à la ligne : les maisons grandes, hautes & presque toutes uniformes. Rien n'est plus agréable que la ruë qui traverse les deux Places, & qui va du Château à la porte neuve. L'une & l'autre de ces Places sont grandes, & de figure régulière; mais la nouvelle est environnée de maisons, qui font une symmétrie parfaite, & un large portique régne tout autour.

Les Palais du Duc (*a*) ne sont pas si beaux en dehors, que les appartemens le sont en dedans. §. *On y voit les Originaux des quatre Saisons de l'Albane.* On acheve présentement d'en bâtir deux qui tiennent beaucoup du magnifique : le Palais des *Jesuites*, & celui du Prince de Carignan : On peut nommer celui des *Jesuites* le premier, parce qu'il l'emporte sur l'autre.

Quoique la Ville ait été accruë sous le dernier Duc, de près d'une moitié, elle n'est encore que de fort médiocre (*b*) grandeur. Ce même Prince l'environna d'une fortification régulière, & bien revêtuë. La Citadelle est aussi très-forte & très-belle, quoi qu'elle ne soit pas entiérement achevée : tout est contreminé. On y a la commodité d'un bon puits, où les chevaux même montent & descendent sans se rencontrer; c'est un double escalier sans degrés, qui tourne tant de fois, que la pente en devient aisée.

Les allées de chênes qui sont sur les remparts de la Ville, continuant à rendre cette

(*a*) Il y a l'ancien & le nouveau.
(*b*) Pour bien voir la Ville, & bien juger de son étenduë, il faut monter au Couvent des Capucins, sur la Colline qui est de l'autre côté du Pô.

H iij

promenade agréable : la vûe en eft auffi fort belle, particulierement du côté des rivieres. Mais le plus grand Cours fe fait dans les avenues du Valentin, qui eft une Maifon de plaifance fur le bord du Pô, à un mille de Turin. Le Duc en a plufieurs autres, toutes bien meublées, & bien entretenues. Les principales font Moncallier, Millefleurs, Rivoli & la Vénerie. On va de Turin à la Vénerie en deux heures ; c'eft un lieu fort agréable.

Je n'oublierai pas de vous parler de la (a) Chapelle qu'on acheve de bâtir à la Cathédrale pour le S. Suaire : mais quelque magnifique que foit cette Chapelle, je ne vous dirai pas comme quelques-uns font, qu'elle furpaffe celle de S. Laurent de Florence. Je vous affurerai au contraire qu'il s'en faut beaucoup qu'elle n'en approche. Si vous vous fouvenez de ce que je vous ai mandé de la Chapelle de S. Laurent, vous en pourrez faire vous-même la comparaifon avec celle de Turin. Celle-ci eft à-peu-près de la même forme, mais moins grande ; & il n'y aura rien que du (b) marbre noir.

§. *Le Dôme eft d'une architecture affez particuliere.*

Le prétendu S. Suaire de Turin en eft la plus importante Relique, comme vous en pouvez juger par l'honneur qu'on lui fait (c).

___

(a) De l'Architecture du P. Guarini.

(b) Ce marbre n'eft pas d'un beau noir, ni d'un beau poli ; on l'a choifi noir à caufe de la mort de J. C.

(c) Mr. J. Réitkius a écrit une differtation *de Imaginibus Chrifti*, dans laquelle on trouvera plu-

Ce Suaire, qui doit être l'unique au monde, s'est reproduit ou multiplié en sept ou huit endroits pour le moins : je ne parle que de ceux que je connois. Il y en a je crois trois à Rome, à S. Pierre, à S. Jean de Latran, à l'Eglise du S. Suaire de l'Archiconfrèrie des Piémontois, un à Cadoin en Périgort, un à Besançon, un à Compiégne, un à Milan, & un autre à Aix la Chapelle : C'est à eux de trouver le moyen de s'accorder. Ce qu'il y a de bon ordre, c'est qu'ils produisent tous leurs titres, par Bulles de Papes. Le Suaire de Cadoin est le mieux établi de tous ; il a été autorisé par quatorze Bulles : celui de Turin n'en a que quatre.

§. *Voyez à Turin dans la belle ruë du Pô, l'Académie ou Université, avec la Gallerie qui regne tout autour de la cour, & qui est remplie de Monumens Antiques & d'Inscriptions ; la Bibliothéque & la Sale d'Anatomie.*

Puisque j'ai présentement assez de loisir, & que nous nous trouvons à la veille de sortir d'Italie, je vous entretiendrai encore de quelques [a] observations que j'y ai faites, & que je n'ai pas eu occasion d'inse-

sieurs choses très-curieuses, sur le sujet de ce qu'on appelle le S. Suaire.

Il prouve qu'on n'avoit jamais parlé de cette Relique, ni de quantité d'autres, avant que le venerable Béda se fût avisé de publier ses rêveries, dans son Livre *de locis sanctis.*

[Ce bon Prêtre Anglois, mourut vers le milieu du huitiéme Siécle.] Il y a un autre fameux S. Suaire a Lisbonne dans l'Eglise de la Mere de Dieu. Et combien y en a t'il que nous ne connoissons pas ?

[a] Diverses observations sur l'Italie.

rer avec les autres, dans mes premieres lettres. Le peu de séjour que nous avons fait dans les divers lieux de nôtre voyage, ne nous a pas permis de former beaucoup d'habitude avec les gens du païs, ni par conséquent de nous instruire fort particulierement de leurs coûtumes. Ainsi vous pouvez bien juger, que mon intention n'est pas de traiter ce sujet ; je vous ferai seulement part de quelques remarques à mesure que je m'en ressouviendrai.

Si je ne vous ai rien dit, ni des Princes ni des Cours, tant d'Allemagne que d'Italie, ç'a été parce que je n'ai pas crû en pouvoir parler avec toute la naïveté qui auroit été nécessaire, afin de vous en donner la veritable idée. Quand on parle des Princes, il faut toujours flatter, & toujours mentir : j'ai mieux aimé garder le silence. Je vous dirai seulement que M. B. en a été reçû & regalé, avec autant d'honneur & de caresses, que son mérite personnel & sa grande naissance le demandoient. Ce bon accueil a quelquefois aussi été redoublé, à cause de l'amitié, & de la connoissance particuliere que quelques-uns de ces Souverains ont avec le Duc d'Ormond son Grand-Pere, & qu'ils avoient autrefois avec le feu Comte d'Ossori son Pere, aussi-bien qu'avec quelques autres personnes de cette illustre Maison.

Le Duc de Modene est grand, d'une taille dégagée, & ressemble assez à la Reine sa sœur, quoiqu'il ait le teint brun. Ce Prince a des qualités qui le font aimer & respecter tout ensemble. Il m'a questionné près d'une heure, touchant diverses particularités de nos voyages, & principalement touchant l'Angleterre.

Je ne vous ai rien dit non plus des Académies des beaux Esprits, qui sont dans presque toutes les Villes d'Italie. La verité est que nous n'avons pas eu le tems de connoître beaucoup ces Societés. Mais si je dois croire ce que plusieurs personnes m'en ont dit, elles sont assez pauvrement remplies. La bizarrerie des noms que ces gens-là affectent, est une chose toute particuliere : En France, nos Ecuyers en donnent d'à-peu-près semblables à leurs chevaux de manége. Je vous nommerai seulement une douzaine de ces Académies. Les [a] Endormis de Génes. [b] Les Ardens de Naples. [c] Les Immobiles d'Alexandrie. [d] Les Fantasques de Rome. [e] Les Opiniâtres de Viterbe. [f] Les Etourdis, ou les Lourdauts de Sienne. [g] Les Insensés de Perouse. [h] Les Anonymes de Parme. [i] Les Oisifs de Boulogne. [l] Les Cachés de Milan. [m] Les Obscurcis ou les Embroüillés d'Ancone. [n] Les Amoureux de Mantouë. [o] Les Faciles ou les Accommodans de Rimini. [p] Les Enchaînés de Macera-

[a] Addormentati.
[b] Ardenti.
[c] Immobili.
[d] Fantastici & Humoristi.
[e] Ostinati.
[f] Intronati.
[g] Insensati.
[h] Innominati.
[i] Otiosi.
[l] Nascosti.
[m] Caliginati.
[n] Invaghiti.
[o] Adagiati.
[p] Catenati.

ta. [a] Je m'apperçois que j'ai un peu croisé le païs, mais cela n'importe.

Nous avons trouvé les Peuples d'Italie fort civils, & fort doux en apparence. Il est vrai pour dire tout, que c'est une certaine sorte de douceur qui tient de la flatterie, & de la dissimulation. Nous sçavons aussi par experience, que cette Nation est fort sobre. Rien n'est si pitoyable que les repas d'auberges dans les petites Villes, particulierement en des certaines routes. Leur entrée de table, qu'ils appellent *Antipasto*: est une assiette de gésiers, ou de pattes & d'ailerons boüillis avec du sel & du poivre, & quelque blanc d'œuf mêlé. Après cela viennent l'un après l'autre, deux ou trois plats de différens ragoûts, & le tout en petite mesure. En allant de Rome à Naples, on est quelquefois regalé de [b] bufles & de corneilles; & encore est-on tout heureux d'en trouver. Le bufle en est une viande noire, puante, & dure, dont il n'y a guéres que les Juifs de Rome, ou quelques autres pauvres gens comme eux qui ayent accoûtumé d'en manger. C'est une chose risible, pour ne pas dire ridicule, que nos Traducteurs de la Bible mettent de cette vilaine & mauvaise chair à la table de Salomon. (1. Rois ch. 4. v. 22. 23.)

Il y a de toutes sortes de vins en Italie, mais les bons sont les plus rares. Aux en-

[a] Ajoûtez les Cruscanti de Florence.
[b] Quelques Annalistes rapportent que le premier Bufle qui ait été vû en Italie, y fut amené l'an 595.

virons de Rome, on a le vin de Genfane, d'Albano, & de Castel Gandolfe : tout cela n'est qu'un même terroir. Le vin Grec de Naples, & le (a) *Lachryma Christi* sont des vins vigoureux : nous nous accommodions plûtôt du petit *asprino bianco*, ou du *chiarello piccante*, quoiqu'ils soient beaucoup moins estimés. A Florence & à Montefiascone, les meilleurs vins sont agréables, & n'ont pas plus de feu qu'il n'en faut, pour la boisson ordinaire ; mais il n'y en a qu'en petite quantité. Le délicat *Moscadello* du Grand Duc, est un petit vignoble sacré pour sa bouche, ou pour des presens : il ne faut pas s'imaginer que cette liqueur soit répandue par tout le païs. On a aussi quelques bons vins proche de Vérone, & dans l'état de Génes.

A Lorette & dans les environs, ils font leurs tonneaux courts, & larges comme des fromages de Hollande ; & du côté de Pavie, ils leur donnent sept longueurs de leur diamêtre.

Le beurre est rare en Italie : vers Parme & Plaisance, où ils ont d'excellens pâturages, ils font du fromage (b) de tout leur lait. L'huile tient lieu de beurre, on en fait toutes sortes de ragoûts & de fricassées. Mais quoiqu'ils la tirent de leurs propres olives,

(a) *Lachryma* de Galliti du Mont-Vésuve. *Lacryma leggiero*, de Graiano. Le *Lachryma* du Paufilipe n'est pas fort & entêtant, comme celui du Vésuve. Ils ont encore deux excellens vins ; le *Greco* de Resina, & le *Vernatico bianco*.

(b) Leand. Alberti dit qu'il a vû à Parme quatre fromages qui pesoient chacun cinq cens livres.

H v

elle est souvent plus mauvaise, que dans les païs où ces fruits ne croissent pas. On transporte toûjours ce qui est de meilleure garde, & de meilleur débit.

Nous n'avons pas vû la grande saison des fruits. Pendant deux mois d'hyver à Venise, on nous a servi des raisins blancs de Boulogne, d'une fermeté, & d'un goût admirable. A Naples, nous avons mangé des mélons d'hyver ; & à Génes, on nous a donné toutes sortes de petits fruits rouges : je n'ai jamais vû de cerises ni si grosses, ni si bonnes. La riviere de Génes est le païs des excellens fruits ; & l'on y trouve beaucoup d'endroits fort agréables vers la Mer. Mais par derriere, du côté des Terres, ce sont des montagnes pierreuses & stériles.

On a raison de dire touchant Génes, que les montagnes sont *senza legno*, mais tout le reste du proverbe ne signifie rien *homini senza fede*, *Donne senza vergogna*, *Mare senza pesce*. Il y a des canailles par-tout, & d'honnêtes gens par-tout ; & pour la Mer de Génes, elle nous a donné de fort bon poisson. J'ai pris plaisir deux ou trois fois, de m'aller promener dès le matin, à la poissonnerie de Naples : j'y remarquois diverses sortes de poissons, que je n'avois jamais vû ailleurs. Le Golfe de Gaïette abonde en éturgeons : on en pêche aussi dans le Tibre.

Dans toutes les traverses que nous avons faites en Italie, jamais il ne nous est arrivé de rencontrer dans les Champs, ni liévres ni perdrix ; & je pourrois bien dire que nous n'en avons guéres vû davantage dans les hôtelleries. Le païs n'en est pas absolument dépourvû; mais il est étonnant, ce me semble, de ne l'y voir pas foisonner. Il y a deux raisons d'en être surpris. L'Italie a de grands espaces, qui ne sont presque point du tout habités, la chasse y devroit abonder proportionnément comme dans les Isles du nouveau monde. En second lieu, les Seigneurs à qui ces terres appartiennent n'y demeurant presque jamais, & n'étant pas pourtant moins jaloux de leurs droits qu'on l'est par tout ailleurs, ce gibier s'y devroit d'autant plus multiplier.

En Angleterre & en France, il y a beaucoup de personnes de qualité, qui passent leur vie à la campagne; mais ce n'est pas la coûtume en Italie: tout ce qu'il y a de gens de distinction, demeurent dans les Villes. Aussi ne rencontre-t'on hors des Villes, ni châteaux, ni grandes maisons qui appartiennent à des particuliers; du moins est-il fort rare, sur-tout en comparaison de celles qui se voyent en France: Je ne connois pas si bien l'Angleterre.

Pour revenir à nôtre chasse, je vous dirai encore qu'il n'en est pas des cailles comme des perdrix: quand le Printemps approche, il en vient des volées d'Afrique, qui couvrent tout le païs. Ces pauvres petits animaux sont si fatigués de leur grand voïage, qu'ils se jettent sur les navires, & se reposent partout où ils trouvent à mettre le pied. On les prend presque comme on veut; & comme ils sont extrêmement maigres, on les nourrit quelque tems avant que de les manger. Je crois qu'il est toûjours en question de sçavoir si ces cailles traversent la Mer tout d'un trait d'aile, ou si elles nagent quelquefois pour reprendre haleine. D'un côté, on a de la peine à concevoir que la caille qui n'a pas l'aile forte, & qui vole assez pesamment, puisse faire un si grand trajet, sans discontinuer son vol. Mais d'ailleurs, il est à croire, ce me semble, que si elle demeuroit quelque tems sur l'eau, elle se moüilleroit la plume, & se tremperoit d'une maniere à ne pouvoir pas se relever. Qui plus est sa maigreur, sa lassitude, le danger où elle s'expose, & sa précipitation à chercher du repos, me paroissent des preuves assez fortes, qu'elle a volé sans aucun relâche.

Je n'ai jamais vû qu'un Scorpion en Italie, & je n'ai pas appris que ces animaux y fassent de grands désordres. On se précautionne contre eux de diverses manieres. Quelques-uns, dit-on, suspendent leurs lits ; mais c'est ce que je n'ai point vû. Du côté de Vérone, ils ont des chalits de fer, qu'ils éloignent un peu des murailles, tant afin que cette vermine ne s'y nourrisse pas, que pour l'empêcher d'y monter ; les pieds du chalit étant limés & polis, en partie pour ce dessein. Si l'on peut attraper la bête, & l'écraser sur l'endroit qu'elle a piqué, c'est un remede assuré : on tire aussi des sels & des huiles, qui font le même effet. Au reste, la piquûre du Scorpion n'est pas mortelle en Italie ; & d'ailleurs, les accidens qui en arrivent sont extrêmement rares. Cette crainte ne doit pas faire de peine à ceux qui ont envie de voyager dans ce païs-là.

Il y a deux sortes d'animaux que le peuple d'Italie appelle (*a*) Tarentule. L'une est une espece de Lézard, & elle se trouve particulierement vers Fondi, Gaïete, & Capouë : on dit que sa morsure est mortelle ; mais ce n'est pas ce que les autres Nations nomment Tarentule. La vraye Tarentule ressemble à une araignée, & vit dans les champs. Il y en a beaucoup, dit-on, dans l'Abrusse & dans la Calabre, & il s'en rencontre aussi en quelques endroits de Toscane. Quand on est piqué de cette maudite bête, on fait cent postures en un moment. On pleure, on danse, on vomit, on tremble, on rit, on pâlit, on crie, on se pâme, on souffre beaucoup, & enfin quelques jours après la mort s'ensuit, si l'on n'est pas secouru. Les sueurs & les antidotes soulagent le malade ; mais le grand & unique remede, c'est la musique. Un Gentilhomme sçavant & très-digne de foi, m'a dit à Rome, qu'il avoit été (*b*) témoin deux fois, & de la maladie & de la guérison. Quoique l'un & l'autre paroissent des choses étranges, ce sont pourtant des faits bien averés, & que l'on ne peut pas nier. Je vois, ce me sem-

---

(*a*) La Tarentule a pris son nom du territoire de Tarente, où il s'en trouve beaucoup. Voyez le Traité qu'en a écrit Sanguerdius.

(*b*) Alexand. ab Alex. assure qu'il a vû la même chose. Il rapporte sur cela plusieurs faits curieux. *Dier. Genial.* l. 2. 17. 1. Sam. 16. 23.

ble, des raisons naturelles, & même assez aisées, pour expliquer l'effet de la musique ; mais sans entrer dans une discussion qui nous meneroit un peu loin, nous pouvons être convaincus par d'autres exemples. Chacun sçait l'effet infaillible de la harpe de David, pour remettre Saül dans son bon sens. Je me souviens d'avoir lû dans les Leçons de Loüis Guyon, qu'une Dame de sa connoissance qui vécut cent six ans, ne se servoit jamais d'autre remede que de la (a) Musique : elle avoit à ses gages un joüeur d'instrumens qu'elle appelloit son Medecin. Et je puis vous dire que j'ai connu particulierement un Gentilhomme fort sujet à la goutte, qui à-coup-sûr soulageoit ses douleurs, ou s'en délivroit même quelquefois tout-à-fait, par le moyen d'un grand bruit. Il faisoit venir tous ses valets dans sa chambre, & les faisoit fraper à grands coups sur la table & sur le plancher : cette sorte de bruit joint au son d'une vielle, étoit son souverain remede.

Le danger des voleurs de grands chemins, n'est guéres plus grand en Italie, que celui des Scorpions, ou des Tarentules. Il n'y a point eu de Bandits à Rome, depuis le Pon-

(a) Albert-Kranifius a écrit que Henri IV. Roi de Dannemark, ayant voulu éprouver en sa personne, si un Musicien qui se vantoit de faire dormir les gens, de les chagriner, de les divertir, & de les mettre en fureur, disoit vrai : il en fit si bien l'experience, que lorsqu'il en fut à la fureur, il tua à coups de poing plusieurs de ses Courtisans. Theophraste & Aulugelle, ont écrit que la Musique charme & appaise les douleurs de la goutte.

tificat de Sixte V. & je crois vous avoir mandé que le Marquis del Carpio, a tout-à-fait exterminé les Bandits de Naples. Je ne pense pas qu'il y ait eu aucune exécution à mort dans les lieux où nous avons demeuré, pendant le séjour que nous y avons fait. Venise est peut-être la Ville du monde, où les *penderies* sont les plus rares ; c'est un pauvre métier que d'être Bourreau à Venise. Quand on a un Noble pour patron, ce qui est une chose aisée, on peut voler & égorger tant qu'on veut : il faut seulement prendre garde, que ce ne soit pas en place publique, ou que le crime ne fasse pas un trop grand éclat.

Dans la plûpart des Villes on nous a demandé nos pistolets en entrant ; quand on s'en va, on les retrouve à l'autre porte. C'est une chose assez importune*, & qui coûte même à la fin du voyage, autant que les pistolets valent. Ni à Génes, ni à Luques, il n'est pas permis de porter l'épée ; mais on accorde aisément cette liberté aux Etrangers, quand ils la demandent. La bayonnette est défendue dans les Villes : A la campagne, on s'arme comme on veut ; & souvent même ceux qui voyagent à cheval, portent un fusil. Les stilets de Milan sont fameux ; ils percent délicatement, & sans ressource.

L'Amour & la jalousie sont les deux fureurs qui répandent le plus de sang en Italie. Les Italiens sont jaloux, dit-on, pour un rien, & le moindre soupçon leur excite un accès de rage.

Non-seulement à Venise comme je vous l'ai dit, mais par tout ailleurs, les filles sont envoyées dès l'enfance au Couvent ; & on les marie, sans que pour l'ordinaire, elles ayent vû leur futur époux. Il n'y a que les filles de très-médiocre condition, qui demeurent dans la maison de leur Pere ; & aussi ont-elles assez de peine à trouver parti. Je ne sçai pas bien ce qui se fait ailleurs, mais à Rome il y a quantité de fonds, ou pour marier les pauvres filles, ou pour les mettre dans le Couvent à perpetuité. La chose se passe à-peu-près, comme ce que je vous ai mandé de la cérémonie de la Minerve.

J'ai remarqué aussi à Rome, que pendant le Carême, on fait un parquet sous la chaire dans les Eglises, où les femmes sont renfermées : la cloison de menuiserie qui les environne, est haute de six pieds.

On voit en Italie quantité d'arbres & de plantes qui ne croissent pas en Angleterre ; & dont la plûpart ne se trouve guéres non plus en France, si ce n'est dans la partie méridionale. Les Palmiers (a) sont étrangers en Italie, & rarement ils y apportent du fruit. A Pise, dans le jardin des simples, ils ont planté le mâle & la femelle à côté l'un de l'autre, conformément à l'ancienne erreur de ceux qui ont dit, que le mariage étoit nécessaire à ces arbres, pour les rendre fertiles. C'est une chimére & une imagination toute pure : J'ai vû un Palmier seul, &

(a) Le plus grand Palmier de Rome est dans le Cloître de S. Pierre aux Liens.

bien chargé de ses dattes ; c'étoit à la Vigne Mellana, au *Monte Mario*.

Nous nous trouvâmes à la Chapelle du Pape, le Dimanche des Rameaux, tous les Cardinaux y étoient, & celui qui officioit pour le Pape, présenta à chacun d'eux un rameau de palme. Ces rameaux sont à-peu-près longs de cinq pieds, les feüilles en sont noüées adroitement ensemble de plusieurs différentes manieres, en telle sorte que cela embellit la palme, & l'orne de diverses figures. Nous vîmes celle qu'on envoya au Pape. Tous les Prélats, & les autres Ecclesiastiques, avoient aussi de ces mêmes palmes, mais elles étoient plus ou moins grandes, selon la dignité de ceux qui les portoient. Les Laïques ne prennent que des branches d'olivier.

Pour revenir à ce que je vous disois tout-à-l'heure, des arbres que j'ai remarqués en pleine terre en Italie, & que je n'avois pas vûs si communément ailleurs ; je vous en nommerai quelques-uns, & j'ajoûterai au palmier, & plane, le liége, le jujubier, le carrouge, l'olivier, le myrte, le grenadier, le caprier, les chéneverd, le cyprès (a), le séné, le lentisque, le grand figuier d'Inde, les chênes à noix de galle, les arbrisseaux qui portent le cotton & les pistaches, & diverses sortes d'orangers & de (b) citronniers.

(a) Dans le jardin de Mr. Badoüeri à Vérone il y a des Cyprès hauts de cent pieds, & vieux de deux cens ans.

(b) Les citrons cédrats de Florence, sont les plus excellens de ces sortes de fruits.

Presque par-tout on borde les chemins de meuriers blancs, pour la nourriture des (a) vers à soye.

Ceux qui aiment les simples trouveroient à s'occuper agréablement dans les montagnes de l'Appennin entre Lorette & Rome, & par tout dans les Alpes; mais il faudroit s'y arrêter un plus long-tems que nous n'avons fait, j'avois souvent regret d'être obligé de passer si vîte.

Du côté de Tarracina, sur le bord de la Mer, je ramassai quelques éponges. J'en trouvai deux qui étoient comme enracinées sur des cailloux fort durs: les autres étoient détachées sur le rivage (b).

Ces éponges me font souvenir des pierres-ponces; je ne veux pas oublier de vous dire, qu'il n'y a point de pierres-ponces au Mont-Vésuve. Il y a quantité de pierres calcinées & poreuses, qui ressemblent en quelque maniere à la pierre-ponce; mais quand on vient à examiner cela, on reconnoît aisément la différence qui est entre l'une & l'autre. La pierre-ponce est une production naturelle; & bien loin que ces pierres soient un effet du feu du Vésuve, il est très-certain que ce feu les détruiroit, comme il détruit toutes les autres matieres qu'il rencontre vis-à-vis du Cap de Mysene, il y a une petite Isle où croît cette sorte de pierre: la Mer en détache beaucoup quand elle est orageuse, & le vent en pousse une grande

---

(a) Les vers à soye ont été apportés en Europe, du Japon & de la Chine.

(b) Fort ancienne erreur. Pline est tombé dans cette méprise.

quantité de petits morceaux entre Pouzzol & Cumes, particulierement du côté de Bayes: J'y en ai ramaſſé de très-belles.

Les montagnes d'Italie, & particulierement l'Appennin, fourniſſent beaucoup de métaux, des eaux minérales, du criſtal, de l'albâtre, une eſpece d'agate, & diverſes ſortes de marbres; mais les marbres de l'Archipel ont des couleurs plus vives. Le marbre blanc de Carrare eſt un des plus fins d'Italie : auſſi en tranſporte-t'on beaucoup en France.

L'Hyver a été fort rude, & a long-tems duré. Les oranges & les citrons ont été preſque tous gelés, & la terre en étoit couverte ſous les arbres, dans les lieux que je vous ai nommés, où ces fruits ſont les plus communs.

Ordinairement les chaleurs ſont grandes à Rome ; j'ai remarqué auſſi qu'on ſe précautionne beaucoup contre l'incommodité qu'elles apportent. Les grands Seigneurs ont des appartemens bas où le Soleil ne frappe jamais. Ces appartemens ſont pavés de marbre, on y a des Fontaines & des jets d'eau, & l'on y menage de certaines rencontres de portes & de fenêtres, par où vient infailliblement un air de fraîcheur. Les lits ſont environnés à quelque diſtance d'une courtine de gaze qui ſe joint parfaitement au plancher, en haut & en bas, & qui empêche qu'on ne ſoit tourmenté de ces importuns moucherons, qui ſont connus en France ſous le nom de couſins.

La coûtume eſt auſſi de faire un ſomme

de deux heures, incontinent après le dîner, mais on ne se couche jamais. On a des fauteüils qui sont ordinairement garnis de cuir, & dont les dossiers se haussent & se baissent avec un ressort.

L'usage des parasols est commun partout.

Le serein de la campagne de Rome est estimé mortel, pendant trois ou quatre mois de l'Eté; aussi se donne-t'on bien de garde de s'y exposer. Ceux qui voyagent doublent le pas, pour arriver à Rome, ou ils en demeurent dans l'éloignement de dix-huit ou vingt milles.

Voici six vers que j'ai trouvé écrits au-dessus de la porte d'une maison de Rome, & qui contiennent les maximes qu'il faut observer pour se maintenir en santé dans cette Ville.

Enecat insolitos residentes pessimus aër
 Romanus, solitos, non bene gratus habet.
Sospes ut hic vivas, lux septima det (a) medi-
 cinam ;
 Absit odor fœdus ; sit modicusque labor.
Pelle famem & frigus ; fructus femurque re-
 linque :
Nec placeat gelido fonte levare sitim.

Vous remarquerez en passant, que l'Auteur a mieux aimé faire une faute de quantité, que de perdre la rencontre de ses quatre F. Il auroit pû dire *Venerem*, au lieu de *femur*, dont la premiere est bréve. *Et corpus quærens femorum, &c.* Mart. §. On pouvoit aisément éviter cette faute, en mettant *fructus que femur que relinque.*

(a) Marc 2. 17.

Je n'ai pas insisté à vous parler de l'antiquité de beaucoup de Villes. Ce n'est pas que ces recherches ne soient fort belles : mais outre que c'est une discussion très-longue & très-difficile, qui même a déja été faite par des gens fort capables, je vous ferai remarquer encore, que la question de cette antiquité, n'est pour l'ordinaire qu'une question touchant le lieu, ne se trouvant dans plusieurs de ces Villes, ni aucuns restes, ni aucunes preuves visibles de leur ancienne fondation. Il leur est arrivé la même métamorphose, qu'au navire des Argonautes. D'ailleurs, quand on est éloigné de ces lieux-là, on ne s'y intéresse pas comme quand on les voit.

Je vous dirai pendant qu'il m'en souvient, que nous n'avons remarqué qu'un seul moulin à vent dans toute l'Italie, encore est-il ruiné : c'est à Livorne.

La coûtume du païs, n'est pas non plus de se servir de vaisselle d'étaim, ce qui vient apparemment de la rareté de ce métal en Italie. Ils n'ont que de la terre plombée, ou de la fayence. Nous en avons vû faire en plusieurs endroits : mais il n'y en a point qui approche tant de la porcelaine, que la fayence de Delft.

Au lieu que nous faisons commencer nôtre jour (*a*) naturel incontinent après minuit,

―――――――――――
(*a*) Les Babyloniens commençoient leur jour naturel au lever du Soleil, & les Juifs au coucher ; comme font présentement les Italiens. Ceux de la Province d'Ombrie, le commençoient autrefois à Midi, avec Ptolomée & quelques autres. Les Egyp-

les Italiens le commencent après le Soleil couché; & leurs horloges frappent toujours vingt-quatre heures, d'un Soleil couchant à l'autre. Vous voyez bien que suivant cette maniere de compter, il faut que l'heure du Midi varie toujours. Lorsque le Soleil se couche à quatre heures, selon nôtre calcul, ils comptent la premiere heure quand nous en comptons cinq; & le Midi suivant se rencontre par conféquent à vingt heures. Par la même raison, quand le Soleil se couche à huit heures selon nos cadrans, ils comptent une heure quand il en est neuf parmi nous; & il est précisement Midi à seize heures. Cela n'empêche pas que par rapport au jour artificiel entre les deux Soleils, c'est-à-dire, entre le Soleil levant & le Soleil couchant; ils ne parlent d'hier & de demain, comme nous avons accoûtumé de faire.

Au reste, j'ai à vous dire encore, que nous sommes partis de Rome, sans avoir vû le Pape. Ses raisons ne lui ont pas permis de paroître en public; & les nôtres nous ont empêchés de l'aller chercher chez lui.

Je finirai cette lettre en vous disant, que nous avons acheté quelques médailles modernes à Rome, chez le fameux Hameranus, qui est en réputation d'exceller dans cette sorte d'ouvrage. Entre les diverses que nous avons vûës de la Reine Christine de

---

tiens à minuit, comme nous; & les anciens Romains à minuit aussi, mais leurs heures étoient inégales.

Suede, celle-ci m'a paru des plus (a) héroïques, & des plus dignes de cette grande Princesse. Ses Etats sont sur le revers avec l'hémisphére entier, & ces paroles autour: *Ne mi besogna, ne mi basta.* Alexandre disoit bien *nè mi basta*; mais au lieu de régner sur soi-même, son ambition le poussoit à desirer d'autres Mondes.

J'ai envie, avant que de fermer ma lettre, de vous faire part d'une fort jolie Inscription qu'un de mes amis a tantôt copiée sur le piedestal d'une statuë de la Justice qui est au Couvent des *Jesuites*.

Quæ Dea ? Sacra Themis. *Quæ Patria ?*
　Regna Tonantis.
Qualis origo ? Fuit sanctus uterque Parens.
Cur frontem facies aperit formosa severam ?
　Nescia corrumpi, non amo blanditias.
Aurium aperta tibi cur altera, & altera clausa est.
　Una patet justis, altera surda malis.
Cur gladium tua dextera gerit ? cur læva bilancem ?
　Ponderat hæc causas, percutit illa reos.
Cur sola incedis ? Quia copia rara Bonorum:
　Hæc referunt paucos sæcula Fabritios.
Paupere cur cultu ? Semper justissimus esse
　Qui cupit, hic magnas vix cumulabit
　　opes.

Justement comme j'allois cacheter cette lettre, j'ai entendu un grand bruit dans

(a) Supposé que l'abdication ait été tout-à-fait volontaire.

cette maison, causé par la joye universelle que l'on a d'apprendre la naissance d'un Prince de Galles. Un Courier vient d'en apporter l'heureuse nouvelle en cette Cour; & l'on n'entend par tout que cris d'allegresse. Ce précieux Enfant étant un présent du Ciel ; un don gratuit de la Sainte Vierge de Lorette, à laquelle le Roi & la Reine avoient demandé un Fils avec beaucoup d'instance ; il n'y avoit pas d'apparence qu'il vint une Fille ; & sur tout les Jesuites qui sont les principaux Favoris de cette Reine du Paradis, ayant beaucoup intercedé envers elle. Cependant sur la proposition que plusieurs personnes de Turin avoient fait, pendant la grossesse de la Reine, de gager, les uns dix, les autres vingt, & les autres trente contre un, que Sa Majesté accoucheroit d'un Fils ; il s'étoit trouvé des gens d'assez petite foi pour en douter ; & plusieurs gageures s'étoient ainsi faites. Jugez de la joye & du triomphe de ceux qui ont emporté la victoire. Je suis,

Monsieur,

Vôtre, &c.

A Turin ce 29. Juin 1688.

LETTRE XXXVII.

MONSIEUR,

Le jour de nôtre départ de Turin, nous vînmes coucher au bourg de Veillane. Le lendemain matin nous paſſâmes la porte de Suze, petite Ville entre des montagnes, dont elle eſt commandée preſque de tous côtés ; & nous dînâmes à la Novaléſe, au pied du Mont-Cénis.

SUZE

Cette montagne eſt la plus haute de celles qu'on paſſe entre les Alpes [a], mais vous ne devez pas vous imaginer pour cela que ce ſoit quelque Caucaſe, ou quelque Teneriffe. Il ne faut pas non plus que vous vous la repréſentiez comme une montagne détachée, au ſommet de laquelle il faille monter. Quand on eſt au plus haut endroit du paſſage, on ſe trouve dans une plaine, ou même dans une nouvelle vallée, par rapport aux autres montagnes, dont cette plaine eſt entourée.

[a] On laiſſe proche de-là, à main droite, la haute montagne appellée Rochemelon. Villamont a écrit dans ſes voyages, qu'il y a monté. La deſcription qu'il en fait eſt tout enſemble affreuſe & agréable. Il dit qu'il y a de certains endroits, où il faut s'attacher des crampons de fer aux pieds & aux mains, afin de pouvoir grimper. Il y a une Chapelle au ſommet, & on découvre de-là une vaſte étenduë des Alpes.

Tome III. I

A la Novaléſe nous prîmes des mulets pour monter. Le chemin eſt aſſez large & ſans précipices ; mais il eſt rude & plein de rochers. A la plus grande hauteur où l'on peut arriver, on trouve une croix qui marque les limites du Piémont & de la Savoye ; & qui eſt par conſéquent une des bornes de l'Italie. Au milieu de la Plaine, il y a un lac, qui peut avoir un bon mille de circuit, & dont on dit que la profondeur ne ſe peut ſonder. Il en ſort un fort gros ruiſſeau qui tombe dans la petite Doire, auprès de Suze.

Les neiges étoient preſque toutes fonduës ſur la montagne : les plus grandes hauteurs en etoient chargées à droit & à gauche ; mais ſur le paſſage, il n'en reſtoit que quelques monceaux. Ce ſont les éboulemens de ces neiges, qui rendent ce paſſage dangereux en quelques endroits, & en quelques ſaiſons : autrement il n'y a rien du tout à craindre.

Le côté de cette montagne, qui regarde la Savoye, eſt beaucoup plus roide que l'autre. [a] Il ne ſeroit pas impoſſible que les chevaux y montaſſent : toute l'armée de Charlemagne y paſſa autrefois ; mais pour l'ordinaire, ce ſont des hommes qui portent les Voyageurs de ce côté-là. Ils nous firent aſſeoir ſur des chaiſes ordinaires, auſquelles ils avoient attaché des bras en maniere de brancard : nous avions cha-

[a] En hyver on ſe fait ramaſſer [c'eſt leur terme] dans des eſpéces de traineaux. Ceux qui ramaſſent s'appellent Marrons.

cun quatre hommes ; deux portoient, & les deux autres les relayoient.

La petite riviere de l'Arche, passe justement au pied de la montagne : on la passe, elle-même, sur un pont de bois, & on se trouve de l'autre côté dans le village de Lasnebourg.

Je n'ai presque rien à vous dire touchant la Savoye. Le païs est généralement montagneux, & les lieux que nous y avons vûs n'ont pas grand chose de remarquable.

Chambery qui est la Capitale du Duché, & où les Ducs faisoient autrefois leur séjour, est une fort petite Ville aux pieds des montagnes, sans fortification. La Lesse & l'Orbane s'y rencontrent, mais ces rivieres ne sont pas navigables. On dit que le monde de Chambery est fort civil, & que les Dames y sont bien faites. Cette Ville est honorée d'un Parlement. CHAMBERY.

S. Jean de Morienne est dans une agréable vallée qui porte le même nom. Nous passâmes à deux cens pas de la Ville, sans y entrer, sur l'assurance qu'on nous donna, qu'il n'y avoit rien qui méritât qu'on fît un détour pour le voir. S. JEAN DE MORIENNE

Nous ne nous arretâmes pas non plus à Montmélian. Cette petite Ville est sur la rive droite de l'Isere, & est munie d'une maniere de Citadelle forte par sa situation. MONTMELIAN

Aix [a] est un bourg assez fréquenté à cause de ses bains. Je ne sçai si vous avez pris garde que le nom François des Villes qui sont appellées Aix, vient quelquefois AIX.

[a] *Augusta Allobrogorum.*

d'*Aqua*, & quelquefois d'*Augusta*. *Aquæ Sextiæ*, Aix en Provence; *Aquisgranum*, Aix la Chapelle : *Augusta Alorum*, Aix ou Auch en Armagnac.

Vers Annecy, nous trouvâmes tout le monde dans une épouvente terrible, à cause des Vaudois. Le bruit couroit que ces pauvres Bannis étoient entrés en Savoye, du côté d'Evian ; qu'ils etoient plus de deux mille, & qu'ils avoient déja brûlé cinq ou six villages. Rien de tout cela n'étoit vrai.

Les terres de Savoye sont séparées de celles de Genéve, de ce côté-là, par la riviere d'Arve : on la passe sur un pont de bois ; & on se trouve incontinent aux portes de Genéve. L'Arve est un fort gros torrent qui descend des montagnes, & qui entraîne toûjours avec soi quelque poudre d'or. Mais il arrive assez rarement, qu'un homme en puisse purifier en un jour pour autant, comme il peut gagner à quelque autre ouvrage : de sorte que l'or de l'Arve est fort négligé.

Genève. Autrefois Ville Impériale, & Evêché.

Je ne vous dirai rien de l'Antiquité de Genéve, ni de son Gouvernement, ni de son Histoire : toutes ces choses-là ayant été plusieurs fois décrites. Je me contenterai de vous donner l'idée de cette Ville ; & comme je l'ai autrefois assez connuë, j'ajoûterai quelques remarques particulieres.

Le Rhône, en sortant du Lac, forme une petite Isle. A la rive droite de ce fleuve, ou plûtôt vers le canal droit, le terrein est bas & uni ; mais de l'autre côté, c'est une colline qui s'éleve infenfiblement. La principale partie de Genéve eft fituée fur ce côteau: le refte eft dans l'Ifle, & de-là le Rhône. Et le tout eft environné de fortifications.

Mrs. de Genéve [a] font alliés des Suiffes, & particulierement des Cantons de Zurich & de Berne ; c'eft en cela que confifte leur plus grande force.

Ils ont affez de canon, & un Arfenal paffablement bien muni. On y garde les fameufes Echelles que les Savoyards [b] drefferent contre les murailles de la Ville, lorfqu'ils entreprirent l'Efcalade dont vous fçavez l'hiftoire. On conferve auffi avec ces Echelles, le petard tout chargé, qui manqua le coup auquel on l'avoit deftiné pour la Porte neuve : & ces piéces font à Genéve d'agréables mémoriaux de fa délivrance. La fête s'en eft toûjours folemnifée par des Actions de graces, & par des Sermons extraordinaires, qui fe font ce [c] jour-là; comme auffi par les petits feftins, ou plûtôt par la jonction des repas de la plûpart des familles, felon les diverfes liaifons qu'elles ont enfemble. Les principaux articles de cette hiftoire, font compris dans une chanfon qui fut faite alors ; & jamais on ne fe fépare dans ces petites affemblées fans avoir chanté la chanfon. Cela eft devenu comme effentiel à la commune réjoüiffance.

[a] Les Genevois firent alliance perpetuelle avec les Bernois, l'an 1536. Cette alliance a diverfes fois été renouvellée. J. Simler.
[b] L'An 1602.
[c] Le 12. Décembre.

Genéve a quelques Galéres fur fon Lac: le Duc de Savoye, & les Suiffes, en ont auffi. Je dis fur fon Lac; car il lui fut donné par fes maîtres, lorfqu'elle étoit Colonie Romaine; & la voix publique le lui donne auffi. L'ancienne infcription qui prouve cette donation felon Mr. Spon, & quelques autres Antiquaires, fe voit contre un mur, dans la cour d'une maifon qui eft dans la ruë des Chanoines.

L. IVL. P. F. VOL. BROCCHUS
VAL. BASSVS PRÆF. FAB. BIS.
TRIB. MIL. LEG. VIII. AVG. II.
VIR. IVR. D. III. VIR. LOC.
PP. AVGVR. PONTIF. II. VIR.
ET FLAMEN IN COL. EQUES-
TRI VIANIS GENAVENSIBVS
LACVVS DAT.

Cela n'eft pas au-deffus de toute critique; mais laiffons cet examen pour une autre fois.

Ce que quelques anciens Auteurs ont écrit, que le Rhône traverfoit le Lac fans y mêler fes eaux, eft une pure fable, & même une chofe abfurde & impoffible; vû la longueur, & la figure courbée dont eft ce Lac. C. Frey [a] affirme la même chofe dans fon *Admirandæ Galliarum*. *Rhodanis in Lacum Lemanum influit, & in permix-*

---

[a] Après Polybe. Le Turcagoota dit la même chofe, & mille autres qui ont copié Polybe.

tis aquis & aquarum colore ex eo effluit. Je sçai le contraire, pour l'avoir assez souvent vû.

L'eau de ce Lac est d'une pureté, & d'une beauté parfaite. On y pêche diverses sortes de très-bon poisson, mais les truittes en sont renommées par-dessus tout le reste. J'en ai vû plusieurs qui pesoient jusqu'à cinquante livres chacune [a]; & je sçai qu'il s'en est quelquefois rencontré de plus grosses d'un tiers. Rarement on en trouve ailleurs de cette grandeur: mais ce n'est pas une chose inoüie, comme quelques-uns le croyent. Dans une des sales de l'Arsenal de Munich, j'ai vû la figure d'une truite, laquelle truite pesoit soixante & treize livres, & avoit été prise dans un petit Lac de ce païs-là. Les autres especes de ce poisson qui se trouvent le plus communement dans le Lac de Genéve, sont, la Perche, la [b] Carpe, la Tenche, le Brochet, l'*Ombre*, l'*Ombre-Chevalier*, la *Gravanche*, le *Scichot*, la *Dormille*, le *Ferrat*, la *Chavenne*, la *Moutelle*, le Goujon. C'est une chose assez singuliere qu'on n'y trouve point d'Anguilles. On dit que ce n'est que depuis quelques années que la *Moutelle* paroît dans ce Lac; & l'on ne voit pas comment il peut y être venu, que par quelque canal soûterein qui ait communication avec le [c] Lac d'Yverdun. Mais l'addition de cette nouvelle es-

[a] La livre de Genéve est de dix-huit onces.

[b] Il n'y a point de carpes du côté de Genéve, mais on en pêche beaucoup vers Ville neuve, à l'autre extrêmité du Lac.

[c] Il n'y en a point dans les autres Lacs de Suisse.

pece est plûtôt un mal qu'un bien ; car outre que le poisson n'est guéres bon, il est extrêmement glouton, & depeuple le Lac. Il y a une quantité prodigieuse de petits poissons qu'on appelle [a] Mille-canton : Il va par multitudes innombrables, & on le sert comme un manger délicat. On remarque que les especes ne se mêlent point : Tantôt c'est une armée de petites perches : tantôt c'est un nuage de tenches, & ainsi des autres. De tems en tems le Magistrat fait publier des défenses de pêcher de mille-canton, pour empêcher qu'on ne mange son bled en herbe, mais on n'a guéres d'égard à ces défenses.

Je vous dirai si vous voulez, la principale maniere dont on pêche la truite à Genéve : Il faut sçavoir qu'en certain tems de l'année ce poisson descend du Lac dans le Rhône ; & qu'en d'autres saisons il remonte du Rhône au Lac. Pour profiter de ces allées & venuës, qui ne manquent jamais, on a planté des pilotis qui traversent

ainsi le Rhône, à l'endroit où le Lac se dégorge : ces pilotis sont à telle distance l'un de l'autre, que le gros poisson n'y sçauroit

[a] On appelle ainsi tous les petits poissons de differentes especes, quand ils sont à-peu-près de la longueur d'une épingle.

passer, & soit qu'il monte, soit qu'il descende, il rencontre aux seules ouvertures qu'on lui a laissées, de grandes nasses de fil d'archal, dans lesquelles il se vient enfermer lui-même. Cette pêche est affermée par l'Etat, & en fait un des revenus.

J'ajoûterai encore touchant le Lac, qu'en hyver on y tue beaucoup de gibier, & qu'il gela l'an 1572. Quelquefois il se courrouce comme une petite Mer.

Genéve n'est ni grande, ni fort belle, mais c'est pourtant une Ville extrêmement aimable. Il n'y a point d'Etrangers qui y ayent fait quelque séjour, & qui l'ayent quittée sans regret. Les [a] promenades en sont agréables, la societé en est familiere & aisée, & autant que le bas peuple est ingénu & grossier, autant les autres personnes, à parler generalement, ont un caractere de douceur, de civilité, & d'esprit.

La plûpart de leurs maisons, celles particulierement qui ont été bâties depuis vingt ou trente ans, sont de pierre de taille. Ils ont deux sortes de pierres, l'une dure & blanche, qu'ils appellent [b] Roche, & dont on ne se sert guéres que pour les fondemens. L'autre tendre & grisâtre, qu'ils nomment *molaste*. Cette derniere se prend dans des carrieres du Lac, lorsque les eaux sont basses en [c] hyver.

[a] La Treille, Plainpalais, la Corraterio, Remparts, &c.
[b] C'est ce qu'on appelle à Venise *Piétra du-ra*: une espece de marbre.
[c] Les eaux deviennent hautes en Eté, quand les neiges fondent sur les montagnes voisines.

L'Inscription gravée en airain, qui se voit sur la façade de la Maison de Ville, étant une des choses remarquables de Genéve, je ne négligerai pas l'occasion qui se présente de vous l'envoyer, quoique peut-être cette Inscription ait été déja plus d'une fois publiée. Elle est écrite en lignes égales; mais j'aimerois mieux qu'on l'eût ainsi disposée.

QUUM ANNO M. D. XXXV.
PROFLIGATA.
ROMANI ANTICHRISTI
TYRANNIDE,
ABROGATISQUE EJUS SUPERSTITIONIBUS,
SACROSANCTA CHRISTI RELIGIO
HIC IN SUAM PURITATEM,
ECCLESIA
IN MELIOREM ORDINEM
SINGULARI DEI BENEFICIO REPOSITA
ET SIMUL
PULSIS FUGATISQUE HOSTIBUS
URBS IPSA IN SUAM LIBERTATEM
NON SINE INSIGNI MIRACULO
RESTITUTA FUERIT:
SENATUS POPULUSQUE GENEVENSIS
MONUMENTUM HOC PERPETUÆ MEMORIÆ
FIERI,
ATQUE HOC LOCO ERIGI
CURAVIT
QUO SUAM ERGA DEUM GRATITUDINEM
AD POSTEROS TESTATAM FACERET.

Leur Académie est pourvûë de fort habiles Professeurs, & ils ont aussi quantité de sçavans Ministres. Je ne sçai si vous aurez appris que Mr. Choüet a quitté son emploi de Professeur en Philosophie, pour prendre une charge de Conseiller, & de Secretaire d'Etat. Je dirois que la perte des uns, a fait en cette occasion l'avantage des autres, si je n'avois pas de bonnes raisons pour croire que toute cette miserable Pedanterie d'Ecole, & qui par un désordre horrible, par une criminelle usurpation, s'est emparée du venerable nom de Philosophie, est une perte prétieuse & très-désirable.

La Bibliothéque publique est au College : elle consiste en trois mille volumes, ou environ. N'y ayant aucun fond pour augmenter le nombre des livres, ni pour entretenir un Bibliothécaire, vous pouvez juger que d'ailleurs elle n'est pas non plus fort soigneusement entretenuë, & qu'elle n'est pas ouverte à certaines heures marquées, comme elle le devroit, pour être veritablement Bibliothéque publique. On m'y a fait remarquer une Bible manuscrite, de la traduction de S. Jerôme : ce MS. passe pour être d'environ 800. ans. Après que Gregoire le Grand eut approuvé cette Version, & qu'il l'eut même préferée à l'ancienne Vulgate ; & particulierement lorsqu'elle eut été révûë par Charlemagne deux cens ans après, il s'en répandit de tous cotés grand nombre de copies, & j'en ai vû beaucoup qu'on dit être du neuviéme siécle. Mais je vous avoüerai franchement que ce que j'ai pû acquerir de connoissance dans ces sortes de choses, ne me suffit pas, pour entreprendre d'en parler fort pertinemment. Quoique je n'ignore pas les regles & les instructions que donne Cassiodore, pour bien connoître les bonnes copies de cette Version de l'Ecriture, je reconnois souvent que la théorie est presque inutile, sans une longue expérience, fondée sur l'examen & la comparaison de divers Manuscrits, pour distinguer les véritables d'avec les supposés. Il faut avoir exactement épluché l'état des articles ou paragraphes, des divisions, ou sections, que nous appellons Chapitres, des Préfaces, des Sommaires, ou Argumens : de la Ponctuation, des Ornemens, du caractere, & même de la disposition des livres ; je veux dire de leur ordre, ou de leur arrangement. Il est certain, comme me l'assuroit il n'y a pas long-tems encore le sçavant P. Noris, & comme d'autres me l'ont fait remarquer, que la traduction de S. Jerôme a été fort alterée par les additions qui y ont été faites ; aussi-bien que par les embellissemens qui l'ont défigurée au lieu de l'enrichir. Je n'entreprendrai donc pas de rien prononcer de positif sur ce Manuscrit ; je vous dirai seulement que j'y vois, ce me semble, une grande conformité avec ceux qui parurent incontinent après Charlemagne ; & pour n'être pas tout-à-fait sec sur cet article, je vous ferai part d'une singularité qu'on m'y a fait remarquer. Le titre de la premiere Epître de Saint Jean est ainsi : JOANNIS

EPISTOLA AD SPARTOS. Si j'avois été informé de cela dès le commencement de mes Voyages, il est probable que les autres pareils manuscrits que j'ai vûs, dans lesquels je ne me suis pas avisé de considerer cet endroit, m'auroient pû donner quelque lumiere. Mais ce grand secours me manquant, je vous dirai mon sentiment sur ce SPARTOS, plûtôt en Historien qu'en Critique. Chacun sçait que Saint Jean gouverna quelque tems l'Eglise d'Ephese; d'où l'on peut raisonnablement conclurre, qu'il étoit informé de l'Etat des autres Eglises Gréques; & qu'il communiquoit avec elles: Desorte que s'il y avoit alors une Eglise à (a) Lacedemone, ce qui n'est pas hors d'apparence, cet Apôtre auroit pû lui adresser cette Epître, comme S. Paul a adressé quelques-unes des siennes, aux Eglises de Corinthe, d'Ephese, de Philippes, &c. Mais cette conjecture semble s'évanoüir, quand on vient à considerer que cette Epître est toujours appellée Catholique, dans tous les anciens Manuscrits; car il impliqueroit contradiction qu'elle pût avoir le titre de Catholique, & qu'elle ne fut pourtant adressée qu'à une Eglise particuliere: les Epîtres de S. Paul aux Romains, aux Corinthiens, aux Galates, n'étant jamais ainsi nommées. Si l'on objecte que cette Epître de S. Jean peut avoir eu le titre de Catholique, en tant que Lettre circulaire, comme le sont les Epîtres aux Colossiens, & aux (b) Thessaloniciens. On peut répondre

_____
(a) Sparte. | (b) La premiere Epitre,

premierement, que S. Jean n'a donné aucun ordre pour faire lire son Epître dans les Eglises voisines de ceux à qui elle a été adressée, au lieu qu'on trouve cet ordre positivement énoncé à la fin des deux Epîtres de S. Paul aux Ephésiens & aux Thessaloniciens : & en second lieu, l'on peut dire, que quand même l'Epître de S. Jean seroit une Lettre circulaire, il ne s'ensuivroit pas qu'elle dût être proprement appellée Catholique, puisque les deux Epîtres circulaires de S. Paul ne sont jamais ainsi nommées.

Mr. Charles Patin, dont je vous ai déja parlé, fait mention de ce Manuscrit dans la petite Relation qu'il a publiée de ses Voyages ; mais il ne fait que répéter fort legérement ce qu'il a entendu dire comme en passant à Mr. (*a*) Sartoris. On présume, dit-il, que le Copiste peut avoir écrit *Spartos* pour *sparsos*, comme S. Pierre adressa sa premiere Epître à ceux qui sont dispersés en Ponte, Galatie, Cappadoce, &c. Ou peut-être, pour *Parthos*, Saint Augustin parlant d'un Epître de Saint Jean adressée aux Parthes.

Je ne vois rien qui ne soit naturel dans la premiere conjecture de Mr. Sartoris ; car non-seulement la premiere Epître de Saint Pierre est adressée aux Fidéles épars, mais celle de S. Jacques l'est aussi aux douze Tribus dispersées. Et cette Epître de S. Jean étant du nombre de celles qui sont appellées Catholiques, il n'est pas déraisonnable

(*a*) Sçavant Ministre, & alors Bibliothécaire.

de penser que les Traducteurs & les Commentateurs, qui ont souvent pris la liberté de changer, ou d'alterer les titres des Livres sacrés, peuvent avoir écrit *Epistolas ad Sparsos*, au lieu d'*Epistola Catholica*.

Mais, quelque probabilité qu'il y ait dans ce sentiment, j'aimerois mieux l'autre conjecture. S. Jean prêcha l'Evangile dans l'Orient avant qu'il fût banni dans l'Isle de Pathmos, & qu'il fit son second Voyage à Ephese, & outre ce que dit Saint Augustin d'une Epître que cet Apôtre écrivit aux Parthes, (-- *Etiam illud dictum est à Joanne in Epistola ad Parthos;* (a) *Dilectissimi nunc Filii Dei sumus, & nondum apparuit quid erimus, &c. Quæst. Evang. To. 4. lib. 4.*) Possidius qui étoit Disciple de S. Augustin, & qui a écrit sa vie, fait mention (b) dans l'indice qu'il a composé des ouvrages de ce Docteur, de dix sermons sur cette Epître; & ses termes sont, *De Epistola Joannis ad Parthos, sermones decem*. Il est vrai que ni S. Augustin, ni Possidius, ne distinguent point cette Epître par le nom de premiere Epître; (ce qui, pour le dire en passant, pourroit servir pour confirmer les doutes de ceux qui ne sont pas convaincus que les deux Epîtres suivantes soient du même Auteur,) mais il est pourtant manifeste que c'est de cette même Epître dont parle S. Augustin, puisqu'il en allégue plusieurs passages.

Il seroit à souhaitter, tant pour l'orne-

(a) 1. Joan. 3. 2.
(b) Dans le Catalogue des ouvrages qui composent le neuviéme Tome.

ment que pour l'enrichissement de la Bibliothéque, que chacun y voulut apporter, selon la loüable coûtume des autres lieux, les Médailles, les Urnes, les Lampes sépulchrales, les statuës, les bas-reliefs, les Inscriptions, & les autres Monumens qui sont entre les mains de divers Particuliers, & qui ont été trouvés dans la Ville ou aux environs. Il est certain que l'on feroit une assez grande collection de ces raretés; & il n'est pas moins certain que ce Cabinet feroit honneur à la Ville, & feroit un considérable ornement à la Bibliothéque.

Il y a une chose fort défectueuse à Genéve, à l'égard des Ministres; on ne leur donne pas d'assez grosses pensions; & on les fait travailler beaucoup trop. Imaginez-vous que dans chaque Eglise il y a deux Ministres qu'on appelle *Semainiers*, & qui prêchent chacun six ou sept fois de suite, de semaine en semaine, en se relayant l'un l'autre. Quelque capable, & quelque laborieux qu'on puisse être, il faut demeurer d'accord, qu'un peu plus de loisir est d'un grand secours, pour composer un bon sermon, & pour l'apprendre par cœur; tâche terrible pour ceux qui ont courte memoire.

La révolution qui vient d'arriver en France, est cause que le nombre des Etudians en Théologie, n'est plus si grand qu'il étoit autrefois à Genéve. Mais en récompense, comme on y peut faire tous les Exercices, auxquels les jeunes Gentilshommes ont accoûtumé de s'appliquer, il y en a beaucoup de Protestans d'Allemagne, & d'ailleurs, qui, à cause de la Religion, préferent Genéve à la France.

Les pauvres Vaudois qui furent amenés comme demi-morts en cette Ville, y furent reçûs avec tous les témoignages imaginables de charité ; & les Réfugiés de France y ont été aussi beaucoup consolés.

C'est une chose assez remarquable, qu'avant la Réformation, la Ville de Genéve, comme par un pressentiment de la grace qui lui étoit destinée, accompagnoit ses armes de cette espece de cri ou de devise, (*a*) *post tenebras spero lucem : j'espere, ou j'attens la lumiere après les ténebres*. Aussi ont-ils changé ces paroles, depuis qu'effectivement la pure lumiere de l'Evangile a resplendi sur eux : au lieu de *Post tenebras spero lucem*, ils ont dit, *Post tenebras Lux : La lumiere est venuë après les ténebres*.

Quoique la pureté des mœurs ne réponde peut-être pas autant qu'il le faudroit à celle de la Doctrine, il est pourtant certain que si l'on fait comparaison de (*b*) Genéve, je ne dirai pas à quelques-unes de ces abominables Villes d'Italie que nous avons vûës ; mais à quantité d'autres où l'on vit selon le train ordinaire du monde, elle paroîtra toute sage & toute modeste. Là comme ailleurs, il se rencontre des vicieux ; mais la débauche n'y est pas sur le thrône. Les Pasteurs & les Consistoires, s'occupent

---

(*a*) Ephes. ch. 5. v. 8. Rom. ch. 11. v. 13.
(*b*) Anagram. *Respublica Genevensis. Gens sub Cælis erepia.*

à la réprimer; & le Magistrat agit de concert avec eux, en publiant des loix contre le luxe des habits; & en faisant d'autres reglemens contre le libertinage. Autrefois ils punissoient sévérement l'adultere; ils pendoient & noyoient, comme on fait encore en quelques endroits de Suisse.

Dans l'Eglise de S. Pierre, on fait voir le Tombeau de Henry II. Duc de Rohan. J'ai remarqué aussi celui du Grand d'Aubigné, Ayeul de la Marquise de Maintenon, dans le Cloître, à côté de l'Eglise. Calvin fut enterré en pleine terre, au Cymetiere de Painpalais, sans Tombeau & sans Epitaphe.

Je ne veux pas oublier de vous dire qu'il y a à Genéve une Eglise Allemande & une Italienne: autrefois il y en avoit aussi une Angloise. Les plus considérables Familles Italiennes que je connois, outre celles que je vous ai nommées dans ma Lettre de Luques, sont les Familles Gallatin, Sartoris, Bonnet, Puerari, Leger, Minutoli, Stoppa, Diodati, Offredi, Cerduini. (*a*) Il y en a, je pense, encore huit ou dix autres.

(*b*) Le langage vulgaire de cette Ville, est le Savoyard; mais tout ce qu'il y a de gens qui sont un peu distingués du bas peuple, parlent François. Et si ce François n'est

___

(*a*) Rubbati, Franconi, Malcontent, Butini, Bartolone, Carnelli, Servini, Mirollio, Lambercier, Pelissari, Martini, &c.
(*b*) Si l'on peut faire quelque fond sur le petit Livre intitulé *Scaligerana*: du tems de J. Scaliger, on parloit Savoyard au Conseil, & il étoit défendu, sur peine d'amende, de parler autrement.

pas des meilleurs du monde, il eſt du moins auſſi bon que celui de la plûpart des Provinces de France.

A quatre petites lieuës de Genéve, entre le fort de la Cluſe & le Mont-Credo, le Rhône ſe précipite ſous des rochers, & ſe perd abſolument pendant quelque eſpace. Cela eſt cauſe que ceux qui veulent deſcendre le Rhône, de Genéve à Lyon, ſont obligés de s'embarquer à Seiſſel, au-deſſus de la chute & de la renaiſſance de ce Fleuve. Je ſuis,

Monſieur,

Vôtre, &c.

A Genéve ce 12. Juillet 1688.

LETTRE XXXVIII.

MONSIEUR,

Il ne se peut pas voir une plus agréable route que celle de Genéve à Lausane : c'est un côteau toujours bien cultivé, & bien habité. On ne perd que très-rarement la vuë du Lac ; & en quelques endroits de l'autre côté, ce sont des montagnes amoncelées, dont les cimes cornuës sont toujours brillantes de neige.

La premiere nuit, en sortant de Genéve, nous couchâmes dans la petite Ville de Morges, qui est située sur le bord du Lac. De-là nous vîmes la fumée d'un embrasement, qui, à ce que nous aprîmes le lendemain, avoit fait beaucoup de désordre à Vevay, vers l'extrêmité de ce Lac.

MORGES.

La situation de Lausane (a) est extrêmement rude, & cet endroit a je ne sçai quoi, qui paroît d'abord sauvage : cependant j'ai remarqué que cette Ville est aimée de tous ceux qui la connoissent. Il y a diverses promenades fort agréables, particulierement vers le Lac : & on se loüe fort de la civilité des Habitans. Ne vous attendez pas que je vous en fasse aucune description ; car je n'en connois que ce que j'y ai pû voir pendant deux ou trois heures. Je suis

LAUSANE, Autrefois Evêché.

(a) L'Evêque *in partibus* reside à Fribourg.

allé à l'Eglise Cathédrale, qui est passablement grande, & assez belle pour le païs: mais non très-grande & très-belle comme ils se l'imaginent. Il y a quelques années que la muraille, toute épaisse & toute forte qu'elle est, fut (*a*) fenduë & entr'ouverte par un tremblement de terre, depuis le haut jusqu'au fondement: l'ouverture étoit si large, que les Ecoliers qui joüoient dans la Place, avoient accoutumé d'y mettre leurs manteaux & leurs porte-feüilles. Quelque tems après, un nouveau tremblement de terre rapprocha les deux côtés du mur, & les resserra si bien, qu'ils sont à-peu-près dans leur premier état. C'est une des principales curiosités dont on informe les étrangers à Lausane. On garde à la Maison de Ville quelques monumens qui y ont été apportés des ruines de celle d'Arpentras, où est présentement le village de Vidi.

Sur le bord du lac de (*b*) Morat, nous vîmes en passant une maniere de Chapelle toute remplie des os des Bourguignons, qui (*c*) furent défaits en cet endroit, au nombre de dix-huit mille, par l'armée des

(*a*) Au Sud du Chœur.
(*b*) Morat passe à Avenches.
(*c*) Le 20. Juillet 1476. On y lit cette Inscription: *D. O. M. Caroli inclyti & fortissimi Ducis Burgundiæ exercitus Muratum obsidens, ab Helvetiis cæsus hoc sui monumentum reliquit. A.* 1476. Tous les Historiens rapportent qu'après la Bataille les Vainqueurs furent si ignorans, qu'ils vendirent toute l'argenterie du Duc, comme autant de vaisselle d'étain; & ses pierreries, comme de bagatelles de verre.

Suisses & des Lorrains. Vous sçavez l'histoire.

Berne [a] n'est pas une grande Ville, quoique Capitale du plus puissant des treize Cantons : elle est située dans une péninsule formée par l'Art, & presque toute bâtie de pierre de taille, d'une maniere plus solide que belle. Ses ruës sont assez nettes, & ont un ruisseau qui coule au milieu : de chaque côté il y a des portiques, où l'on peut marcher à couvert ; mais ces portiques sont trop étroits. Cette Ville fut bâtie par Bertholde quatriéme, dernier Duc de Zeringhen, l'an [b] 1175. & l'on dit qu'elle fut nommée Berne, à cause d'un Ours qui fut pris, lorsqu'on en jettoit les fondemens : le mot de [c] Bern, signifiant Ours, en langue Allemande. C'est pour cela que cette Ville porte un Ours dans ses armes. Elle en nourrit aussi par cette derniere raison, comme ceux de Genéve nourrissent des Aigles.

Nous n'allâmes voir à Berne, que l'Arsenal & la grande Eglise : l'Arsenal est fort rempli, & en bon état. On a placé dans une des Sales, la statuë du [d] Bourgeois de Suits, qui d'un coup de fléche abattit la pomme que l'on avoit mis à cinquante pas de lui, sur la tête de son enfant ; & on les a représentés l'un & l'autre dans cette action. Vous sçavez que cette cruelle fantai-

BERNE.

---

[a] Pour avoir entrée au Conseil, il faut être marié. G. Burnet.

[b] D'autres disent l'an 1191.

[c] L'an 1352. le 6. Mars, Berne se joignit à l'alliance des Suisses. J. Simler.

[d] Guillaume Tell.

sie du Gouverneur Grisser, jointe à quantité d'autres vexations de même nature [a] donna naissance à la République des Suisses. Childrei rapporte entre les prodiges d'Angleterre, qu'un certain Robert Bone, de la Province de Cornoüaile, abattit un petit oiseau de dessus le dos d'une vache : mais ce dernier arbalêtrier ne risquoit pas tant que l'autre.

Sur la porte de la Maison des Manufactures, on a mis depuis peu cette Inscription :

[b] *Tempore quo crassa Clericorum ignorantia, cum gratia & privilegio Regis, in verum Dei Cultum fureret : atque DRACONUM operâ eos quos Huguenotes vocant, ferro flammâ, & omnis generis cruce, è Regno pelleret : Supremus Magistratus è Raderibus Cœnobii olim prædicatorum, has Ædes extruxit, ut Pietatem simul & Artem Galliâ exulantes hospitalibus tectis exciperet. Faxit Deus T. O. M. ut Charitatis hoc opificium, sit incremento Patriæ.*

Dans l'Eglise qui appartenoit aux Dominicains, on conserve quelques traces de l'insigne filouterie des Jacobins ; vous pouvez avoir lû cette histoire dans le Traité des Spectres, de Lavaterus. Henri Etienne la raconte assez au long ; & Nicolas Manuel qui l'a traduite de l'Allemand, dit qu'elle a

[a] L'an 1307. sous l'Empire d'Albert I.
[b] J'ai appris que cette Inscription a été ôtée en Octobre 1692. à la sollicitation de l'Ambassadeur de France.

été écrite en toutes sortes de langues. L'Abregé du fait est, qu'après de violentes disputes entre les Jacobins & les Cordeliers, sur la Conception de la Vierge, que ceux-ci disent avoir été exempte du péché originel; (a) quatre Jacobins de Berne entreprirent de concert, & à la sollicitation de plusieurs du même Ordre, de prouver leur Thése par un miracle. Pour réüssir dans ce dessein, ils s'aviserent de feindre des apparitions, & de parler la nuit à un idiot de (b) Novice, sous des figures empruntées, pour en venir par de longs détours que j'omets ici, à lui faire dire par la Vierge même, qu'Elle avoit été conçûe en péché; & à en persuader le Peuple par le bruit de l'apparition. La chose réüssit jusqu'à un certain point: le Novice donna dans le panneau, il raconta ses visions, toute la Ville le vint visiter comme un Saint & comme un Prophête; & la voix publique décréditoit déja le sentiment de l'Immaculée Conception. Mais enfin les Moines en firent trop, Jetzer s'apperçût qu'on le trompoit; & eux se voyant découverts, userent d'abord auprès de lui, de prieres & de promesses; mais ensuite, ils en vinrent aux menaces, & tâcherent à diverses fois de l'empoisonner. Le Novice ayant reconnu cela, fit si bien qu'il échappa du Couvent. Il déclara le tout au Magistrat. Le Magistrat demanda au Pape des (c) Juges extraordinaires, qui

(a) Jean Vetter, Estienne Boltzhorst, François Ulchi, & Henri Steniker.
(b) Jean Jetzer.
(c) Deux Evêques, & le Provincial des Jacobins.

Tome III.

furent accordés. Les quatre Moines, que la suite de leur intrigue avoit jettés dans une complication des crimes les plus énormes, furent appliqués à la question, & confesserent tout. Après quoi ils furent livrés au bras séculier, dégradés, & (a) brulés en place publique. Le Novice fut renvoyé absous, après avoir toutefois enduré aussi la question.

SOLEURE. Soleure (b) est dans une vallée fertile, sur la riviere d'Aar, laquelle riviere passe aussi à Berne. Au lieu que cette derniere Ville est des plus modernes, l'autre se vante d'une très-grande antiquité; & se dit pour cela (c) *Sœur de Tréves*. Son nom Latin se trouve écrit de diverses manieres dans les Auteurs modernes: mais dans l'Itinéraire d'Antonin, elle est appellée *Solothurum*; à cause, disent quelques-uns, d'une tour qui y étoit érigée en l'honneur du Soleil: c'est ce que dit Charles Estienne, après beaucoup d'autres. Mais je ne comprens pas pourquoi Antonin auroit écrit *Solothurum* avec un *th*, s'il eût cru que ce mot eût été composé du *Sol*, & *Turris*. Cette Ville est environnée de fortifications régulieres, & revêtues de grands quartiers d'une espéce de marbre blanc. L'Ambassadeur de France réside toujours à Soleure, & le peuple dit que c'est ce Ministre qui l'a fortifiée.

(a) L'an 1509.
(b) Ils sont fort superstitieux à Soleure. Autrefois ils avoient un Crucifix habillé à la Suisse. *Scalig.*
(c) *In Celtis nihil est Soloduro antiquius, unis Exceptis Treviris, quarum ego dicta Soror.* Simler prétend que Soleure a été bâtie par Nismus.

DE SUISSE. 219

Ils sont persuadés d'une chose semblable à Guastale, dans le Duché de Mantoüe. Cinq cens hommes travaillent incessamment (a) à fortifier cette derniere Place ; & il n'est pas possible de mettre dans l'esprit des habitans, que la source de cette dépense soit dans les coffres de leur Duc.

Basle (b) est la plus grande Ville, la plus belle, & la plus riche de tous les Cantons ; quoi qu'elle n'ait pour toute clôture, qu'une muraille appuyée de quelques tours. Son Université la rend aussi fort célébre. Le Rhin y est déja fort large & fort rapide ; il passe dans la Ville, & un beau pont de pierre fait la communication des deux parties que ce fleuve sépare. Celle qui est vers l'Allemagne est fort petite, en comparaison de l'autre, & cette derniere est sur une hauteur.

BASLE; Université autrefois Evêché.

L'Evêque, soi-disant Evêque de Basle, réside à Poirentru, comme celui de Genéve réside à Anneci, & celui de Lausane à Fribourg en Suisse ; mais ils n'ont ni les uns ni les autres, aucun pouvoir, ni aucune inspection sur ces Villes. Le Chapitre de Basle est à Fribourg en Brisgaw.

On peut voir à Basle plusieurs Bibliothéques considérables, & quelques (c) Cabinets de curiosités. Les Sénateurs assemblés en

(a) L'an 1685. au mois de Septembre, les fortifications coûtoient déja plus de deux millions aux habitans. *G. Burnet.*

(b) Basle se cantonna l'an 1327. *J. Siml.*

(c) Dans celui de M. Sebastien Fesch, il y a quantité de rares peintures, & plusieurs Médailles très-singulieres qui ne se trouvent point ailleurs. *Ch. Patin.*

Le Cabinet d'Erasme & d'Amersbach appartient à

K ij

Confeil, avec leurs vénérables barbes, & les habillemens dont ils font revêtus, n'eſt pas une des moindres raretés de cette Ville, pour ceux qui n'ont pas les yeux faits à ces équipages.

Ceux qui aiment la Peinture, en trouvent de fort belles à l'Hôtel de Ville, & ils ne manquent pas d'aller voir la Danſe des Morts du fameux Holben. Ce Peintre étoit de Baſle, & avoit tout appris de lui-même : auſſi remarque-t'on en quelque maniere particuliere dans ſon ouvrage. Henri VIII. l'appella en Angleterre, à la ſollicitation d'Eraſme. On dit que Holben fut ravi de ce prétexte, pour avoir occaſion de s'éloigner de ſa chagrine femme. Sa Danſe ſe voit dans un lieu public, contre la muraille du Cymetiere de l'Egliſe Françoiſe. C'eſt une ſuite de toute ſorte de gens, qui ſe tiennent par la main, & que la Mort qui méne le bran-

l'Univerſité. On y garde une vingtaine d'originaux d'Holben, entre leſquels on diſtingue un Chriſt mort, dont quelqu'un a voulu donner mille ducats. Il y a quatre belles ſuites de Médailles, Greques, Conſulaires, Impériales d'argent, & Impériales de bronze. La Médaille d'or de Plotine, [Femme de Trajan] eſt des plus rares. Au-deſſous d'un portrait d'Eraſme peint à demi corps, on lit cette Epigramme.

Ingens ingentem quem perſonat Orbus Eraſmum,
 Hic tibi dimidium Picta tabella refert.
At cur non totum ? Mirari deſigne Lector.
 Integra nam totum Terra nec ipſa capit.

Dans la Bibliothéque publique, il y a un Virgile manuſcrit fort rare, & un Alcoran MS. auſſi, en papier de la Chine. C. *Patin.*

le, conduit au Tombeau. Il y a des personnes de tout âge, de tout sexe, & de toute condition.

L'Eglise Cathédrale est un assez considérable Edifice. J'ai copié avec beaucoup d'exactitude l'Epitaphe d'Erasme, qui est sur une table de marbre contre un pilier proche du Chœur. *Hæres* se rapporte à *Amerbachius*; mais cet endroit est fort défectueux, & en général le Latin embarassé de cette Inscription, est fort peu digne du grand homme pour qui elle est faite.

CHRISTO SERVATORI S.
DES ERASMO ROTERODAMO
VIRO OMNIBUS BONIS MAXIMO CUJUS INCOMPARABILEM IN OMNI DISCIPLINARUM GENERE ERUDITIONEM PARI CONJUNCTAM PRUDENTIA POSTERI ET ADMIRABUNTUR ET PRÆDICABUNT BONIFACIUS AMERBACHIUS HIER. FROBENIUS NIC. EPISCOPIUS HÆRES ET NUNCUPATI SUPREMÆ SUÆ VOLUNTATIS VINDICES PATRONO OPTIMO NON MEMORIÆ QUAM IMMORTALEM SIBI EDITIS LUCUBRATIONIBUS COMPARAVIT IIS TAN-

TISPER DUM ORBIS TERRA-
RUM STABIT SUPERFUTURO
AC ERUDITIS UBIQUE GEN-
TIUM COLLOQUUTURO SED
CORPORIS MORTALIS QUO
RECONDITUM SIT ERGO
HOC SAXUM POSUERE MOR-
TUUS EST IIII. EID. JUL. JAM.
SEPTUAGENARIUS. AN. A
CHRISTO NATO M. D. XXXVI.

Derriere l'Eglise il y a un grand Tilleul qui fait un agréable ombrage : le tronc a du moins six pieds de diametre. On a eu soin de l'environner d'une terrasse pour le conserver, & de revêtir ou de soutenir cette terrasse avec des planches, en sorte qu'on s'y peut asseoir. Ces vers sont gravés tout autour sur les planches.

Julius Ecclesiæ dum præfuit ecce secundus
   Dum scepta imperii Maximilianus habet.
Hoc opus excisum, quo Renum (a) cernere amœ-
   num.
Quo nemora & pontes, monticulosque potes.
Quo geminas turres & mænia conspicis Urbis;
   Concentus audis dulcisonosque modos. An.
   D. 1512.

Le Pape Jules second mourut l'an 1513. & fut contemporain de l'Empereur Maximilien premier. On peut conclurre que le

(a) La vuë de cet endroit est belle.

Tilleul étoit déja grand il y a environ cent quatre-vingt dix ans, puisque cette terrasse fut faite pour le conserver l'an 1512.

Les Horloges de Basle vont toujours une heure trop vîte : à midi, par exemple, elles sonnent & marquent une heure; & ainsi du reste. Les uns rapportent l'origine de cette coutume, au tems que le Concile fut tenu dans cette Ville il y a (a) deux cens cinquante-sept ans, & ils disent que c'étoit afin que les personnes qui composoient l'assemblée se séparassent, & se retirassent un peu plûtôt qu'ils n'auroient fait, si on ne les avoit pas ainsi trompés. Les autres racontent que le Magistrat ayant eu avis que des Conspirateurs devoient executer leur dessein à une certaine heure précise, ordonna qu'on fit avancer l'horloge pour rompre leurs mesures; & qu'en mémoire de ce stratagéme qui réüssit heureusement, on a toujours fait aller les horloges d'une heure trop vîte.

C'est une coutume établie par toute la Suisse, même dans les petites Villes, que quand il y passe quelque Voyageur de grande qualité, on lui envoye le vin d'honneur. Ceux qui l'apportent ont une routine de harangue, qui leur sert pour toutes sortes de gens, c'est à eux seulement d'enchasser à propos l'Excellence, ou les autres termes d'honneur, selon les diverses personnes à qui ils ont affaire; ce qui ne leur cause pas un petit embaras. C'en est un assez grand aussi, de bien tenir son sérieux, pendant

(a) En 1441.

qu'on écoute cette enfilade de beaux discours. Il faut remercier M. l'Officier *pécuniairement*.

De Basle on descend insensiblement à Hunninghen, en suivant la rive gauche du Rhin. Le Cavalier qui est élevé dans cette Place, sur le bastion qui regarde Basle; & la batterie de canon, qui est dressée sur ce Cavalier, contre cette même Ville, signifie assez qu'il n'y a pas fort loin du village de Hunninghen à la Ville de Basle.

[HUNNINGHEN.]

Sans entrer dans le détail des fortifications de Hunninghen, je trancherai court, en vous disant qu'on n'a rien épargné pour les faire très-bonnes: l'eau du Rhin en remplit les fossés quand on veut. Cette riviere faisant une petite Isle: vis-à-vis de la Place, il a fallu construire un double pont sur les deux bras du Fleuve : ces ponts sont admirablement bien fortifiés, & dans l'Isle, & en terre ferme du côté d'Allemagne.

De Hunninghen nous vînmes à Fribourg, autre Place très-importante: elle est à quatre lieuës du Rhin. Cette Ville est située dans la plaine, au pied des montagnes. Quoiqu'elle soit d'assez grande étenduë, la fortification qui l'environne est très-bonne & très-réguliere. Le Maréchal de Créqui prit cette Place en neuf jours, l'an 1677. & souvent il lui est arrivé de changer de Maître : mais elle a aussi-bien changé d'état depuis ce tems-là. On a comme amoncelé les retranchemens & les forts, sur la plus proche montagne ; & en se rendant maitre par ce moyen, des éminences qui comman-

[FRIBOURG, en Brisgaw.]

doient la Ville, on l'a en même-tems couverte du canon de ces forts.

Ils font à Fribourg quantité de petits ouvrages, d'une espece d'Agathe qui se trouve dans les environs.

Il n'y a que quatre bonnes heures de chemin de Fribourg à Brisach. Je ne m'étonne pas que cette Ville fût autrefois nommée (*a*) l'oreiller de l'Empire : & sa forme & sa force, ont bien pû lui donner ce nom. Représentez-vous une hauteur, qui semble être de terres rapportées au milieu d'un païs uni comme une glace. La Ville est sur un des bouts de cet oreiller ; sur l'autre bout est la Citadelle ; & une excellente fortification embrasse le tout au pied du côteau. On passe le Rhin sur un pont de pierre ; & ce pont, du côté de France, est extrêmement bien fortifié. BRISACH.

Scheléstat est dans la basse Alsace, à quatre lieuës de Brisach, & à trois du Rhin. Elle est située dans un païs plat, sans être commandée d'aucune hauteur ; & les fortifications qui l'environnent sont de la même nature que celles des autres Villes, dont je viens de vous entretenir. Quand on parle de toutes ces Places, il faut avoir cent fois en un quart d'heure, le mot de fortification en la bouche. Strasbourg est un prodige, qui surpasse en cela toutes les autres forteresses du Rhin. Je vous en envoye un plan, qui vous en donnera SCHELESTAT, autrefois Ville Impériale.

STRASBOURG, autrefois Ville Impériale.

(*a*) On la nommoit aussi la Citadelle d'Alsace, & la clef d'Allemagne ; mais tous ces noms appartiennent présentement beaucoup mieux à Strasbourg.

K v

mieux l'idée, que tout ce que je pourrois vous en dire.

Vous pouvez vous souvenir que cette grande, belle & puissante Ville, autrefois Ville Impériale & toute Lutherienne, tomba entre les mains du Roi de France, le 30. Sept. l'an 1682.

[a] Le Clocher de la Cathédrale, est la plus haute pyramide de l'Europe : & l'Eglise est présentement à l'usage des Catholiques Romains. L'Evêque y célébra la Messe, & y harangua le Roi, peu de jours après la *conquête* de cette Ville.

La grande Horloge surpasse de beaucoup dans la varieté & dans la curiosité de ses mouvemens, l'Horloge de S. Jean de Lyon: j'ai vû l'une & l'autre. Ils disent à Strasbourg que cette derniere est la plus rare de France ; & que la leur n'a point sa pareille

[a] Sa hauteur est de cinq cens soixante & quatorze pieds. Il fut achevé l'an 1449. Erkivin de Stembach en fut l'Architecte.
Mirabile opus, caput inter nubila condit. Æn Silv.
Sur les chapitaux des grands piliers de l'Eglise Cathédrale, il y a entr'autres choses, la représentation d'une Procession, où un pourceau emporte le benitier avec l'eau-benite : quantité d'autres pourceaux & d'Asnes, le suivant en habits Sacerdotaux. Dans un autre endroit, on voit un Asne en posture d'officiant, devant un Autel. Un autre Asne porte une Chaise à Reliques, dans laquelle il y a un Renard ; & tout l'attirail de la Procession est porté par des Singes. Sur le Pulpitre de la même Eglise, il y a en bas-relief, une Nonne couchée auprès d'un Moine; le Moine ayant son Breviaire ouvert, & mettant la main sous la jupe de la Religieuse. *M. d'Ablancourt cité par le Docteur Burnet.*

au Monde. On nous a donné une description imprimée, avec une estampe qui la représente fort exactement.

La petite riviere d'Ill traverse Strasbourg, & s'y distribuë en divers canaux. Le Rhin laisse cette Ville à sa gauche, & en est éloigné de près d'un mille.

Il n'y a pas long-tems que l'Arsenal étoit un des plus fameux de l'Europe ; mais présentement il est tout démembré.

Il y a une bizarrerie extraordinaire dans les habits des Femmes de Strasbourg.

Je vous dirai encore avant que de finir cette Lettre, que nous n'avons vû autre chose, que bourgs & villages, ou ruinés entierement, ou demi-brûlés, dans la partie de l'Alsace que nous avons traversée. Ce beau & malheureux païs ayant été diverses fois ravagé pendant les guerres. Je suis,

Monsieur,

Vôtre, &c.

A Strasbourg ce 22. Juillet 1688.

LETTRE XXXIX.

Monsieur,

Quelques raisons particulieres nous ayant obligés de partir de Strasbourg, pour nous rendre au plûtôt à Bruxelles, nous nous résolumes de prendre la voye du Rhin. Ce ne fut pas sans quelque répugnance ; car il n'est pas agréable, quand on voyage, de revenir par la même route ; & le Rhin nous fit tomber dans cet inconvenient, depuis Mayence jusqu'à Cologne.

Entre Strasbourg & la petite Ville de Germensheim, nous fûmes arrêtés au Fort-Loüis. Cette Place appartient encore à la France, & n'est pas éloignée de la force des autres. Le Rhin fait une Isle dans cet endroit. L'Isle est occupée d'un Fort de quatre bastions ; & les deux ponts sont fortifiés de chaque côté sur les bords des deux bras du Rhin.

Ayant été saisis de la nuit, un peu plûtôt que nos batteliers ne s'y étoient attendus, nous fûmes obligés, ce jour-là, de descendre dans un méchant village, où nous ne trouvâmes ni lits, ni rien à manger. Mais ce ne fut pas-là notre plus grande disgrace. Une multitude infinie de ces maucherons que je vous ai déja nommés des Cousins, nous assassinerent toute la nuit, fur la paille de notre grange, & ne nous donnerent pas un moment de repos.

En paffant devant Philisbourg, qui n'eft PHILIS-qu'à une petite portée de canon du Rhin, BOURG. du côté d'Allemande, nous mîmes pied à terre, pour aller voir la place. C'étoit un [a] village que Chriftophe Sotteren Electeur de Tréves fortifia, à caufe de la fituation du lieu, qui eft naturellement d'un accès difficile, au milieu d'un marais; & qui n'eft commandée d'aucune éminence. C'eft un Eptagone régulier, avec des demi-lunes devant chaque courtine; le tout bien revêtu. Philisbourg eft un fief & une dépendance de l'Evêché de Spire. Les Allemands [b] l'emporterent fur les François l'an 1676. après un affez long fiége. Ils fe repofent beaucoup fur la bonne foi de la Tréve; & n'y tiennent pas trop bonne garnifon.

Spire eft une petite ville affez jolie, fans SPIRE force & fans commerce; quoi qu'autrefois Villelm' elle ait été affez fameufe. Ce qui la rend périale. aujourd'hui confidérable, c'eft la Chambre Impériale, qui d'ambulatoire qu'elle a été pendant plus de deux cens ans, y fut renduë fédentaire par Charles-Quint. Cette Chambre eft une Cour Souveraine, où toutes les affaires de l'Empire qui y font portées, fe jugent en dernier reffort: il y a peu d'exception. Celui qui en eft appellé

[a] Ce Village s'appelloit Udenheim.

[b] Les chofes ont changé depuis la premiere édition de ce Livre: Philisbourg eft préfentement entre les mains des François. [1693.]

le premier [a] Juge, représente la personne de l'Empereur, & porte le Sceptre Impérial sur son banc de Justice, pour marque du caractere dont il est revêtu.

Il y a aussi en Allemagne un autre grand Tribunal, qu'on appelle le Conseil Aulique, parce qu'il est à Vienne, ou qu'il suit la Cour de l'Empereur. [b] Ce Conseil n'est pas perpetuel, & n'a pas à tous égards, la même dignité que la Chambre Impériale; cependant, des affaires de pareille nature, y sont traitées & décidées souverainement. On ne peut évoquer les causes de l'une de ces Chambres à l'autre. En certains cas seulement, on peut obtenir une révision du procès, pardevant la Personne même de l'Empereur.

L'ordre exprès que reçût le Maréchal de Turenne, [c] pendant les dernieres guerres, de n'apporter aucun trouble, ni aucun em-

[a] Ce Juge est toujours Catholique Romain, & a quatorze mille écus d'appointement. Les deux Presidens sont l'un Protestant, l'autre Catholique. Des quinze Assesseurs, il y en a sept qui sont Protestans, & huit Catholiques Romains. Les Présidens ont chacun deux mille écus; & les Assesseurs mille. La Chambre ne se mêle d'aucunes affaires de guerre. Il est remarquable que les affaires se jugent, sans que les Parties puissent jamais sçavoir le nom de ses Rapporteurs, ni avant, ni après la fin d'un Procès. Celui qui appelle pardevant l'Empereur, est obligé de consigner une somme, laquelle somme il récouvre s'il réüssit dans sa poursuite; si non, il la pert. Heiss.

[b] Le Conseil Aulique est composé de Membres des deux Religions. Heiss.

[c] Peu après la premiere édition de ce Livre, Spire & Worms furent saccagées par les Troupes de France, sans aucun respect pour la Chambre Impériale.

pêchement au cours ordinaire de Juſtice qui s'exerce dans la Chambre de Spire, fait croire à ceux qui la compoſent, qu'on aura toûjours les mêmes égards pour Elle. Dans cette perſuaſion où ils ſe trouvent, quelque expoſés qu'ils ſoient aux armes de la France, en cas de rupture, ils ne penſent pas à tranſporter ni la Chambre, ni les Archives.

Je ſauterai de Spire à Cologne, n'ayant rien préſentement à ajoûter aux choſes que je vous ai mandées, touchant les Villes que nous avons déja vûës ſur cette route.

A Cologne, nous prîmes le chemin de Juliers, Ville capitale du Duché de ce nom. Elle eſt ſituée dans une plaine, ſur le Roer, & ce que nous en vîmes en paſſant, nous fit juger qu'elle étoit aſſez bien fortifiée [a]. Les Proteſtans y ont liberté d'exercice, conformement au traité dont je vous ai parlé.

Nous vînmes en quatre ou cinq heures de Juliers à Aix la Chapelle [b], en traverſant un beau & bon païs. Cette célèbre Ville eſt toûjours grande & belle, quoiqu'elle ait beaucoup perdu de ſon luſtre. Elle a conſervé preſque toute ſa liberté : Seulement, le Duc de Neubourg, comme Duc de Juliers, dans les Terres duquel elle eſt enclavée, a le droit de la nomination du Maire des Bourgeois. Elle eſt ſous la protection du Roi d'Eſpagne, en qualité de

AIX LA CHA-PELLE.

[a] Il y a une Citadelle.
[b] Ville Impériale. Elle eſt auſſi nommée Ville Royale. C'eſt, peut-être, parce que, ſuivant la conſtitution de la Bulle d'or, le Roi des Romains y doit recevoir la premiere Couronne, *Heiſs*.

Duc de Brabant. (a) Charlemagne ayant presque tout de nouveau rebâti cette Ville, qui pendant près de quatre siécles avoit été dans un triste état, depuis le sac qu'y fit Attila : Cet Empereur l'honora de plusieurs priviléges, la déclara Capitale de la Gaule Transalpine, & la choisit pour le lieu ordinaire de son séjour. Il érigea aussi la grande Eglise, qui donna lieu à la nouvelle dénomination de cette Ville, & qui la fit appeller Aix la Chapelle, au lieu qu'elle étoit auparavant nommée *Aquisgranum*. C'étoit, dit-on, à cause d'un (b) Prince Romain nommé Granus, Frere ou Cousin de Néron : Ce Prince ayant fait la découverte des eaux minerales, bâtit là un Château, & jetta les premiers fondemens de la Ville. Voici une Inscription qui est sur le bassin d'airain d'une fontaine publique, vis-à-vis de l'Hôtel de Ville.

Hîc, aquis per Granum Principem quemdam Romanum Neronis & Agrippæ Fratrem inventis, calidorum fontium Thermæ à principio constructæ. Postea vero, per Dominum Carolum Magnum Imp. constituto ut locus hic sit caput & Regni sedes trans Alpes, renovatæ sunt, quibus Thermis hic gelidus fons iufluxit olim quem nunc demum hoc anno vase illustravit S.P.Q Aquisgranensis. Anno Domini 1620.

(a) La Ville est double; l'interieure qu'on appelle la Caroline de ses anciens murs. F. Blond.
(b) L'ancienne Tour qui est jointe à la Maison de Ville, vers l'Orient, a toujours porté le nom de *Granus* ou de *Granius*. F. Blondel.

Charlemagne y (a) mourut, & l'on y voit aujourd'hui son (b) Tombeau.

Depuis Charlemagne, pendant l'espace de plus de cinq siécles, beaucoup d'Empereurs voulurent être couronnés à Aix. Et je crois vous avoir déja dit, que Charles quatriéme régla absolument la chose, par une des constitutions de la Bulle d'or : Il ordonna que les Empereurs y recevroient la premiere Couronne. Cette cérémonie ne se fait plus, & l'on observe seulement ces deux choses en faveur de la Ville d'Aix. Premierement, on lui députe aussi-bien qu'à la Ville de Nuremberg, pour leur donner avis à l'une & à l'autre, de la nouvelle Election qui s'est faite de l'Empereur, & afin qu'Elles envoyent les (c) Ornemens Impériaux, avec les autres choses dont elles sont dépositaires, & qui sont nécessaires pour la cérémonie du Sacre. Secondement, en quelque lieu que se fasse cette cérémonie, l'Empereur déclare solemnellement ce jour-là, que si par quelques raisons particulieres, il n'a pas été premierement couronné dans la Ville d'Aix, c'est néanmoins sans

---

(a) Agé de soixante douze ans : L'an quatorziéme de son Empire ; le quarante huitiéme de son Régne; & l'an de grace 814.

(b) La grande Couronne qu'on voit la suspenduë, est pour marquer le lieu où Charlemagne fut enterré, justement au-dessous. Cette Couronne a été attachée là par Fréderic I. Elle est partie d'argent & partie de cuivre doré.

(c) Aix envoye quelques Reliques ; un Livre des Evangiles, écrit en lettres d'or ; & une des Epées de Charlemagne, avec le baudrier. J'ai parlé ailleurs des Ornemens qui se gardent à Nuremberg.

préjudice, & sans infraction des droits de cette Ville. L'Empereur est toûjours Chanoine d'Aix, & il en prête le serment le jour de son Sacre.

On m'assure ici que les deux Religions joüissent à Aix d'égale liberté; mais je vous avouë que j'oubliai de m'en informer lorsque j'y passai : ainsi je ne vous affirme rien sur cela.

Je lisois l'autre jour dans une petite description du Païs de Juliers, que deux (a) Evêques béatifiés prirent la peine de se ressusciter tout exprès, afin d'assister à la dédicace de la Chapelle d'Aix : après quoi ils s'allerent remettre dans leurs Tombeaux. Cela ne vous fait-il pas souvenir de ce L. Q. Cincinnatus de l'histoire Romaine, qui après qu'on l'eut fait Dictateur, & qu'il eut gagné la bataille, s'en retourna tout tranquillement au manche de sa charrue.

MAS-TREICH Nous ne nous arrêtâmes que deux ou trois heures à Mastreicht. Cette Ville est de médiocre grandeur, assez bien bâtie, & bien fortifiée. La Garnison est de huit à neuf mille hommes : nous la vîmes passer en revûë devant le (b) Prince d'Orange. On fit faire aussi plusieurs évolutions à quelques bataillons; il ne se peut pas voir de troupes mieux disciplinées. La petite partie de Mastreicht qui est sur la rive droite de la Meuse, s'appelle Wick. Je ne sçai si vous avez remarqué que les noms de Mastreicht

(a) S. Monulfe & S. Gondulfe, Evêques de Liége.

(b) Aujourd'hui Roi d'Angleterre.

& d'Utrecht, font tous deux dérivés du mot de *Trajectum*, qui aussi est leur nom Latin. Utrecht étoit appellée *inferius* ou *ulterius Trajectum*; c'étoit le trajet, ou le passage du Rhin. Et Mastreicht vient de *Mosæ trajectum*, qui étoit aussi nommé *Trajectum superius*.

Servais Evêque de Tongres, qui vivoit dans le quatriéme siécle, est le grand Saint de Mastreicht : On garde son corps à la Cathédrale ; & l'on y a diverses autres Reliques qui étoient autrefois fameuses, & qui attiroient des Pelerins des Païs les plus éloignés : mais tout cela a changé.

On trouve diverses sortes de ces Coquillages dont nous avons autrefois parlé, aux environs de la Ville, sur tout vers le village de Zichen, ou Tichen, & à la petite montagne appellée des Huns.

Chez les Religieuses, joignant la grande Place, il y a un Crucifix qui, dit-on, ne peut être peint : l'Italie n'en a pas de plus curieux.

Sur les trois heures après midi nous partimes de Mastreicht, & nous arrivâmes le même soir à Liége. (a) La Ville étoit si remplie de monde, à cause de l'élection de l'Evêque, laquelle se devoit faire le lendemain, que nous ne pûmes jamais y trouver des lits.

La Ville de Liége est assez grande, bien peuplée, & ornée de quelques beaux bâ-

LIEGE, Ville Impériale.

_____

(a) L'Evêché étoit autrefois à Tongres, il fut transferé à Mastreicht, & | de Mastreicht à Liége. *Heiss*.

timens : L'Eglife Cathédrale, & le (a) Palais Epifcopal font les deux principaux. Le Chapitre de Liége étoit autrefois le plus honorable de tout l'Empire. J'ai lû dans quelques annales de cette Ville, que l'an 1131. lorfque le Pape Innocent deuxiéme y couronna l'Empereur Lothaire fecond ; ce Chapitre qui affiftoit à la cérémonie, fe trouva compofé de neuf Fils de Rois, de quatorze Fils de Ducs Princes Souverains, de vingt-neuf Comtes du S. Empire, & de huit Barons. Aujourd'hui cela eft bien déchû : il n'y a point de Bourgeois, Docteur licencié dans l'Univerfité de Louvain, qui ne puiffe être fait Chanoine de Liége.

La Meufe fépare Liége en deux parties, mais la principale eft à la rive gauche : Un beau pont de pierre les réünit ; & les arches de ce pont, donnent paffage à des grandes barques, qui apportent toutes fortes de denrées, & qui fervent beaucoup à la commodité du négoce de cette Ville.

Il y a quantité d'Armuriers à Liége ; ce qui vient fans doute de la commodité du (b) charbon de terre, qui fe trouve dans le païs, & que l'on y brûle communément, comme on le brûle à Londres. Ce charbon eft appellé Hoüille, (c) à caufe d'un certain Maréchal nommé *Prudhomme le Houilloux*,

(a) Bâti par le Cardinal de la Marche.
(b) On a auffi de femblable charbon en France ; en quelques endoits de l'Auvergne, au païs de Forez, & proche de Calais.
c) D'autres ont écrit, qu'un homme habillé en Pelerin, montra la mine à un Bourgeois de la Ville, & puis difparut.

qui, dit-on, en fit la premiere découverte. On ajoûte qu'un phantôme sous la figure d'un vieillard habillé de blanc, lui en enseigna la mine.

Les vignobles dont les côteaux de Liége sont presque tous couverts, méritent bien d'être remarqués, à cause du climat : il est vrai que les vins en sont foibles. Ces mêmes montagnes fournissent des carrieres de très-beau [a] marbre noir. §.

De Liége nous vînmes coucher dans la petite Ville de [b] Tilmont : ayant passé à la vûë de Tongres & de Saintron. Le lendemain nous dînâmes à Louvain, & nous arrivâmes le soir à Bruxelles, où nous sommes depuis dix jours.

[c] Louvain est une fort grande Ville, bien agréablement bâtie : c'est la seconde du Duché de Brabant. On dit qu'il s'y trouve quelques Monumens du tems de César.

LOUVAIN, Métropolitaine de Brabant.

[a] On y trouve une espece d'Albâtre.
§. D'autres prétendent *que ce n'est qu'une pierre bleuë tirante sur le noir, plus dure que l'ardoise, mais qui se polit bien plus aisément que le marbre.*
[b] Tilmont ou Tirlemont, sur la riviere de Geet. Petite Ville souvent ravagée pendant les guerres.
[c] Une Loi de l'Université de Louvain, porte que *stupri conciliator aut adjutor, exul esto : qui autem patraverit, ligneâ ferâ caput abscinditor.*

Le Doyen des Chanoines étoit celui qui recevoit autrefois le serment du Duc de Brabant, à son avénement à la Souveraineté.

Le puits du Château est remarquable pour sa profondeur, & pour l'écho qui s'y fait entendre.

Il y a une des tours de la Ville, qu'on appelle *Verloren kost*, c'est-à-dire, *depense perduë*, parce que ceux de Louvain ayant eu dessein d'en bâtir sept de semblables, & quelques affaires leur étant surve-

Nous y avons vû plusieurs belles [a] Eglises : l'Hôtel de Ville, l'Ecole de Medécine, & quelques autres édifices considérables. Mais je crois que son Université est ce qui la rend le plus recommandable. Cette Université fut fondée par Jean quatriéme, Duc de Brabant, l'an 1425. Il y a beaucoup de Colleges rentés, avec Ecoles de Théologie, de Droit & de Medécine.

Un honnête-homme de Louvain, qui se rencontra dans l'auberge où nous étions, s'offrit à nous mener dans un Couvent, à un quart de lieuë de la Ville, où il nous promettoit de nous faire voir plusieurs curiosités : mais le tems ne nous permit pas d'entreprendre cette promenade. Il nous dit qu'il y avoit entr'autres choses dans ce Couvent, un Arbre Généalogique de la Maison de Croüy, par lequel il paroît que le Chef de cette Maison aujourd'hui vivant, vient d'Adam en ligne directe. Un Gentilhomme Anglois à qui je racontois cela l'autre jour, m'assura qu'il connoissoit plusieurs familles dans la Province de Galles, qui produisoient la même Généalogie (b). Ne vous semble-t'il pas que ce seroit assez d'aller jusqu'au Déluge ? Si ces gens-là avoient lû le traité du Blason du Sr. le Feron, qui nous enseigne que les ar-

---

nuës, ils ne continuerent point après que la premiere fut achevée. *Voy. de Fland. Anon.* Il y a quelques Vignobles autour de Louvain.

(a) La Cathédrale est fort vantée.
(b) Voyez E. Pasquier, 2. *Part. liv.* 19. *Lettre* 6.

mories d'Adam étoient trois feüilles de figuier, il est à croire qu'ils ne voudroient pas en porter d'autres. A la fin j'espere que nous rencontrerons aussi quelque Noble Préadamite.

Nous avons vû chez le Sr. Gutschoven Médecin, & grand Anatomiste, plusieurs cadavres embaumés, differemment dissequés, & très-bien conservés. On a détaché & distingué sur ces divers corps, les veines, les artéres, les muscles, les nerfs, &c. de sorte qu'on peut discerner parfaitement presque tout l'arrangement des parties du corps humain. Les veines & les artéres, jusqu'aux moindres fibres, sont remplies d'une matiere rouge, qui les fait paroître comme des arbres de corail. Cela est en réputation d'un ouvrage excellent.

Je ne veux pas oublier de vous parler d'une autre rareté, que nous vîmes en passant à Louvain. C'étoit un Veau marin que des Matelots Hollandois montroient pour deux sols : ils l'avoient pêché sur les côtes de Groenlande. Celui qui en a le plus de soin, l'a tellement aprivoisé, qu'il lui fait faire cent sortes de singeries. Cet animal est de la grosseur d'un agneau de quinze jours : il a le poil ras, fort doux, & tirant sur la couleur d'olive : la tête courte, avec deux moustaches de chat ; & les quatre pieds finissent en maniere de [a] pattes d'oye. Mais au lieu qu'il se soutient, & qu'il marche des pieds de devant ; il ne

[a] *Pinnis quibus in mari utuntur, humi quoque vice pedum serpunt.* Plin.

fait que traîner les deux autres, qui demeurent toûjours allongés en arriere. Cet Amphibie ne vit préfentement que de lait. Je me souviens que, comme nous paffions à la Haye, il y a près d'un an, une Dame Zélandoife me dit qu'elle avoit vû à Tergous un chien marin qui s'étoit auffi rendu domeftique; qui mangeoit de tout, & qui abboyoit même comme un autre chien, quoique plus fourdement.

Je suis depuis long-tems dans l'impatience de recevoir de vos nouvelles; faites-moi, je vous prie, la grace de m'en donner le plûtôt qu'il vous fera poffible, & croyez que je fuis toûjours fort fincerement,

Monfieur,

Vôtre, &c.

A Bruxelles ce 12. Aouft 1688.

DE BRABANT. 241

LETTRE XL.

MONSIEUR,

Toutes les remarques que vous faites sur mes dernieres lettres, & les diverses autres particularités, dont la vôtre est remplie, me donneroient lieu d'amplifier beaucoup celle-ci. Mais comme j'espere avoir bientôt l'honneur de vous voir, je differe jusqu'à ce tems-là, le détail de nôtre entretien.

Cette lettre est seulement pour vous faire part des quelques-unes des remarques que j'ai faites à Bruxelles. Vous sçavez que cette Ville est la Capitale du Duché de Brabant, & la demeure ordinaire des Gouverneurs des Païs-Bas, pour le Roi d'Espagne.

BRUXELLES.

La Ville de Bruxelles est de figure ovale, grande, bien peuplée, fermée (a) de murailles & de fossés, & située en partie dans la plaine, & en partie sur le panchant

―――――――――――――

(a) D'un côté il y a quelques fortifications qui sont négligées, & qui n'ont jamais été revêtuës.

Depuis la premiere édition de ce Livre, j'ai appris qu'on a fait quelques Ouvrages nouveaux, & quelques réparations aux anciennes fortifications. La Ville a beaucoup souffert par le bombardement des François, pendant cette derniere guerre. Un Auteur Moderne a écrit que l'enceinte des murs de Bruxelles, est de cinq mille six cens pas géométriques.

Tome III. L

d'un côteau. La basse Ville est toute découpée de grands canaux : que la petite riviere de Senne remplit, & qui se communiquent à celle de l'Escaut. De fort grosses barques peuvent entrer dans ces canaux, & cela aide beaucoup au négoce. L'air de Bruxelles est fort bon : les Places sont ornées de fontaines, les ruës sont assez larges, & assez bien pavées : les maisons grandes & commodes ; & tout le païs des environs est autant fertile qu'on le peut souhaiter.

Le peuple de Bruxelles, & tout le Brabant en général, est un peuple franc, doux, & civil : peut-être un peu trop naïf. Mais avec toute cette simplicité, quand on les irrite, ils changent d'humeur, & en diverses occasions ils se sont faits connoître pour braves.

Le Palais qu'on appelle ordinairement la Cour, & où loge le (a) Gouverneur, n'a ni symmétrie, ni magnificence ; c'est seulement une beauté médiocre : mais la vûë de ses principaux appartemens sur le Parc, en est un endroit extrémement agréable.

En descendant du Palais dans le Parc, j'ai remarqué proche du petit parterre, sur le bout du mur, qui est comme un appuy du perron, un canon de fonte, dont l'avanture mérite bien que je vous la rappor-

___

(a) C'est présentement le Marquis de Castanaga. Depuis la premiere édition de ce Livre, l'Electeur de Baviere a été fait Gouverneur perpétuel, l'an 1691.

te. Pour avoir plûtôt fait, je vous envoye l'inscription qu'on a gravée sur un marbre, au-dessous du canon.

Dederit ne viam Casusve Deusve ?
mirabili certè casu
hostilis navis tormentis Regiis perforata,
cum accenso pulvere crepuisset :
hoc tormentum, & unà Juvenculam
altè sublatum, in Regis (a) *Prætoria deposuit,*
Adeò tutum in Rege, non solum innocentia,
Sed etiam supplex hostilitas perfugium habet.

ISABELLA CLARA EUGENIA BELGII PRINCEPS.

in rei monumentum
Tormentum hîc deponi, Juvenculam ali jussit.

Du Parterre on monte dans le Parc. Ce Parc est tout planté de chênes, de hêtres & de noyers. On y voit aussi quantité de Daims ; & ses belles allées sont une des plus agréables promenades de la Ville. On peut faire le tour entier des remparts, presque toûjours entre deux rangs d'arbres.

De l'autre côté du Parc, il y a une petite Maison de Plaisance, qui (b) fut bâtie par Charles-Quint : l'on y garde entr'autres choses le berceau de cet Empereur. Ce fut dans la grande Sale de l'autre Palais, qu'il fit la démission du Royaume d'Espagne entre les mains de Philippe son Fils.

(a) Subaud. *Navi.*
(b) Il se retira dans cette Maison, après qu'il eût fait la démission de ses Etats ; il y demeura cinq ou six mois.

Assez près de là l'on nous a fait voir une grande Galerie pleine de diverses armes, d'équipages, de Tournois, & d'anciennes armures de plusieurs Empereurs, Rois, Archiducs, & autres Princes, ou grands Capitaines.

On a pris soin d'y conserver aussi la mémoire de trois Chevaux illustres, dont la peau est adroitement colée sur des modéles de la même taille des originaux. L'un de ces chevaux fut vendu, dit-on, douze mille écus à Philippes second, qui en fit présent à Loüis de Requesens, Grand Commandeur de Castille, & (a) Gouverneur des Païs-bas. Le second eut l'honneur de porter l'Infante Isabelle, lorsque cette Princesse fit son entrée à Bruxelles. Et le troisiéme sauva, dit-on, la vie à l'Archiduc Albert, au siége d'Ostende.

Un de mes Amis m'a donné l'Epitaphe qui fut faite pour ce dernier. Vous y trouverez une réflexion, qui est d'un cheval à sages réflexions. On l'appelloit le Noble.

Siste gradum, spectator ; ego de nomine dicor
   Nobilis ; at virtus nomine major erat.
Archiduci Alberto prostravi terga, tenacem
   Cum circa Ostendam Martia Erinnys erat.
Hunc ipsum eripui pugnantem hostilibus armis
   Cùm mors sanguinem falce parabat opus.
Me magis ardebat miles, quia Virginis instar,
   Cernebat niveâ crescere fronte jubam.
Hinc, ut me raperet, crebrò sua spicula & enses
   In caput ignoti strinxerat Archiducis.

(a) Après le Duc d'Albe.

*Evaſi, eduxique Virum meque Ipſe reduxi
 Incolumen.* Noſtræ non erat hora necis.
*Aſt anno vertente, die quo evaſimus ambo,
 Nobilis interii. Cernito qualis eram.*

Il n'eſt pas moins commun de rencontrer à Bruxelles des chariots tirés par des (*a*) chiens, que par des chevaux : c'eſt une des ſingularités de cette Ville. Ils enharnachent trois ou quatre mâtins de front, & leur font traîner des charges ſurprenantes. On m'a aſſuré que par gageure, deux de ces chiens avoient promené cinq hommes dans une grande charette, d'un bout de la Ville à l'autre. Ce qu'on trouve de commode à cela, c'eſt que ces animaux dépenſent très-peu : il y a de certaines auberges pour eux, où l'on leur donne des chairs de voiries, & d'autres pareilles nourritures, moyennant deux liards par repas.

Puiſqu'on a remarqué que les Cenſeurs de Rome avoient fait (*b*) vendre en une

---

(*a*) Ces Chiens ne ſont pas de grandeur extraordinaire.

(*b*) *Mihi ſanè tria magnificentiſſima videntur, ex quibus maximè apparet magnitudo Romani Imperii, Aquæductus, Viæ Stratæ, & Cloacæ, reputanti, non ſolùm utilitatem operum rerum etiam impenſarum magnitudinem, quam ve hinc licet conjicere, quod ut affirmat. C. Aquilius, neglectas aliquando Cloacas, Cenſores mille talentis* [environ ſix cens mille écus] *purgandas locaverint.* Pluſieurs Antiquaires ont allegué ce paſſage de Denis d'Halcarnaſſe, quand ils ont parlé de la vente que les Cenſeurs faiſoient des matieres qui ſe tiroient des Cloaques. Mais j'eſtime qu'il eſt ici uniquement queſtion de la dépenſe qu'il falloit faire pour nettoyer ces mêmes Cloaques.

feule année, pour fix cens mille écus de la (a) matiere qui fe tiroit *ex latrinis*; il ne fera pas ridicule de vous dire que l'on fait à Bruxelles un femblable négoce. On affemble curieufement ces vuidanges en un même endroit, & après qu'elles fe font dûement fermentées, on en trafique comme d'autre chofe. Le hazard me fit une fois paffer vers ce beau lieu-là, comme trois ou quatre barques Hollandoifes y chargeoient cette marchandife. C'eft ici qu'on peut bien appliquer la fentence de Juvenal.

—— *odor lucri bonus ex re*
Qualibet.

Vous fçavez la réponfe de Vefpafien à Titus, fur l'impôt des Urines. Comme on a beaucoup de curiofité pour les fleurs en Hollande & en Flandres; on prend auffi un foin particulier de conferver cette forte de fumier, pour en faire des couches. La bonne odeur des fleurs, pourroit fournir un fujet d'énigme, qui auroit affez de rapport à celle du miel de Samfon.

Pour changer de difcours, je vous dirai que Bruxelles eft une des Villes des Païs voifins, où l'on peut trouver des plus agréables compagnies. Prefque tout le monde y parle François: il y a un grand nombre de perfonnes de qualité: les Dames y font bien

---

(a) M. entend feulement *hominum ftercora*, mais il fe trompe. La *Cloaca maxima* étoit l'égoût de toutes fortes d'ordures: *receptaculum omnium purgamentorum Urbis*. T. Liv.

faites : & il est aisé de s'introduire dans les meilleures sociétés.

Quatre ou cinq grandes ruës de la Ville basse, forment une Isle, & en même-tems une espéce de cercle où se fait le Cours. Tous les jours sur le soir, en hyver même aussi-bien qu'en été, il ne manque pas de se trouver-là un assez bon nombre de carosses : Cette promenade leur plaît ici davantage que la promenade à pied. Il n'en est pas de même à Paris, les Tuilleries sont plus fréquentées que les Cours.

A Rome, & en quelques autres endroits d'Italie, comme je vous l'ai mandé, les hommes ne se mettent point avec les femmes, dans le même carosse, la coûtume générale est aussi d'en user de la même maniere à Bruxelles, quand on va au Cours. Mais au lieu qu'à Rome c'est par une prétenduë raison de bienséance ; ici c'est pour caqueter plus commodément. Cela vous paroît un peu paradoxe. Les hommes vont d'un côté, & les femmes de l'autre ; ainsi les deux sexes se rencontrent, se parlent, si bon leur semble, & se réjoüissent les yeux les uns des autres. C'est de cette maniere que la galanterie naît de leur partage ; & que leur division fait une plus générale societé. Ce petit commerce seroit assez agréable, sans l'importune nécessité de saluer tout le monde, & de recommencer toûjours les mêmes salutations à chaque rencontre.

Il se fait une assez plaisante fête le 19. de Janvier, entre les Bourgeois de Bruxelles.

Les femmes deshabillent leurs maris & les portent au lit. Et le lendemain les maris font un régal à leurs femmes & à leurs amis. Je ne puis vous rien dire de positif sur l'origine de cette coûtume : un jour comme je m'en informois, on en allégua deux raisons differentes dans une même compagnie, & chacun persista dans son opinion.

Les uns dirent, sans circonstancier leur histoire, que la Ville de Bruxelles étant réduite à l'extrémité, après avoir souffert un long siége, elle se rendit avec cette capitulation ; que les assiégeans en deviendroient les maîtres, moyennant que les femmes en sortissent avec les petits enfans, & avec ce qu'elles pourroient emporter : & qu'au lieu de plier leurs toilettes, comme on supposoit qu'elles le feroient, elles se chargerent de leurs maris, & tromperent ainsi l'ennemi.

Les autres, qui traiterent cela de fable, dirent qu'un nombre considerable des habitans de Bruxelles, s'étant joints à l'armée de S. Loüis, dans sa premiere Croisade ; & cette armée ayant été presque toute défaite, les Bruxellois furent des moins malheureux. Que la plus grande partie d'entre eux, ou échapa, ou fut rachetée ; qu'ils se joignirent tous, pour revenir ensemble dans leur Patrie ; que leurs femmes en ayant eu avis comme ils approchoient de la Ville, elles coururent au-devant d'eux ; & que dans les transports de la joie qui les animoit, elles les prirent & les apporterent entre leurs bras. Le fardeau étoit un peu pesant. S'il m'étoit permis de racommoder l'histoire, je me contenterois de faire deshabiller les maris par les femmes, à cause de la bonne humeur des unes, & de la lassitude des autres.

Ces guerriers de Bruxelles me font souvenir d'une espéce de monument qui s'y voit sur la porte de Flandres. Ce sont des hommes armés de broches. Un bon vieillard qui me les fit remarquer l'autre jour, me dit que ces statuës avoient été mises là, en mémoire de ce que les Gantois s'étant révoltés comme chacun sçait, sous le gouvernement de la Reine Doüairiere de Hongrie, sœur de Charles-Quint ; & ces Rebelles étant venus pour surprendre & piller Bruxelles, la populace de cette Ville, armée seulement de fourches & de broches, repoussa vigoureusement l'Ennemi par la porte dont il est question.

Les plus belles Eglises de Bruxelles, sont celle de Sainte Gudule, & celle des Jésuites. Ces Mrs. ont de grosses cloches, comme on en a dans les Eglises Paroissiales, ce qui n'est pas communément pratiqué. Ils se servirent du prétexte de certains Cathéchismes extraordinaires, pour obtenir d'abord la permission de sonner une cloche de médiocre grosseur. Peu-à-peu ils se sont émancipés tout-à-fait, & ont en même tems fait enfler la (a) cloche. Les autres Moines en ont bien de la jalousie, eux

_____
(a) Cette cloche est faite d'un métail de quelques | statuës qui étoient devant le Palais.

L v

qui déja ne font pas fort amis des *Jesuites*.

On diſtingue à S. Gudule la Chapelle du S. Sacrement des miracles, à cauſe des Reliques qui y ſont conſervées. On raconte que quelques Juifs ayant (a) acheté d'un Curé, §. *ou d'une Femme*, pluſieurs Hoſties conſacrées, les percérent à coups de coûteau, & qu'il en ſortit beaucoup de Sang. Les Juifs furent brûlés ſur la plus haute tour des murailles de la Ville, deſorte qu'on voyoit le feu de dix lieuës; & les Hoſties furent retrouvées & miſes ſur l'Autel de la Chapelle, dans un Ciboire d'or. Cette hiſtoire eſt peinte contre les murailles, vers le Chœur, avec ces Vers. §. *Il y a un Livre ſur ce ſujet. Miſſon n'a pas été bien informé du fait.*

Quiſquis ades, ſummi quem tangit cura Tonantis :
Dum properas cœptum ſiſte viator iter.
Hæc Tibi viva caro Chriſti, Sapientia Patris,
Chriſtus adeſt, vivus panis & una ſalus.
Invida Judæi (b) *quam dum laniare laborat*
Impietas, meritis ignibus ecce ruit.
Quare, age, divinos (c) *huic funde viator honores ;*
Funde Deo dignas ſupplice mente preces.

L'Egliſe des Capucins eſt une des plus belles que ces Religieux ayent dans le Monde.

De l'autre côté de la Place, vis-à-vis de l'Hôtel de Ville, il y a une aſſez belle Mai-

(a) En 1369. Voyez Meyer.
(b) Carnem.
(c) Carni.

son qu'on appelle la Maison du Roi, & la Maison du Pain. (*Broodt-huys*) Sur la Façade est écrit en grands caractères. *A Peste, Fame, & Bello, libera nos Maria Pacis.* hIC VotVM paCIs pVbLICæ eLIsabeth ConseCraVIt. Les lettres numerales marquent l'année 1625.

Il y a plusieurs raretés dans la Bibliothéque des Jésuites : & entr'autres choses, le fauteüil de cuir doré, dans lequel Charles-Quint étoit assis lorsqu'il fit la démission de ses Etats.

(*a*) La Chapelle de la Maison de Tassis, dans l'Eglise des Sablons, mérite bien quelque distinction.

J'apprens que de trente-cinq mille *bonniers* de terre, dont la Province de Brabant est composée, il y en a vingt-neuf mille qui appartiennent en propre aux Communautés Ecclesiastiques.

Il y a quelque peu de Protestans à Bruxelles ; mais ils n'ont aucune liberté, & même ils ne se déclarent pas ouvertement. Néanmoins, l'Inquisition ne regne point en ce païs, les Etats n'y ont jamais voulu permettre l'établissement de cette tyrannie.

Je vous aurois dit quelque chose encore, touchant l'Académie, le Théâtre, la grande Place, l'Hôtel de Ville, les Tableaux qui s'y voyent, & sa belle Tour, le Jardin

(*a*) Cette Chapelle est d'un très-beau marbre noir du païs de Liége.
Celui de la fameuse Chapelle du S. Suaire à Turin, est laid & salle en comparaison.

du Duc de Bournonville, la Sale du Comté d'Egmont, la Verrerie, & le Jardin des Carmes; mais on me presse de finir ma Lettre. Vous sçavez que les Dentelles & les Tapisseries font une partie du négoce de Bruxelles.

Nous partons dans un moment, pour aller faire une promenade à Anvers. De-là nous reviendrons passer encore ici deux ou trois jours, pour prendre ensuite la route de Gand, de Bruges, d'Ostende; & enfin de Nieuport, où le Yacht se rencontrera.

Au reste, j'ai bien des civilités à vous faire de la part de Mr. le (*a*) Chevalier Bulstrode; c'est l'homme du monde le plus obligeant. Je crois qu'il vous auroit écrit, sans l'inquiétude épouventable où il est, à cause de tous ces préparatifs que l'on fait en Hollande, & qui semblent menacer l'Angleterre. Le (*b*) Marquis d'Albiville lui fait souvent part de ce qui se passe sous ses yeux à la Haye, mais la difficulté est de pénétrer au fonds du mystere. Je suis,

Monsieur,

Vôtre, &c.

A Bruxelles ce 23. *Septembre* 1688.

(*a*) Envoyé d'Angleterre à la Cour de Bruxelles. | (*b*) Envoyé d'Angleterre en Hollande.

LETTRE XLI.

MONSIEUR,

Quand nous allâmes de Bruxelles à Anvers, nous prîmes la barque ordinaire par les canaux, jusqu'au village appellé le petit Villebroek, pendant cinq lieuës. A ce village, nous nous embarquâmes sur le Rappel; & à la faveur du vent & de la marée, nous vînmes de Villebroeck à Anvers en moins de deux heures.

Pour retourner à Bruxelles, nous loüâmes un chariot qui nous conduisit par Malines à la petite Ville de Vilvorden; & là nous reprîmes la barque. Il n'y a que deux lieuës de Vilvorden à Bruxelles.

Malines (a) passe pour une Ville extrêmement propre, ce qui, à dire la verité, ne nous a pas paru plus qu'ailleurs. On y fait beaucoup de dentelles, & la petite riviere de Dyle, sur laquelle elle est située, remplit quelques canaux qui lui ouvre communication, avec la plûpart des Villes voisines. Les Femmes de la Seigneurie de Malines, vont souvent accoucher sur le Territoire de Brabant, afin que leurs Enfans jouïssent des privileges des Brabançons. Si vous souhaitez de sçavoir quels sont ces pri-

MALINES.

(a) Archevêché, & Siége du Parlement de Brabant. C'est une Ville fort ancienne.

vileges dont on parle tant, je pourrai bien en joindre ici une copie ; cela n'est pas long.

I. *Le Duc* (c'est aujourd'hui le Roi d'Espagne) *n'assemblera point les Prélats & autres Ecclesiastiques, sans le sçû, consentement, & particuliere permission des deux autres Etats, la Noblesse & le Peuple.*

II. *Le Duc ne poursuivra aucuns de ses sujets ou habitans, que par la voye ordinaire de la Justice ; afin que l'accusé se puisse défendre par Avocat, & plaider publiquement sa cause.*

III. *Le Duc ne pourra ordonner aucunes Tailles sur ses Sujets, ni autres exactions, sans le consentement des Etats du Païs.*

IV. *L'Etranger ne pourra exercer aucun Office honorable en Brabant, mais seulement quelques emplois de peu d'importance.*

V. *Si le Duc fait assembler les Etats Généraux, pour obtenir d'eux quelque chose, ceux de Brabant ne sont tenus de sortir hors de leur païs, ou conclurre hors de leurs païs quelque chose.*

VI. SI LE DUC VEUT CONTREVENIR PAR FORCE, RUSE, OU AUTREMENT, A LEURS PRIVILEGES, CEUX DE BRABANT APRE'S AVOIR DEUEMENT ET CIVILEMENT PROTESTE', SONT ABSOUS DU SERMENT DE FIDELITE', ET PEUVENT LIBREMENT FAIRE CE QUE BON LEUR SEMBLERA.

La Substance de ce dernier Article devroit être écrite en caractéres d'or, & gravées sur des Colonnes d'Airain, aux frontispices des Palais des Princes, & au milieu de toutes les principales Villes de leurs Etats.

La Province de Brabant, & la Seigneurie de Malines, par une ancienne coûtume, ne reçoivent aucun Gouverneur particulier. Le Grand Conseil Royal établi par Charles Duc de Bourgogne en 1471. & qui suivoit autrefois la Cour, fut rendu stable à Malines l'an 1503. Il juge souverainement & sans appel les Chevaliers de la Toison d'Or, sauf la révision du procès. Je n'ai pas appris qu'il y eût à Malines aucunes raretés, qui nous y dûssent arrêter.

La célébre Ville d'Anvers, mérite bien que je vous en entretienne un peu plus long-tems. Elle fut premierement fermée de murailles l'an 1211. par Henri II. Duc de Brabant. *Antvverpen*, dans le langage du Païs, signifie Digue avancée : L'ancien nom étoit *Attuacum*, *Antuacutum*, *Andovërpœ*. *Antuerpia* ne se trouve que dans les Auteurs du *medium ævum*. Il y en a qui nonobstant ce que je viens de dire de la vraye signification d'*Antvverpen*, dérivent ce nom de *Hand*, main, & de *vverpen*, jetter ; à cause d'un certain prétendu Geant Antigone, qui, dit-on, rodoit autrefois dans ce païs-là, & à qui les passans étoient obligés de jetter dans la main ou de donner la moitié de ce qu'ils portoient, sur peine d'être dévorés par cet *Ogre*.

ANVERS, autrefois ville Anséatique. Evêché.

Cette Ville est située sur un terrein parfaitement uni, à la rive droite de l'Escaut. Sa forme est comme une moitié de cercle : la riviere en arrose la ligne diamétrale ; & le circuit de toute la Ville, à ce qu'une personne exacte m'a assuré, & de cinq mille six cens trente-cinq pas géometriques. Les maisons sont en partie de bois, en partie de brique, & d'une structure assez singuliere, avec des creneaux sur des pignons, & des faîtes fort élevés, selon le goût de tout le païs, mais en général, ces maisons ne laissent pas d'être belles. Communément les ruës sont larges, droites, & bien pavées.

La Ville est environnée de médiocres fortifications ; & sur les remparts, il y a presque par tout de doubles allées de grands arbres, qui y forment des promenades très-agréables. La Citadelle est bonne & forte, quoiqu'un peu négligée : c'est un (*a*) pentagone parfait.

Elle fut construite l'an 1567. & coûta, dit-on, 500000. ducats. La statuë de bronze du Duc d'Albe, fut mise au milieu de la place d'armes. Il étoit tout armé, hormis la tête ; le bras droit étendu vers la Ville, & la main ouverte. La statuë fouloit aux pieds une figure monstrueuse, qui avoit deux têtes & six bras ; deux écuelles penduës aux oreilles ; & au col, deux besaces, d'où sortoient deux serpens. Les six mains tenoient une torche, une feüille de papier

(*a*) Les cinq bastions Tolede, Duc, Albe, Pa-furent nommés Ferdinand, ciotto.

une bourse, un manteau rompu, une massuë, & une hache; & aux pieds du monstre étoit un masque. Les lettres que voici, se voyoient sur le piédestal, du côté de la Ville, (a) F. A. A. T. A. D. P. S. H. R. A. B. P. Q. E. S. R. P. R. P. J. C. P. P. F. R. O. M. F. P. Cette statuë fut quelque tems après brisée par le Peuple.

Chapuys a écrit une assez plaisante chose, que je ne puis m'empêcher de vous dire ici. Lorsque cette Citadelle fut mise par les Espagnols entre les mains du Duc d'Arscot l'an 1577. le Duc mettant la main entre celle de celui qui recevoit son serment, prononça ces paroles : *Je jure par le nom de Dieu & de Sainte Marie, que je garderai fidélement cette Citadelle, &c.* A quoi il lui fut répondu en cérémonie. *Si vous faites ainsi, Dieu vous soit en aide : sinon que le Diable vous emporte en corps & en ame.* Et toute l'Assemblée répondit, *Amen.*

L'Escaut est large & profond vis-à-vis Anvers ; c'étoit autrefois, & à deux lieuës de chaque côté, le havre le plus riche, & le mieux rempli qui fut en Europe. Je lisois, il n'y a pas long-tems, dans quelques fragmens des Annales d'Anvers, que l'an 1550. il s'y fit un négoce de cent trente-trois mil-

---

(a) *Ferdinando Alvarez à Toledo. Albæ Duci Phil. II. Hisp. Regis apud Belgas Præfecto, quod extinctâ seditione; Rebellibus pulsis, Religione procuratâ, Justitiâ cultâ, Provinciis pacem firmaverit, Regis Optimi Ministro fidelissimo positum.*

Omnimodæ merces, Artes priscæque, novæque.
Et quæ sunt aliis singula, cuncta mihi. Schol.

lions d'or, sans compter la banque. Je trouvai aussi dans ces Mémoires, une petite histoire que j'ajoûterai ici, & qui vous fera connoître, par échantillon, les anciennes richesses d'Anvers.

Un Marchand, nommé Jean Daens, avoit prêté un million d'or à Charles-Quint: c'étoit, ce me semble, pour la guerre de Hongrie. Au retour de cette expédition, l'Empereur passa à Anvers: Jean Daens le supplia de vouloir bien dîner chez lui: Charles-Quint y consentit: le Marchand le traita splendidement, fit tout le jour un feu de canelle, & y brûla, pour couronner le régal, l'obligation qu'il avoit de cet Empereur pour le million d'or. Les mêmes Annales rapportent que la perte qui se fit à Anvers, par le pillage des Espagnols, l'an 1576. fut estimée monter à plus de soixante millions de Florins.

Aujourd'hui, comme vous sçavez, les choses ont changé; le Port d'Anvers est dénué de Vaisseaux: le Change des Marchands est désert; & la Ville, quoique toûjours belle, est dans une triste tranquillité. Il ne laisse pas d'y avoir beaucoup de familles riches.

Londres & Anvers, étoient deux des principales Villes de la Ligue, ou de la Hanse Teutonique. La (a) Maison publique de ces Conféderés subsiste toûjours à Anvers: c'est un grand & beau bâtiment. La Bourse est longue de quatre-vingt-dix pas, & large de soixante & dix, y com-

(a) On l'appelle l'Hôtel des Osterlins.

pris la largeur des portiques, qui régnent tout autour en dedans. Elle fut bâtie l'an 1531. & prit son nom d'une maison qui étoit dans le même lieu, sur laquelle il y avoit un écusson d'armoiries chargé de trois bourses. Et c'est de-là qu'est venu le nom de Bourse, qui depuis ce tems-là est employé par tout comme à Anvers, pour dénoter le lieu public du rendez-vous des Marchands. L'Hôtel de Ville est aussi un très-bel édifice.

La premiere fois que je vis les Eglises d'Anvers, j'avouë que je fus surpris de leur magnificence : particulierement de ce qui paroît dans celle *des Jesuites*, où l'on ne voit que marbre, & que rares peintures. Mais depuis ce tems-là, j'en ai vû cent en Italie, qui effacent celles d'Anvers. Le Clocher de la (*a*) Cathédrale, dans cette derniere Ville, approche de la hauteur du Clocher de Strasbourg; & il y a quelque chose de plus délicatement travaillé. On ne trouve rien de semblable en Italie : ils ont des Domes, & des tours separées du corps de l'Eglise : mais ils ne sçavent ce que c'est qu'un clocher comme celui d'Anvers.

A trente pas de cette même Eglise, on voit un Puits, dont les branches de fer, où pend la poulie, sont ornées de diverses feüillages : c'est de l'ouvrage d'un fameux Maréchal nommé Quintin Mathys. Ce Forgeron étoit un homme de bonne façon :

(*a*) Quatre cens vingt pieds. La Tour est chargée de trente trois cloches.

homme d'esprit & adroit. Il aimoit la fille d'un Peintre, & la fille l'aimoit aussi : mais quoique Quentin fut assez raisonnablement partagé des biens de la fortune, le Peintre ne vouloit point d'un Gendre Maréchal. L'amour qui est ingénieux, dicta à Quintin le dessein de quitter le marteau & l'enclume, pour prendre le pinceau : afin de lever la difficulté. En effet, en très-peu de tems il égala, & surpassa même tous les Peintres d'Anvers, & sa Maîtresse lui fut accordée. Ce brave homme mourut l'an 1529. & fut enterré au pied de la Cathédrale, proche du grand portail. On a gravé les vers que voici contre la muraille, au-dessus de sa tombe :

CONNUBIALIS AMOR DE MULCIBRE FECIT APELLEM.

Connubialis amor, est *l'amour* d'un mari pour sa femme, ou d'une femme pour son mari (chose qui passe pour être fort rare.) Or Quintin étant amoureux d'une fille, qui n'étoit pas encore sa femme, on ne peut pas appeller son amour d'alors *connubialis amor.* Il aimoit pour se marier ; mais on ne pouvoit pas dire alors, qu'il fut amoureux & marié.

L'Imprimerie de Plantin subsiste toûjours en quelque maniere. Elle appartient au Sr. Moretus, qui est aussi fort habile dans cette Profession.

L'Eau de l'Escaut étant toûjours salée devant Anvers, & les fontaines de la Ville ne suffisant pas pour fournir toute l'eau qui est nécessaire pour les Brasseries, on a été obligé d'en faire venir de plus loin par un canal. Cette eau est conduite dans une profonde citerne, d'où on l'éleve par des machines dans un grand bassin ; & de ce bassin elle se communique par quarante tuyaux chez quarante Brasseurs. Les gens de cette profession sont fixés à ce nombre, à cause de la disette de l'eau, encore n'en ont-ils pas toûjours. Il y a des heures reglées pour en faire la distribution, & chacun sçait le tems auquel il peut ouvrir le robinet de son tuyau.

Charles-Quint passant à Paris, dit par une espece de mépris, à ce que quelques-uns ont écrit, (a) qu'il mettroit Paris dans son gant, voulant signifier par-là, que cette Ville pourroit être contenuë dans celle de Gand. Les bons mots des grands Princes passent aisément pour des Oracles. Cette histoire, vraye ou fausse, a donné lieu sans doute, à l'imagination de plusieurs Auteurs, qui parlent de Gand, comme de la plus grande Ville de l'Europe. Je ne sçai si l'on pourroit mettre Gand dans le faubourg

GAND.

(a) L'an 1427. le Comte de Nassau, Baron de Diestin, le Marquis de Bergopsum, & le Baron de Wesemale, firent mesurer par gageure le circuit de plusieurs grandes Villes : & ils trouverent [comme cela paroît par l'acte qu'ils écrivirent, & que l'on a encore] que l'enceinte de Louvain est de trois verges plus grande que celle de Gand. Cette verge étoit une mesure de vingt pieds. *Voyage de Flandres.*

S. Germain : mais toûjours sçai-je bien que quelque grande que soit la Ville, elle se trouvera bien petite, quand elle se voudra comparer à celle de Paris. Gand est une Ville, & Paris est un Monde.

Au reste, tout cela ne veut pas dire que Gand ne soit un lieu fort agréable : c'est une belle Ville propre, joliment bâtie, dans un bon air, & dans une situation commode. Au lieu qu'à Paris, *les maisons empêchent de voir la Ville :* les grands vuides de Gand, font qu'on la découvre aisément. Le Roi de France la prit en six jours, malgré les inondations de ses écluses, l'an 1678.

Les rivieres de l'Escaut & du Lys s'y promenent en serpentant, & y apportent beaucoup de commodités.

Sur un des ponts du Lys, il y a deux statuës de bronze, dont l'une est en posture de trancher la tête à l'autre. La même représentation se voit dans un grand Tableau à l'Hôtel de Ville, & au-dessous du Tableau, ceci est écrit :

Ae Gandt le en Fand fraepe sae Pere se taete Desuu maeis se heppe rompe si graece de Dieu.
1371.

Peut-être n'entendriez-vous pas ce Gaulois, ou plûtôt cet ancien Walon, si je ne vous aidois à l'expliquer. *A Gand, l'Enfant frappe son Pere dessus la tête, mais son épée romp par la grace de Dieu.*

On nous a raconté qu'un Pere & un Fils, ayant été tous deux condamnés ensemble à la mort, on accorda la grace à celui des deux qui voudroit être le bourreau de l'autre. Que ces deux malheureux se disputerent long-tems l'avantage que chacun trouvoit à mourir. Mais qu'enfin, le Pere qui étoit rassasié de jours, & qui d'ailleurs avoit plus de force d'esprit, ne voulant jamais survivre à son Fils; celui-ci prit la triste résolution d'ôter la vie, à celui de qui il l'avoit reçûë. On ajoûte que dans l'action de donner le coup, l'épée se rompit en l'air, ou s'échapa de la poignée; ce qui ayant été regardé comme un effet particulier de la Providence, les deux criminels furent pleinement délivrés. Si l'histoire est véritable, le jugement de Dieu se déclara d'une maniere admirable, contre celui des hommes, qui sous l'apparence d'une grace étoit extrêmement cruel.

L'ancienne Maison qu'on appelle la (a) Cour du Prince, étoit autrefois le Palais des Comtes de Flandres. On nous y conduisit, pour nous faire voir la chambre (b) où nâquit Charles-Quint. Cette chambre

(a) On dit qu'il y a autant de Chambres que de jours en l'an.

(b) Les Prélats de Gand lui offrirent en naissant une Bible, sur laquelle étoit écrit: FEUILLETEZ CE LIVRE. Act. Her. de Ch. V.

Dans l'Eglise des Beguines, il y a un Crucifix miraculeux, qui a la bouche ouverte. Une Beguine fort affligée de ce que toutes ses Compagnes s'étoient allées divertir un jour de Carnaval, & l'avoient laissée seule, alla faire ses condoléances au Crucifix. Le Crucifix lui répondit: *Ne t'afflige pas, ma Fille, demain tu te réjoüiras avec moi: Tu seras à mes nôces éternelles.* En effet, la Beguine mourut le lendemain, & le Crucifix est demeuré la bouche ouverte. *Anon, Voyage de Fland.*

est si petite, qu'il n'est pas possible qu'il y ait jamais eu de lit. Cependant on ne peut pas douter que ce ne soit le lieu même où ce Prince vint au monde, à cause de l'ancienne inscription qui s'y lit, & qui exprime la chose positivement. Si la Ville de Gand a eu l'honneur de donner le jour à cet Empereur, elle a eu le malheur aussi d'en être si rudement traitée, qu'on peut bien dire qu'il eût mieux vallu pour elle, qu'il ne fût jamais né. On a remarqué qu'il nâquit le jour de S. Mathias: qu'il fut proclamé Empereur en un même jour; & qu'il fit prisonnier ce même jour le Roi François I. (l'an 1500.)

La Cathédrale de Gand est dédiée à S. Bavon; c'est un grand vaisseau. J'y remarquai un Epitaphe, dont la simplicité est peut-être plus énergique, qu'un éloge fort recherché; c'est pour un Evêque.

Ecclesia Antistitem amisit,
Respublica Virum.

BRUGES Evêché, & autrefois Ville Anséatique.

De Gand nous vînmes à Bruges par un canal: cette Ville est sans contredit, & fort grande & fort belle. (*a*) Elle n'a pas la même étenduë que celle de Gand, mais elle est

(*a*) Il faut voir à Bruges l'Hôtel de Ville, la Maison de l'Eau, le Palais Episcopal, la Cathédrale, la Place du grand Marché, & celle des Colleges des quatre Nations, l'Eglise des Jesuites, & divers magnifiques Tombeaux dans l'Eglise Collégiale de N. D. Dans la Cathédrale, à côté du Chœur, on fait voir l'endroit où Charles le Bon, Comte de Flandres, fut assassiné par des gens qu'il avoit contraints d'ouvrir leurs Magazins en tems de Famine, *Voyage de Fland.*

beaucoup

beaucoup mieux remplie, & ses bâtimens sont plus uniformes. Des Vaisseaux de cinq cens tonneaux y peuvent aborder par le le grand canal ; mais le commerce en est comme tout-à-fait déchu, aussi-bien qu'à Anvers. La Hollande a tout emporté.

Vous sçavez que l'Ordre de la Toison d'or a été [a] institué à Bruges par [b] Philippe le Bon Duc de Bourgogne ; mais je ne sçai si vous êtes aussi-bien informé de la raison de son institution : du moins est-il certain que la chose est rapportée par divers Auteurs d'une maniere fort différente. Il y en a qui disent que l'année de son mariage avec [c] Elisabeth ou Isabelle de Portugal, ayant été une année de grande abondance, il prit cet événement à bon augure, & qu'ayant remarqué le mot ou le nom de JASON dans les premieres lettres des cinq mois de la récolte, Juillet, Aoust, Septembre, Octobre, & Novembre : il se souvint de la Toison de la Colchide, & institua l'Ordre de la Toison par allusion à cette rencontre. Plusieurs ont écrit que ce fut seulement, parce que Philippe devint

[a] Le 20. ou 19. de Janvier 1429. ou 1430.

[b] Philippe III. Il ne créa d'abord que vingt-cinq Chevaliers. Trois ans après, il augmenta ce nombre de six : Charles V. le fit aller jusqu'à cinquante-un. Mais Philippe II. & Philippe III. Rois d'Espagne, ont multiplié les Compagnons de l'Ordre à l'*indéfini*.

[c] Philippe le Bon avoit épousé en premieres Nôces Michelle de France, cinquième fille de Charles VI. En secondes Nôces, Bonne d'Artois, sœur du Comte d'Eu, & en troisiémes Nôces, Isabelle de Portugal.

Tome III.

amoureux d'une simple fille qui avoit une robe fourrée de peau d'agneau. Quelques-uns assurent que cette fille étoit rousse ; que ce Prince étant allé la voir, & ayant trouvé sur sa toilette un certain floquet de poil roux, il le ramassa avec soin, & le conserva précieusement ; & que ses Courtisans lui en ayant fait quelque raillerie, il lui vint en l'esprit d'anoblir ce floquet, en instituant l'Ordre de la Toison d'or. Daviti dit que plusieurs croyent que ces Chevaliers tirent leur origine de la Légion Thébéenne : & d'autres rapportent que le grand revenu que le Duc Philippe tiroit des droits d'entrée des laines d'Angleterre, fut l'occasion de l'institution de cet Ordre.

[a] Olivier de la Marche, George Castellanus, & après eux, J. J. Chiflet, disent que le Duc eut premiérement en vûe la Toison de [b] Colchos ; qu'en cette vûe l'Ordre fut institué, & nommé de la Toison d'or ; & que Jean Germain Evêque de [c] Chaalons ayant représenté à ce Prince qu'il valloit mieux que cette noble institution fût fondée sur quelque endroit de l'Histoire Sainte, que sur la Fable, la chose fut détournée sur la Toison de Gedeon. (Jug. ch. 6. ℣. 37. &c.) Mais ces Auteurs ne s'expliquent pas assez ; car il ne suffit pas

---

[a] *Olivarius Marcanus* avoit été au service de Philippe, & avoit eu pendant cinquante ans divers Emplois considérables dans la Maison de Bourgogne.

[b] Ou du Mouton de Phryxus.

[c] Chaalons sur Saone. (*Cabilonensis Episcopus.*)

pour informer la Postérité de l'histoire de cette institution, de parler comme ils font en termes généraux. Que Philippe ait eu d'abord en vûe la Toison d'or, & qu'ensuite on ait pensé à celle de Gedeon, c'est quelque chose ; mais ce n'est pas le principal. La question est particuliérement de sçavoir la raison ou l'occasion qui a donné lieu à l'institution. Chiflet & quelques autres se tourmenterent fort pour persuader que Philippe eut un motif de piété ; mais ils le prouvent mal, & quoique les deux vers qu'ils alléguent & qui se voyent, disent-ils, sur le Sarcophage de ce Prince, semblent décider la chose en faveur de leur sentiment.

Pour maintenir l'Eglis' qui est de Dieu Maison,
J'ai mis sus le noble Ordr' qu'on nomm' de la
Toison.

Ils ne prouvent à mon avis rien du tout ; étant plus probable que cette espèce d'Epitaphe est plûtôt un effet de la charité de ce bon Evêque, qui voulut substituer l'Histoire Sainte à la Fable, qu'une sincere explication de la premiere pensée du Duc.

Vous sçavez que le Roi d'Espagne en qualité de Duc de Bourgogne, est le Chef de l'Ordre de la Toison d'or.

Nous ne fûmes pas plus de trois heures à venir par le canal de Bruges à Ostende : cette petite ville est assez joliment fortifiée. Les grandes écluses, par le moyen desquelles elle reçoit l'eau de la Mer, & en communique autant qu'elle veut à Bruges, est ce que l'on y peut voir de plus remarquable.

Il est comme impossible de parler d'Ostende, sans se souvenir du plus fameux siége qui peut-être ait jamais été. Ce Bourg de Pêcheurs assez médiocrement remparé, après avoir soûtenu un choc de [a] près de trois ans & trois mois ; après avoir essuyé plus de trois cens mille coups de canon, souvent à l'abri des monceaux de cadavres, dont les assiégés réparoient les bréches ; après avoir perdu plus de [b] soixante-dix mille hommes, & en avoir fait périr [c] davantage ; cette pauvre petite Place toute renversée, contrainte enfin de céder à la force, ne se rendit pourtant qu'après avoir encore eu l'honneur de capituler.

NIEU-PORT. D'Ostende à Nieuport on a la voye d'un canal, mais afin d'arriver de meilleure heure, nous aimâmes mieux loüer un carosse.

[d] Newport est médiocrement fortifiée, & peut par ses écluses empêcher l'approche de ses ennemis, aussi-bien qu'Ostende. Dunkerque étant une Piece fameuse par diverses raisons & si voisine de Newport, j'aurois beaucuop souhaité de la voir ; mais la crainte d'y trouver des DRAGONS m'a

[a] L'Archiduc Albert commença le siége le 5. Juillet en 1601. Et Ambroise Spinola entra dans la Place le 20. Septembre 1604.
[b] Soixante & dix mil-

le cent vingt-quatre.
[c] Soixante & douze mille neuf cens.
[d] Nommée *Zandishoüe*, avant qu'elle eût été rebâtie, en 1442.

empêché de satisfaire ma curiosité. Mylord n'étant pas dans un pareil danger, je lui ai conseillé de ne pas perdre l'occasion d'aller visiter cette Forteresse; & je vous ferai part de ce que j'appris hier au soir de ●● après son retour. Depuis l'acquisition que la France a [a] faite de cette Place, on en a beaucoup augmenté les Fortifications, tant à la Ville qu'à la Citadelle; & l'on n'a rien oublié pour en faire la défense aussi bonne qu'il a été possible. Mais quelque bien revêtus que soient tous les ouvrages, le terrein étant d'un sable fort délié, fort mouvant, si la bréche étoit une fois commencée, il est manifeste que le rempart s'ébouleroit aisément, & c'est là un fort grand défaut. Les deux *Jettées* que vous appellerez, si vous voulez *Moles* ou *Chaussées*, s'avancent un quart de lieuë dans la Mer, & forment un canal de largeur paralelle, par lequel entrent aisément les vaisseaux. Au bout de chaque *Jettée* il y a deux [b] platte-formes fondées sur des pilotis qui s'élevent de 25 ou 30 pieds hors de l'eau en basse marée ordinaire, & chaque platte-forme est une batterie munie d'environ 30 piéces de canon. A une très-petite distance de la *Jettée* qui est à gauche, c'est-à-dire du côté de Graveline, il y a deux Patés que les gens du pays appellent Risband, qui sont à quelque éloignement, l'un vers la Citadelle du côté de la Ville, l'autre plus avant dans la

[a] Louis XIV. l'acheta de Charles II. en 1662.
[b] L'une appellée Château verd; & l'autre Château de bonne Esperance.

Mer vers la [a] *Tête* de la *Jettée*. Ces deux Forts: ſi je puis les appeller ainſi, couvrent la Place du côté de la Mer, avec les deux Terre-plains des Jettées & le canon de la Citadelle; ils commandent aſſez avant dans la Mer, & défendent l'entrée du canal. Le plus petit vers la Ville, eſt comme un fer à cheval, & l'autre eſt une eſpece de triangle arrondi. Cela eſt admirablement bien fondé ſur pilotis, très-ſolidement bâti & rempli de beaucoup de canon. Vous voyez que la Place eſt de difficile accès de ce côté-là; & ce qui la rend plus inacceſſible encore, c'eſt que par tout aux environs il y a quantité de bancs de ſable, qu'il faut bien connoître pour en aborder, & dont on ne ſortiroit pas aiſément ſi l'on s'y étoit engagé mal-à propos. Vous pouvez bien penſer qu'on n'a pas oublié les chaînes, les poûtres traverſantes, ni les autres machines qui peuvent ſervir à barricader le canal. Dunkerque étant ainſi défenduë du côté de la Mer, étant fortifiée comme elle l'eſt du côté de la Terre, pouvant d'ailleurs inonder ſes environs, & n'étant commandée par aucune éminence, on peut, je crois, dire qu'elle n'a point d'autre défaut, que celui dont je vous ai parlé. Tous leurs puits ſont ſalés; mais ils ont une petite riviere, & outre cela leurs citernes. Le Port eſt comme une lar-

[a] Une des platte-formes, ou batteries dont je viens de parler.

[b] Il y a un Fort dans les Dunes, à une lieuë de la Ville du côté du Fort de Mardick. On l'appelle le Fort Lion.

ge fossé revêtu entre la Ville & la Citadelle. Au-dessus de ce Port on a fait un grand bassin pour les Vaisseaux de guerre ; & proche de là sont de très-beaux Magasins. La Ville n'a aucune beauté ; elle est toute bâtie d'une brique grisâtre qui donne aux maisons un air sale & sombre. Un Gentilhomme Anglois qui demeure ici & qui connoît Cantorberi, compare la grandeur de Dunkerque à celle de cette Ville : cependant il y a seize Paroisses dans la premiere, & il n'y en a qu'une dans l'autre. Cela nous apprend à ne juger pas de la grandeur des Villes par le nombre des Paroisses qui les composent.

Je n'ai rien du tout à vous dire de la petite Ville de Nieûport, sinon qu'elle termine notre pelerinage en deçà de vos Mers.

Par la grace de Dieu ce petit voyage a été tout-à-fait heureux : ni maladie, ni mauvaise rencontre, ni aucuns fâcheux accidens n'en ont interrompu le plaisir ; & la compagnie de notre ami commun M. S. Waring qui ne nous a jamais quittés, m'a souvent été en mon particulier d'un fort grand secours : c'est un Gentilhomme dont les qualités sont toutes aimables.

Au reste, quelque satisfaction que l'on trouve dans les voyages, je vous puis assurer que c'est une chose bien douce de retourner dans son pays. Je suis,

Monsieur, *Vôtre*, &c.

A Nieuport ce 3. *Octobre* 1688.

[a] La Promenade ordinaire est sur les Jettées.

Fin du Tome troisiéme.

M iiij

TABLE

DES PRINCIPALES MATIERES
du troisiéme Volume.

A

Ar. Riviere. 218
Académie de Peinture à Milan. 144
— De Genéve. 214
— De beaux Esprits en Italie. 175
Adda, riviere. 131
Agnés. (Ste.) Eglise où l'on bénit tous les ans deux agneaux. 43
Aix en Savoye. 195
Aix-la-Chapelle, 106. Ses priviléges. Ibid.
Aigles de Genéve. 215
Albergo grand Hôpital de Génes. 161
Albert le Grand ou Magnus, Soudiacre de Rome. 37
Aldroandus, son Cabinet. 105

Alexandre VI. prosterné aux pieds de sa Maîtresse. 95
Alexandrie de la paille. 168
Alsace brûlée. 227
Ambition. 191
Ambre, ce que c'est. Plat d'une seule piéce d'Ambre. 136. 137
Ame du Pape qui s'envole sous la forme d'un oiseau en Paradis. Ames en forme d'oiseaux sortent du Purgatoire. 59
Amour, cause des désordres. 183
Andes, lieu de la naissance de Virgile. 127
Anne ou Annius de Vi-

terbe. 51
Antipasto. 176
Antiques. 84
Antoine. (un saint) Protecteur des chevaux & des mulets. 43
Antonin. (saint) 97
Anvers. 255. 258
Aquapendente. 55
Arbres particuliers à l'Italie. 184
Arc. (bon tireur d') 215
Armes de Berne, 215. d'Adam. 238
Arne. 68. 196
Arscot. (plaisante chose dite au Duc d') 258
Asperges proche de Pavie. 153
Arsenal de Lucques, 74. de Florence, 98. de Casal, 169. de Genéve, 197. de Berne, 217. de Strasbourg, 227. de Bruxelles. 244
Asinelli. (Tour d') 111
Astroides. 68
Avanture extraordinaire. 262
Augustin. (le Corps de saint) transferé à Pavie. 152
Autriche. (la Maison d') guérit du goët, & délie la langue des bégues. 131.

B

Baptistaire de Pise, 69. de Florence. 90
Barque de S. Pierre. 72
Basle. 219
Baptiste, 166. (saint Jean) ses cendres.
Bastions doubles. 169
Baumes excellens. 96
Bayonnette défenduë en Italie. 183
Beauté des environs de Florence. 81
Begues. Voy. Autriche.
Bergamasc. 131
Bergame. 130
Berne. 215
Beurre rare en Italie. 177
Bezoard. 65
Bible, Manuscrits. 204
Bibliothéque de Lancisi, 40. de Saint Laurent, 94. de Settala, 136. Ambroisienne, 143. de Genéve. 204
Boece étoit de Pavie. 150
Bolsene. 54
Bombes à Génes. 160
Bonanus, Architecte. 70
Bonne Robert. 216
Bonniers. 251
Borgo S. Dovino. 120
Boulogne. 102

M v

TABLE

Bourguignons défaits à la bataille de Morat. 214
Bourse d'Anvers. 258
Bozzolo. 123
Brabançons. 242
Brabant. Ibid.
Bresse. 128
Brisach. 225
Bronzini (Angelo) Peintre. 95
Bruges. 264
Bruxelles. Son enceinte. 241
Buffles, (l'on se sert de la chaise de) en Italie. 176. mise à la table de Salomon. Ibid.
Bulstrode. (le Chevalier) 252.

C

Cabinet du Grand Duc, 84. & suiv. d'Aldroandus à Boulogne, 105. Du Marquis de Cospi. De Mr. Lotier, ibid. De Settala, 135. De Mr. Fesch & d'Erasme. 219, 220
Cailles, passent d'Afrique en Italie. 179
Calco. (Tristan) 147
Calepin, où enterré. 130
Calvin, comment enterré. 211
Campagne de Rome. 187
Campo-Santo à Pise. 70
Canal Navilia della Martesana. 132
Canon de Mousquet d'or massif, 86. Canon, quand porté la premiere fois en Campagne. 130
Capets. 129
Capriers. 185
Caractères Hetrusques. 84
Carcanus. (J.) 139
Carosse très curieux. 135
Garrouges. 185
Casal. 168
Castelmain. (le Comte de) 1. La maniere dont il fut reçu à Rome dans le Palais Roïal appellé le College Romain, 2, 3. Harangue des Jesuites à ce Comte, 6. Son portrait. 32
Cathédrale de Sienne, 56. De Pise, 69. De Florence, 89. De Milan, 138. De Basle, 221. De Louvain. 238
Catherine (Ste.) de Sienne. 59, 60
— De Vigri. 108
Cercle d'or autour de Boulogne pour rançon

du Roi Heutius. 110
Ceremonies importune à Florence. 99
Certaldo, Montagne pleine de Coquilles. 63
Chaise à dormir. 188
Chaleurs de Rome. 187
Chambery. 195
Chambre Impériale, 229. — Où nâquit Charles V. 263
Champignon, d'où sortent à demi corps six figures humaines. 68
Chandelier (grand) d'Ambre. 85
Chansons des jeunes Filles de Toscane. 62. 63
Chape de S. Martin. 129
Chapelle de S. Laurent à Florence, 92, 93. Du S. Suaire à Turin, 172. Du S. Sacrement à Bruxelles. 250
Chapitre de Liege. 236
Chappuys. Voyez Arscot.
Charbon de Terre. 236
Charlemagne. 233
Charles V. couronné à Aix & à Boulogne. 106
Charles V. 28. Ce qu'il dit de Gand, 261. Heureux, le jour de S. Mathias. 264

Charles le Bon Comte de Flandres. Ibid.
Charité Romaine. 44
Château de Crémone. 122
Châteaux de Campagne rares en Italie. 179
Chênes verds. 63
Cheval vendu douze mille écus. 244
Chevaux de Rome, vont recevoir la Benediction à S. Antoine. 43
Chiens de Boulogne. 104
Chien Marin. 240
Chiens à Bruxelles. 245
Chouet (Mr.) de Géneve. 204
Christophe. (Lance ou perche de St.) 42
Cimetiere de Pise. 70
Cincinnatus. (L. Q.) 234
Citadelle de Sienne, 61. De Florence, 98. De Parme, 118. De Mantoüe, 124. De Bresse, 128. De Bergame, 130. De Milan, 144. De Tortone, 156. De Casal, 168. De Juliers, 231. D'Anvers. 257
Clement VIII. couronne Charles V. à Boulogne. 106
Clement XI. 38
Cloaques de Bruxelles.

M vj

Négoce de ce qu'on en tire. *Cat.* 246
Cloche de Mantoue, 126. De Milan, 142. Des Jesuites de Bruxelles. 249
Clocher le plus haut de l'Europe, 226. D'Anvers. 259
Cloud de la Crucifixion. 141
Cluse. (Fort de la) 212
Coglione. (Barthelemi) 130
College des Nobles à Parme. 119
Colonne merveilleuse. 70
Colonnes de Porphyre. 91
Commerce de Genes. 167
Conseil de Basle. 220
— Aulique. 230
Coqueluchon de S. François. 96
Coquillages fossiles. 67, 235
Coquilles sur les Montagnes. 64
Coquilles trouvées dans les reins, dans les Apostumes, dans l'Estomach. 66
Cornes d'Ammon, 67.
— De Rhinoceros, 85. De Licorne, 137. Fossilis. 138

Cosmedin. (Santa Maria in) 40
Cotton. 185
Cours de Milan. 142
— de Bruxelles. 247
Couteaux avec douze lames. 101
Couvens. (beaux) 102
Crampe guerie avec un anneau. 73
Cremone. 122
Cristal de roche. 148
Cromwel. 86
Crouy. Genealogie de cette Maison. 238
Crucifix qui parla au Beat André des Ursins, 96. Qui parle à Ste. Brigite, 165. Qui baisse la tête, 166. Habillé à la Suisse, 218. Qui ne peut être peint, 235. Qui a la bouche ouverte. 264
Cuirasses de femmes. 162
Cyprés de deux cens ans. 185.

D

Dactyli Judæi. 68
Daens, (J.) traite splendidement Charles V. 258
Danse des Morts. Peintures de Holben. 220

DES MATIERES.

Danube a son cours d'Occident en Orient. 153
David jouë de la harpe aux nôces de Sainte Catherine de Sienne. 60
Deluge. 64
Dendrites. (Pierres) 99
Description de la Venus de Medicis. 98
— De la Chapelle S. Laurent. 93, 94
— De Mouches luisantes. 114
Deüil ordonné pour la mort de Cesar, ou de l'Empereur. 71
Devise de Geneve. 210
Diamant du Grand Duc. 81
Didier fait prisonnier à Pavie par Charlemagne. 155
Distiques. 4, 16, 25, 26, 51, 96, 97, 112, 218, 257, 262, 267.
Doge de Genes, 161, & *suiv.* N'a pas plus de pouvoir que celui de Venise. 164
Donation de Mathilde aux Papes. 50
Donation prétenduë de Constantin aux mêmes Papes. *Ibid.*
Dunkerque. 268, 269, 270.

E

Eaux du Tesin & du Nil. 154
Echos. 149
Ecriture à gauche. 143
Ecrouelles. Guillaume III. méprise de les guérir. 131
Eglise de S. Laurent à Florence. 92
— De l'Annonciade à Génes. 165
Eglise (gens d') riches en Brabant. 251
Eloge de Leonard de Vinci. 132, 133
Emblêmes pour le Roi Jacques. 24, 25
Enfans (plus de quatre cens) péchés dans le Tibre d'un coup de filet. 39
Ensa, riviere. 117
Enzelin (Tombeau d'un) Roi prisonnier. 109
Epée défenduë à Luques & à Génes. 183
Eperons de Reggio. 117
Epitaphe du Tasse, 37. De Petrarque, 38. De J. de Fuc, 54. De Richard II. Roi d'An-

gleterre, 76. De Jean de la Mirandole, 96. D'Ange Politien, 97. De Proculus, 112. De Martin Mairacca, 119. D'Erasme, 221. D'un Cheval, 244. De Quintin Mathys, 260. D'un Evêque. 264

Epistola Joannis ad Spartos. 206

Epitre (si la premiere) de S. Jean est circulaire. *Ibid.*

Eponges. 186
Erasme. 221
Eridan. 169
Erkuin de Stembach, Architecte. 226
Escalade de Genéve. 197
Escaut. 257, 262
Est, (l') *Est*, *Est*. 54
Etain rare en Italie. 189
Eturgeons. 179
Etymologie de Sainte Catherine, & son histoire. 59, 60
— De Sainte Christine & d'autres SS. 79
— De S. Gorgonien & autres. 80
— De Milan. 135
— De Pavie. 154
— D'Alexandrie de la paille. 168

— D'Aix-la-Chapelle. 232
— D'Anvers & de sa Bourse. 255, 257
Evantails d'Homme. 113
Evêques de Basle, de Genéve & de Constance. 219
Deux Evêques ressuscités. 234
Exagerations Italiennes. 122.

F

Fate ben Fratelli. 42
Favorite de Mantoüe. 126
Femmes invisibles à Florence, 99. N'entrent jamais dans un carosse où il y a des Hommes. 120
Femmes guerrieres, 162.
— De Bruxelles. 247, 248
Femmes plaisamment habillées. *Voyez* Habits grotesques.
Feron (le Sr. le) 238
Ferro. (le Chanoine) 167
Fête-Dieu. 144.
Fête de l'Escalade de Genéve. 197
Fêtes à Bruxelles. 248

Figuier d'Inde. 185
Filles. (jeunes) Leurs chansons & leurs danses. 62, 63
Filles envoyées au Couvent dès l'enfance. 184
Filles pauvres, comment mariées. *Ibid.*
Fleurs. 246
Florence. 81
Fontaine de Boulogne. 107
Forçats de Livorne. 72
Force prodigieuse. 132
Fort-Lion. 270
Fort-Louis. 228
Fossiles. 68
Fourmi petrifiée. 136
François. (Coqueluchon de S.) 96
Fredian, (S.) détourne une riviere. 75
Freres du bon Jean de Dieu. 42
Fribourg en Brisgov. 224. 225
Fromages de Parme du poids de cinq cens livres. 177
Fruits très bons à Gênes. 178
Fuoco del legno. 101.

G

GAbelle sur le bled & sur le vin à Gênes. 167
Gabrino Fondulio. 122.
Gallerie du Grand Duc. 84
Galles. (naissance du Prince de) 192
Gand, 26. Plus petit que Louvain. *Ibid.*
Gantois. 249
Garderobe du Grand Duc. 88
Garisenda. 111
Geet, riviere. 237
Genealogie depuis Adam. 238
Genes. 157
Geneve. 196
Gibelins. 49, 78
Gibier rare en Italie. 78
Globes fort grands. 85
Gondulfe. (St.) 234
Gonzague (Vincent de) institue l'Ordre de Mantoüe. 126
Granus frere ou cousin de Néron. Tour de ce nom. 232
Grenadiers. 185
Grêle, fleau de Piémont. 170

Griffer Gouverneur de Suisse. 216
Guastalle. 219
Gudule. (l'Eglise de Ste.) 249
Guelphes. 49, 78
Guill. Tell. Voy. *Tell.*
Guillaume III. Voyez *Ecrouelles.*
Guido. (Alex.) 38
Gultschoven. (Mr.) 239.

H

Habits grotesques, 220. Habits des Conseillers de Basle. *Ibid.*
Hameranus. 190
Harangue au Comte de Castelmain. 6
Harangueurs Suisses. 223
Henri IV. Roi de Dannemarck. 182
Hentius. Son Tombeau. 109
Heures, comment on les compte en Italie. 190
Histoire de Ste. Catherine de Sienne. 60
— D'une Notre-Dame. 76
— De deux colonnes de Porphire. 91
— D'une autre Colonne. *Ibid.*
— De Hentius & des Boulonois. 109
Histoire de Sigismond & du Pape Jean XXIII. 122
— D'un Crucifix de Génes. *Voy.* Crucifix.
— D'un Canon qui est à Bruxelles. 243
— D'un riche Marchand d'Anvers. 258
— De Quintin Mathys. 260
— D'un Pere & d'un Fils condamnés à la mort. 262
Holben. (Peintre) 220
Homme qui n'avoit qu'un corps, deux têtes & quatre mains. 98
Hôpital (Grand) de Milan, 145. de Génes. 161
Horloges de Basle avancent une heure. 223
Hôteleries mauvaises en Italie. 176
Houille. Houilleux. (Prudhomme) 236
Hunninghen. 224

DES MATIERES.

I

JAcobins de Berne. 216, 217, 218
Jalousie des Italiens. 183
Jacques, [St.] fort veneré à Pistoia. 78
Jaques II. Felicitations qui lui furent faites à Rome en la personne de son Ambassadeur, 15. Emblêmes pour ce Roi, 24. Voulant faire sçavoir au Ciel qu'il alloit regner, il y envoye son frere en Ambassade, 45. Inscriptions pour le Roi Jaques. *Ibid.*
Jardins en l'air de Génes. 159
Jean Annius de Viterbe. 51
Jean [St.] de Morienne. 195
Jean [Si la premiere Epître de St.] est circulaire. 206
Jean VII. 40
Jean XXIII. 122
Jettées. 269
Ill. Riviere. 227
Image qui fait fuir le Diable. 60
Image de J. C. commencée par Nicodéme, & finie par les Anges. 74
Image d'une Notre Dame qui change le petit Jesus d'un bras à l'autre. 77
Imprimerie de Plantin. 260
Ingratitude. 54
Innocent XI. 29
Inscriptions pour Jaques II. 5
— Supposées. 51
— Curieuses. 45, 75
— Du Palais de Justice à Bresce. 128
— D'une Maison de Rome. 188
— Sur le pied d'estal d'une Statuë de la Justice. 191
— Sur la donation du Lac de Genéve. 198
Inscription à Morat. 214
— De la Maison des Manufactures à Berne. 216
Inscription à Basle. 222
— A Aix-la-Chapelle. 232
— A Bruxelles. 243, 250
— De la Statuë du Duc d'Albe. 257
Inscription à Gand. 262

Institution de la Toison d'or. 265
Jours, comment les comptent les Italiens. 190
Irlande. Si c'est un Royaume. 4
Italiens, leur caractere. 176
Juifs de Bruxelles. 250
Jujubier. 186
Jules II. 222
Juliers. 231.

K

K Rantzius. [Albert] 182.

L

L Abarum. 129
Lac de Vico ou Cyminus. 49
Lac de Bolsene. 54
Lac du Mont-Cenis. 194
Lac de Genéve. 196, 198
Lacryma Christi. 177
Lance Roland. 152
Langue de Bergame. 130
Lassels. [le Docteur] 135
Lavardin. [le Marquis de] 32
Lausane. 213
Lazaret. 145
Lentisques. 185
Leonard de Vinci, le plus accompli des hommes de son siécle. 132, 143
Lettre de S. Chrysostome à Cesarius. 94
Licornes. 137
Liege, Ville. 235
Liege, Arbre. 185
Ligne Meridienne de Cassini. 107
Lion qui sort d'une Menagerie sans faire de mal. 98
Lits suspendus. 180
Livorne. 72
Lombardie, Païs plat. 102, 113
Longin. [St.] 126
Lotier. 105
Louis Bâtard de Paul III. fait Duc de Parme. 118
Louis [St.] des François. 43
Louvain. 237
Lubeccio. 101
Lucciole. Mouches luisantes. 114
Lucques, 73. Plusieurs Familles de Lucques se retirent à Genéve. 78
Lys. Riviere. 262.

M

MAchine pour chasser les Mouches. 113
Maggio allegro. 62, 63
Magliabecchi. 94
Maisons de plaisance du Grand Duc. 96
Maisons de plaisance du Duc de Mantoüe. 126
— Du Duc de Savoye. 172
— Des Osterlins. 258
Maisons où il y a autant de fenêtres que de jours dans l'an. 263
Malines. 253
Maniere de compter les heures en Italie. 190
Mantoüe. 123
Manuscrits de la main d'Aldroandus. 105
Autres MSS. 94, 143, 204, 221
Manuscrits. (Reflexions sur les) 205
Marbres en Italie. 187
Marc [St.] Pape. 44
Mariage de Sainte Catherine de Sienne avec J. C. 60
Mariages des Palmiers. 185
Marmirol. 126
Marrons, nom de ceux qui ramassent. 94
Marquetterie. [belle] 109, 130
Martana. Isle. 54
Martin V. Pape. 140
Mastreicht. 234
Mathilde. [la Comtesse] 50
Mathys. [Quintin] 259
Medailles rares. 87
Medaille de la Reine de Suede. 191
Melons d'Hyver. 178
Menagerie. 98
Mer [la] s'est retirée à Livorne. 71, 72
Meridienne [ligne] de Cassini. 107
Meuriers blancs. 186
Michel [St.] in Bosco. 102
Milan. 134, & suiv.
Milanois. la même.
Mineraux en Italie. 187
Miracles de St. Fredian. 75
Modene. 115
Moines aiment leurs aises. 100
Monnoie de Judas. 96
— De Lucques. 74
— De Boulogne. 103
— De Génes. 166
Montagne de Viterbe. 49

Montagne de Racicofani. 55
— Pleines de coquilles. 63
— De St. Julien. 72
— D'Italie. 187
Mont-Cenis. 193
Mont-Credo. 212
Montefiascone. 53
Monte Juovo. 100
Montenuovo. 65
Monulfe. (St.) 234
Morat. 214
Moretus. (le Sr.) 160
Morges. 213
Morienne. (St. Jean de) 195
Mort à qui les ongles croissoient pendant vingt ans. 108
Moscadello du grand Duc de Toscane. 177
Mouches luisantes pendant la nuit. 114
Moulins (quatre cens) à Soye à Boulogne. 103
Moulins à Vent rares en Italie. 189
Mouvement perpetuel. Machines & essais pour le trouver. 135
Murale. (Colonne) 3
Musique. Ses effets. 182
Myrthes. 185

N

Nature (la) ne fait rien en vain. 66
Navilia della Martesana. 132
Nieuport. 268
Nobles de Lucques. 78
Nobles Genois, 162. Leur nombre. 163
Nobles Italiens demeurent dans les Villes. 179
Noces de Ste. Catherine de Sienne. 60
Notre-Dames differentes. 40
Notre-Dame de la Lampe. 42
— De Boulogne. 106
Voy. Images.
Novalese. (la) 194
Novi. 156.

O

Odeurs. 96
Oglio. 130
Oliviers. 185
Onufre. (St.) Monastere. 36, 38
Ordre du precieux Sang, 126. de la Toison d'or. 265
Oriflâme de Saint Denis,

129. de Brefce, 128. de Conftantin. *Ibid.*
Ornemens du Sacre de l'Empereur. 233
Offori. (le Comte d') 86
Oftende. 267
Ofterlins. (Hôtel des) 258
Othons Il y en a d'antiques. 105
Ouvrages d'os. 116.

P

Palais Pitti, 83. Palais de Caprara. Palais public à Boulogne. 104
Palais du Duc de Parme, 118. du Duc de Mantoüe & de Whitehal. 125
Palais Royal à Génes, 162. du Duc de Savoye. 171
Palmes. (Rameaux de)
Palmiers. 185
Pantalons à la Proceffion de la Fête de Dieu. 144
Papes (toutes les têtes des) dans un Corridor. 57
Papeffe Jeanne. *ibid.*
Parafols. 188
Parfums. 96

Parma. Riviere. 118
Parme. 117
Patois de Bergame. 130
Pavé curieux de la Cathédrale de Sienne. 56
Pavé de Florence. 82
Pavie, 150. Son Pont. 153
Peintures. 58, 59, 85
Peintures antiques. 56
Peintures critiquées. 89
Peinture qui imite l'Eftampe. 144
Petrarque. 37
Phantome qui enfeigna la mine de charbon de terre à Preudhomme le Houilleux. 236, 237
Phare de Génes. 61
Philippe le Bon inftitue l'Ordre de la Toifon d'or, 265, 266. Ses Femmes. *ibid.*
Philisbourg. 229
Piémont. 169
Pierres dendrites. 99
Pierres luifantes de Boulogne. 112
Pierres Ponces. 186
Pietola. 127
Pietramala, Village de Tofcane où l'air étincelle pendant la nuit, 101

Pise.	68
Pistaches.	185
Pistoia.	78
Plaisance.	120
Planes	185
Pimentel. (le Cardinal)	44
Plat (grand) fait d'un seul morceau d'ambre.	136
Plat d'une seule émeraude.	165
Plat sur lequel l'Agneau Paschal fut servi.	ibid.
Pô, 121. a son cours d'Occident en Orient.	153
Poggi bonzi.	62
Poggio. Imperiale	96
Poisson du Lac de Genéve.	199
Pomerium.	121
Pont de Pavie.	153
Port d'Anvers.	257
Portes de bronze.	91
Portrait de J. C. commencé par Nicodéme, & fini par les Anges.	74
Portraits du Général Monck, du Comte d'Ossory, &c.	86
Pourceau demi revêtu de laine.	135
Prattolino.	96
Pressentina. Isle.	54
Prudhomme le Houïlleux.	236
Privilege de ceux de Malines.	253, 254
Procession de la Fête-Dieu, 144, 162. Représentation d'une Procession à Strasbourg.	226
Proculus.	112
Protecteurs de Génes.	166
Proverbe sur la Justice.	91
Proverbe à l'égard de Milan.	149
Puits extraordinaires.	171, 237
Pyrrhus guérissoit des douleurs de rate.	131.

Q

Queüe de Cheval longue de vingt pieds.	86
Quintin Mathys.	259, 260
Quirini. (le Cardinal)	44.

R

Radicofani.	55
Raillerie d'un Ambassadeur de Venise,	

sur la donation du patrimoine de S. Pierre. 51
Raisins de Boulogne. 178
Ramasser. Ce que c'est. 194
Rameaux. (Dimanche des) 185
Raretés naturelles. 87 Voy. Cabinets.
Rave qui a la forme parfaite d'une main. 68
Reggio. 116
Regisole. 151
Reliques curieuses. 90
Remore. 138
Remparts de Turin. 171
Republique de Luques. 73
Revelations de Ste. Catherine de Sienne, & de Ste. Brigitte touchant la Conception de la Vierge, se contredisent. 61
Rhin. Fleuve. 219
Richesses d'Anvers. 258
Riviere detournée par miracle. 75
Robert Bone. 216
Rochemelon. 194
Rois (deux) faits prisonniers à Pavie. 155
Tombeau des trois Rois. 148

Rome Papiste & Payenne. 42
Rostrum. 162
Ruë fort belle. 120.

S

SAble d'or. 196
Sac de Mantoüe. 125
Saccus. (Bernard) 152
Sale fort grande. 89
Salviati. 97
Sarcophage à Tortone. 156
Sartoris. 207
Saucissons de Boulogne. 104
Sauterelles. 52
Scarperia. 100
Scheleftadt. 225
Scorpions. 181
Scotistes. 60
Sené. 185
Serain de la Campagne de Rome fort dangereux. 188
Serpent d'Airain à Milan. 147
Servais (St.) Evêque de Tongres. 235
Siége d'Ostende. 268
Sienne. 55
Soleure. 218
Somme immense donnée par un particulier pour

la construction de la façade du Dome de Milan. 19
Sparte. (S. Jean adresse une Epître à ceux de) 206
Spire. 229
Statuë de Côme I. Grand Duc de Toscane. 71, 84
— Du Païsan qui découvrit la conspiration de Catilina. 87
— De Dieu le Pere. 89
— De Gregoire XIII.
— De Boniface VIII. 105
Belles Statuës. 84, 89
Statuës d'Alexandre Farnese & de Ranuce son fils. 120
— Du Duc d'Albe, 256
— D'un Pere & d'un Fils. 262
Stilets de Milan. 183
Strasbourg. 225
Suaire (St.) se trouve en sept differens endroits. 173
Suze. 193.

T

Table fort belle. 87
Tableaux critiqués. 89, 90
Tableaux. 84. & suiv. 119, 144, 210.
Taglia cozzo. 103
Tamise a son cours d'Occident en Orient. 153
Tasse. 36. Son Epitaphe. 37
Tarentule. 181
Tell. (Guillaume) 215
Terre (la) engloutit un Soldat. 77
Tesin. 154
Tetrapolis ou Viterbe. 51
Theâtre de Parme. 118
Thomistes. 60
Tilleuil à Basle. 223
Tilmont. 237
Toison. (Ordre de la) 265
Tombeaux de J. de Fuc. 54
— De Richard II. Roi d'Angleterre. 76
— Des Grands Ducs de Toscane. 93
— De St. Dominique. 109
— De Hentius ou Enzelin. ibid.
— De Barthelemy Coglione. 130
— Des trois Rois. 147
— De Gaston de Foix. 149
— De St. Augustin. 152
— Du Duc de Rohan, de

DES MATIERES.

de Théodore Agrippa d'Aubigné. 211
— De Charlemagne. 233
— D'Urbain VII. & de Benoît XIII. 44
— De Galileo Galilei. 94
— De Jean de la Mirandole. 96
— D'Ange Politien. 97
Tonneaux differens. 177
Tortone. 156
Tours de Viterbe. 49
— De Sienne. 61
— De Pise. 69
— De Florence. 90
— De Boulogne. 111
— De Bristol. 112
Tour de Crémone. 122
Voyez Clocher.
Treille. (la) Promenade de Genéve. 201
Trin, petite Ville. 169
Truittes, 199. Leur pêche à Genéve. 200
Turin. 170
Turquoise très-belle. 87

V

Valentin, (le) maison de plaisance du Duc de Savoye. 172

Vases (beaux) antiques. 86
Udenheim. 229
Veau marin. 239
Veillane. 193
Verge de Moyse. 140
Vers à Soye petrifiés. 20
Vers pour se maintenir en santé à Rome. 183
Verrue, Ville de Piémont. 169
Vertugadins à Génes. 162
Venus de Medicis. 88
Verges de Moïse & d'Aaron. 90
Vexillifer. 73
Ugolino à Boulogne. 106
Via Æmilia. 49
Victorius. (Petrus) 97
Vierge. Sa Conception. 60
Vigri. (Catherine de) 108
Vins d'Italie, 176, 177.
Vins d'honneur en Suisse. 223
Virgile né à Andes. 127
Viterbe. 51
Vitres rares en Italie. 59
Université de Boulogne. 103

Tome III. N

——De Parme.	119		
——De Pavie.	151	**Z**	
——De Louvain.	238		
Voghera.	156	Zandishoue.	268
Volga.	153	Zanichello. [Bar-	
Volsinium.	54	thelemi]	112
Volto Santo.	74	Zucchero, [Fred.] Peintre.	89
Utrecht.	235.	Zuccone [le] du Donatello.	90.

Fin de la Table du Tome troisième.

www.ingramcontent.com/pod-product-compliance
Lightning Source LLC
Chambersburg PA
CBHW071142160426
43196CB00011B/1984